JIAOJI YUYI LILUN SHIYUXIA DE
EYU CIHUI JIAOJI SHOUDUAN YANJIU

交际语义理论视域下的
俄语词汇交际手段研究

关雅文 ◎ 著

中央民族大学出版社
China Minzu University Press

图书在版编目（CIP）数据

交际语义理论视域下的俄语词汇交际手段研究 / 关雅文著 . —北京：中央民族大学出版社，2024.5
　　ISBN 978-7-5660-2366-7

Ⅰ.①交… Ⅱ.①关… Ⅲ.①俄语—词汇—研究
Ⅳ.① H353

中国国家版本馆 CIP 数据核字（2024）第 103923 号

交际语义理论视域下的俄语词汇交际手段研究

著　　者	关雅文
策划编辑	赵　鹏
责任编辑	杜星宇
封面设计	舒刚卫
出版发行	中央民族大学出版社
	北京市海淀区中关村南大街 27 号　　邮编：100081
	电话：（010）68472815（发行部）　传真：（010）68933757（发行部）
	（010）68932218（总编室）　　　（010）68932447（办公室）
经 销 者	全国各地新华书店
印 刷 厂	北京鑫宇图源印刷科技有限公司
开　　本	787×1092　1/16　印张：15.25
字　　数	226 千字
版　　次	2024 年 5 月第 1 版　2024 年 5 月第 1 次印刷
书　　号	ISBN 978-7-5660-2366-7
定　　价	55.00 元

版权所有　翻印必究

前　言

　　本书选取俄语词汇交际手段——语气词和感叹词作为研究对象。语言具有称名层面和交际层面两个对立体系。前者表达映射在说话人语言意识中的客观现实，后者反映说话人、听话人和情景之间的相互关系。语气词和感叹词属于语言交际层面单位，高度依赖语境，在口语对话中占据重要地位，是表达意图愿望、情感态度的重要手段。本研究将语气词和感叹词视为词汇交际手段的组成部分，以期在语言交际层面对其进行整体描写。

　　本书以俄罗斯学者 М.Г. Безяева 的交际语义理论为指导，运用交际手段语义常体参数思想，从功能和翻译两个角度对俄语词汇交际手段进行了较为系统的研究。首先，以口语对话为语料，采用描写法、分类归纳法和对比分析法研究俄语词汇交际手段表达交际意义、组成交际结构的功能类型，并基于交际手段常体参数及其扩展规则，结合实例对各类功能加以分析。表达交际意义功能是指这些手段能够表达说话人立场、听话人立场和情景之间的各种关系，进一步划分为四大类和七种子类型。组成交际结构功能是指这些手段能够组成单元素或多元素交际结构，进一步分为两大类和六种子类型。

　　其次，以苏联电影《命运的捉弄》（俄语原声、汉语配音和中文字幕）三个版本为语料，结合上述功能分析探讨俄语词汇交际手段的汉译问题。通过对比这部影片的不同版本，观察俄语词汇交际手段在汉语配音和中文字幕中的体现：完全未体现、部分体现和不同体现。在此基础上，以交际语义理论为指导，深入探究产生这些汉译现象的深层原因，如交际一致性现象、同一手段两种实现、中俄民族情感表达方式、俄汉翻译技巧、不同影视翻译类型，最终尝试提出俄语词汇交际手段汉译优化策略。

以往鲜有学者基于交际语义理论视角，将俄语语气词和感叹词聚合为交际手段整体，详细研究其功能类型。从该角度分析俄语词汇交际手段汉译现象的研究成果则更为罕见。

本研究具有一定的理论价值和实践意义。理论方面，俄语词汇交际手段的功能及汉译分析为解释更多不规则语义现象提供了可能，有助于完善俄汉双语词典中语气词和感叹词的释义描写规则，同时能为俄汉交际手段对比研究提供新思路。实践方面，词汇交际手段一直是俄语教学、语言习得以及翻译实践的难点。有些交际手段表达的意义即使对俄语母语者来说也比较模糊，虽然他们能在恰当的语境中运用这些交际单位，但很多情况下也说不出具体的使用规则。因而，本研究有助于俄语学习者更准确地理解复杂交际手段的深层意义，在实践中恰当选用不同翻译策略传达这些意义，而不是单纯死记硬背那些无派生性的句法成语化模式，同时还可推动我国俄语教学的发展，为完善俄语教材中语气词和感叹词部分的编写提供参考。

本研究力求从功能及汉译两方面详细阐释俄语词汇交际手段，但由于篇幅有限，仍有许多问题未得到深入探讨，如不同类型交际手段间的系统作用机制，某些词汇交际手段的历时演变等。此外，俄语词汇交际手段汉译问题也应结合更大规模语料得到更全面、更系统的研究。由于学术研究复杂性及自身局限，本书难免存在不足、疏漏等情况，在此恳请各位专家、读者批评指正！

关雅文
2024 年 3 月

目 录

绪 论 ··· 1
  0.1 选题依据 ··· 1
  0.2 研究内容 ··· 2
  0.3 理论基础 ··· 2
  0.4 研究目的和研究任务 ··· 4
  0.5 本书新意 ··· 4
  0.6 研究意义 ··· 5
  0.7 研究方法和语料来源 ··· 8
  0.8 本书结构 ··· 8

第一章 理论基础 ·· 11
  1.1 语言的称名层面和交际层面 ·· 11
  1.2 交际语义理论概述 ·· 13
  1.3 交际手段语义常体参数思想 ·· 23
  1.4 本章小结 ·· 26

第二章 基本概念 ·· 28
  2.1 交际单位的界定 ·· 28
  2.2 交际意义 ·· 34
  2.3 交际目的 ·· 38
  2.4 交际结构的界定 ·· 41
  2.5 交际手段 ·· 43
  2.6 本章小结 ·· 46

第三章　俄语词汇交际手段的研究概述 ……………………… 48
3.1 俄语词汇交际手段——语气词 ……………………………… 48
3.2 俄语词汇交际手段——感叹词 ……………………………… 59
3.3 本章小结 ……………………………………………………… 68

第四章　俄语词汇交际手段的功能 ………………………………… 70
4.1 功能的概念 …………………………………………………… 70
4.2 俄语词汇交际手段——语气词的功能 ……………………… 71
4.3 俄语词汇交际手段——感叹词的功能 ……………………… 107
4.4 本章小结 ……………………………………………………… 125

第五章　俄语词汇交际手段的汉译分析 …………………………… 128
5.1 俄语词汇交际手段的汉译现象 ……………………………… 132
5.2 影响俄语词汇交际手段汉译的因素 ………………………… 161
5.3 俄语词汇交际手段汉译策略 ………………………………… 187
5.4 本章小结 ……………………………………………………… 216

结　论 …………………………………………………………………… 218
参考文献 ………………………………………………………………… 220
附　录 …………………………………………………………………… 233
附录一　交际手段语义常体参数清单 ………………………… 233
附录二　俄语电影目录 ………………………………………… 238

绪 论

0.1 选题依据

语言具有两个对立的语义体系——称名层面语义体系（семантическая система номинативного уровня）和交际层面语义体系（семантическая система коммуникативного уровня），前者表达映射在说话人语言意识中的客观现实，后者反映说话人、听话人和情景之间的相互关系。这两个体系的对立体现了语言在功能-语义上的两面性。传统语言学主要关注语言单位称名层面的意义研究，对交际层面语义现象的关注和描写尚不充分。与称名层面语义体系不同，交际层面的语义体系具有独特的组织结构和描写原则。传统语言学未给予交际层面语义体系足够重视，但俄罗斯学者М.Г. Безяева教授明确提出了该语义体系的重要性。她在专著《有声语言交际层面的语义（俄语对话中说话人的意愿表达）》（2002）中对该体系的基本单位、组织结构、研究方法和分析原则进行了详细描写和全面分析，同时强调，交际层面语义体系的确是一个很难被意识到的语义系统。她认为："在交际层面上，很多意义长期存在于操俄语母语者的潜意识中，甚至连俄语语言学家都很难注意到。"（Безяева，2005：105）

М.Г. Безяева的系统研究为交际层面语义体系奠定了坚实的理论基础。本书认为，这个语义体系是十分复杂的语言学现象，М.Г. Безяева的探讨仅是个开端，相关领域有许多值得深入研究的课题，如交际层面语义体系的跨语言对比及翻译问题等。

0.2 研究内容

本书选取俄语交际层面词汇交际手段（лексическое коммуникативное средство）作为研究对象。交际语义理论（теория коммуникативной семантики）认为，交际层面基本单位包括交际目的（целеустановка）、交际结构（коммуникативная конструкция）和交际手段（коммуникативное средство），交际手段参与构成交际结构，表达交际目的。其中交际手段有两类，一类是只能发挥交际功能的简单交际手段，包括语调、词序、语气词、感叹词、式形式；另一类是既能发挥称名功能，又能完成交际功能的混合交际手段，包括体、时、数等语法范畴和一些实词词形（Безяева，2002：15）。其中，语调属于语音手段，语气词和感叹词属于词汇手段，词序、式形式、实词单位词形和语法范畴属于语法手段。本书将研究对象限定为词汇交际手段，即语气词（частица）和感叹词（междометие）。

本书将主要以电影对话为语料，在М.Г. Безяева 交际语义理论基础上，根据交际手段语义常体参数思想（концепция семантических инвариантных параметров），研究语言交际层面词汇交际手段——语气词和感叹词。首先，基于前人研究成果，分别对这两类词汇手段进行界定。其次，详细描写这两类手段表达交际意义和组成交际结构的功能。此外，将观察俄语词汇手段在汉语翻译中的体现，探究产生不同汉译现象的深层原因，并尝试提出汉译优化策略。

0.3 理论基础

本研究是在 М.Г. Безяева 的交际语义理论视域下进行的。交际语义理论认为，语言称名层面的意义表达客观现实在说话人语言意识中的反映。而交际层面的意义则反映说话人、听话人和情景之间的相互关系。这个层面的体系正是以这三者的关系变化为基础，其组织单位包括交际目的、交际结构和交际手段。它们能够反映说话人、听话人和情景之间关系的不同变化程度。

М.Г. Безяева把交际目的看作交际层面的基本单位,认为它是说话人、听话人和情景之间相互影响的语言类型(языковой тип)。三者之间的相互作用包括说话人影响听话人、说话人影响情景、说话人影响说话人本身、听话人影响说话人、情景影响说话人或说话人本身影响说话人(如疑问、要求、请求、建议、承诺、威胁、假设、反对、肯定、惊讶、愤怒、高兴、责备、赞扬、同情、苦恼、满意、怀疑、轻松等)(Безяева,2002:12)。这种界定可以将所有类型的交际目的结合起来,形成一个统一的体系,包括情感类型。她认为:"可以将交际目的看作反映情态性的一种特殊类型,理解交际目的有助于更具体地理解情态意义。"(Безяева,2005:108)她把交际目的看作狭义情态意义并指出,交际目的和情态性有着密不可分的联系,但两者不能等同。

其次,交际语义理论认为,交际目的是通过交际结构来实现的。每个交际目的都可通过一系列交际结构变体来实现,这些结构以某个交际目的为基础聚合成一组结构变体序列。交际结构是由交际手段组成的形式结构,具有交际语义特点,还能够反映不同交际手段间的关系类型。与一般交际目的相比,交际结构的意义能进一步区分说话人、听话人和情景之间的关系。此外,每个交际结构都包含若干语义参数(семантический параметр),每个参数都是运用聚合方法并在与其他参数的对比中确定的,也是在其他结构的相互关系中区分出来的,这些参数可以将一个结构与同一层级的其他结构区别开,不能孤立研究。

语言交际层面还有一个不可或缺的组织单位——交际手段。交际语义理论认为,参与构成交际结构的交际手段有简单交际手段和混合交际手段两种。这些手段来自语音、词汇、语法等不同的语言层面,它们基于同一个功能(表达说话人、听话人和情景之间的某种关系)聚集。此外,每个交际手段都有一系列遵循扩展规则的语义常体参数。本书将交际语义理论中的这部分思想称为交际手段语义常体参数思想,并将重点聚焦于该思想详细分析词汇交际手段的功能及其在汉语翻译中的体现方式。

0.4 研究目的和研究任务

本书的研究目的是在交际语义理论视角下系统分析俄语词汇交际手段表达交际意义、组成交际结构的功能，总结这些手段在汉语翻译中的体现方式，深入挖掘其在译文中体现方式不同的原因，在此基础上总结词汇交际手段的汉译原则，提出优化策略。

本书的研究目的决定了以下研究任务：

（1）详细概括交际语义理论的内容及应用，分析该理论与语用学、功能语义场理论和传统交际结构理论的区别，阐明本书选取该理论的原因。

（2）在前人研究的基础上，根据本书的研究对象对所涉及的基本概念，如交际单位、交际意义、交际目的、交际结构和交际手段进行界定，并从不同角度分别阐述其特点。

（3）分析两大词汇交际手段——语气词和感叹词在对话中的地位，梳理它们的研究概况，在语言交际层面上对它们作出界定，并对两者的区别加以说明。

（4）运用交际手段常体参数思想详细分析词汇交际手段表达交际意义、组成交际结构两大功能，并分别对这两大功能进行细致分类和例证描写，从而总结出俄语词汇交际手段的功能特点。

（5）以电影《命运的捉弄》(「Ирония судьбы или с лёгким паром」)及其两个汉语译制版本为语料，详细观察俄语词汇交际手段在汉语中的不同体现，并根据交际手段语义常体参数思想深入分析它们在不同视听翻译文本中体现不同的原因。

（6）基于电影《命运的捉弄》俄汉平行语料，分析俄语词汇交际手段的零译、对译和转译现象，分析译文合理性，并结合字幕翻译和配音翻译特点，总结翻译俄语词汇交际手段应遵循的原则，提出汉译优化策略。

0.5 本书新意

（1）以往鲜有学者以交际语义理论为框架，将俄语语气词和感叹词聚合为交际手段整体,详细研究其功能类型。鉴于此,本研究旨在进一步推进交际语义理论视域下的词汇交际手段研究。首先,本研究对交际语义理论进行辩证评价,进一步分析它同语用学、功能语义场理论和传统交际结构理论的异同。其次,在俄语交际层面视角下对作为词汇交际手段的语气词和感叹词作出界定。对语气词和感叹词在语言交际层面发挥的功能进行了两个角度多个层次划分。在具体的功能分析中,本研究从表达交际意义和组成交际结构这两大功能出发,描写这两类手段所表达的各种变化关系(说话人、听话人和情景之间的变化关系),以及由它们组成的诸多单元素或多元素交际结构。同时,分别将语气词和感叹词在表达交际意义方面的功能进一步划分为四种大类型和七个子类型。将语气词在组成交际结构方面的功能进一步分为两种大类型和六个子类型,将感叹词这方面的功能进一步划分为两种大类型和五个子类型。本研究根据交际手段常体参数思想,运用大量语料对词汇交际手段的各种功能类型进行详细分析论证。

(2)基于交际语义理论视角分析俄语词汇交际手段汉语现象的研究成果十分罕见。鉴于此,本研究将俄语原声电影同两个汉语译制版进行对比,分析俄语词汇交际手段在汉语译文中的体现方式,也就是说,它们在汉语译文中是完全未体现、部分体现还是不同体现,在此基础上探究体现方式不同的深层原因,包括交际一致性现象、同一情景中一个手段的两种实现、中俄民族的不同情感表达方式、俄汉翻译技巧以及不同影视翻译类型,最终尝试提出俄语词汇交际手段汉译优化策略。

0.6 研究意义

本研究具有一定的理论价值和实践意义。

1. 理论价值

(1)在交际层面语义体系中研究语气词和感叹词为未来交际语义相关研究提供了新契机。

(2)研究俄语词汇交际手段的功能、分析这些手段在具体情景中表达的交际意义变化关系为解释更多不规则语义现象提供了可能,为通过语言分析人物性格特点提供了新视角，同时还有助于完善俄汉双语词典中交际手段释义的描写规则。

（3）观察俄语词汇交际手段在汉语译文中的体现为俄汉交际手段对比及翻译研究提供了新思路。

2. 实践意义

（1）词汇交际手段（语气词和感叹词）在具体情景中表达的交际意义对我国俄语学习者以及从事翻译教学的人来说都是十分迫切的问题，也是使用和理解的难点。这些小词积极参与表达说话人的交际目的和态度，涵盖许多重要信息，能够表达丰富情感。就目前来看，我国俄语教学更重视具有称名意义的实词单位，对语气词和感叹词的关注度远远不够，而与实词相比，这些小词可以表达更丰富的交际意义。本研究可以指导我国俄语学习者更地道地使用俄语，更恰当地理解俄语所表达的交际意义，同时有助于推动我国俄语教学进一步发展，为俄语教材编写提供一定借鉴和参考。

（2）本研究有助于俄语学习者和教学翻译人员更准确地理解和掌握复杂的交际手段，并将这些单位灵活运用到言语实践中，而不是仅对无派生性句法成语化模式进行机械性记忆。以 М.Г. Безяева（2012：63）列举的经典对话[①]为例：

- Ты знаешь, Маша ушла.

- Да ты что?

- Мг.

- Ну и ну!

- Вот тебе и «ну»!

- Вот это да! А как же?

- Ну как! Ничего.

- Да какое ничего! Ну надо же! Да что же это такое! Только чуть-чуть – опять! Просто ужас какой-то!

---

① 本片段选自现实场景公交车上两名乘客的实际对话（М.Г. Безяева，2012：63）。

- Не говори! Ну ладно. А ты-то как?
- Да всё то же.
– 你知道吗，玛莎走了。
– 你说什么？
– 是真的。
– 真不可思议！
– 不可思议的事儿确实发生了！
– 看来是真的！怎么能这样呢？
– 那能怎样！无所谓。
– 怎么能无所谓呢！怎么能这样！这怎么回事儿啊？稍稍好点儿就又这样！简直太糟糕了！
– 别提了！就这样吧。对了，你怎么样？
– 一切如旧。

这段对话对俄语母语者来说理解起来并不费力，但对我国俄语学习者来说除了"Ты знаешь, Маша ушла."之外，其他句子都容易造成理解上的困难，即使借助词典也无法从根本上理解整个对话所要表达的意思。笔者虽根据情景尝试翻译这段对话，但难免遗漏一些原文所表达的交际意义。然而，这类"神秘"的句子在俄语口语中十分常见，也是俄语学习者迫切需要掌握的内容。倘若俄语教学过程中，教师只谈及交际目的，比如某结构表示惊讶、愤怒，某手段表示不理解，那么学习者难免会云里雾里，不知如何准确把握并应用于实践。研究交际手段功能有助于解决这一难题，交际手段语义常体参数思想能进一步解释常见手段表达某一交际目的的深层原因。

（3）针对某些俄语交际手段表达的意义，俄语母语者虽然能够游刃有余地在恰当的语境中运用某些交际手段，但针对这些手段所表达的意义，他们也很难解释清楚，多数情况下也无法说出具体的使用规则。因此，本研究对俄语外教教学也具有积极指导意义。

0.7 研究方法和语料来源

本研究运用描写法、实例分析法和分类归纳法对俄语对话词汇交际手段进行界定，并对词汇手段的不同功能进行分类归纳，并通过大量实例分析对不同类型的功能加以说明。若涉及语调，还将采用有声文本分析法，对所选用语料实例加以语调标注。其次，以俄语电影的三个版本（俄文原声版、汉语配音版和中文字幕版）为文本，采用对比分析法总结俄语词汇交际手段在汉语译文中的不同体现方式，并用解释法分析这些手段在译文中有差异的原因。

本研究语料来源为口语对话文本和有声对话文本，以电影对白为主。同非政论体和文学语体相比，口语是反映语言交际功能最自然、最直接的方式。对话是口语最基本的表现形式，它能够更直观地反映说话人立场、听话人立场和情景之间的相互关系。在涉及语调的部分，本研究选取一些有声对话文本作为语料，原因在于有声对话是交际层面的最自然存在形式，它能够更完整地反映交际层面组织单位的功能。本书选用的大部分语料来源于苏联经典电影《命运的捉弄》(「Ирония судьбы или с лёгким паром」)，还包括《莫斯科不相信眼泪》《小偷》《古老的故事》《红莓花儿开》《两个人的车站》等10多部电影剧本，还有部分语料来源于日常口语对话。需要强调的是，电影文本和文学作品中的对话是对自然语言的升华。语言分为"第一性"和"第二性"。前者表示自然语言是基础性的，后者表示艺术语言是对自然语言的提升。（徐艳宏，2015：9）电影和文学作品是对自然生活的仿真模拟，同时加入了美学功能。本书不考虑美学功能，只运用电影对话中的"第一性"语言分析日常口语交际活动，只考虑交际功能。

0.8 本书结构

本书由绪论、第一章、第二章、第三章、第四章、第五章、结论、参考文献和附录九个部分构成。

绪论部分提出了研究对象和研究内容，明确研究俄语词汇交际手段的必要性。此外还阐明了理论基础、研究目的、研究任务、论文新意、研究意义、研究方法和语料来源。

第一章集中阐述本研究的理论基础——交际语义理论。首先，提出了语言称名层面和交际层面的区别。其次，重点论述了交际语义理论的基本内容和应用，分析了该理论同语用理论、功能语义场理论和传统交际结构理论的异同，同时阐述了本研究以交际语义理论为基础的原因。在此基础上，详细论述了交际手段常体参数思想的形成背景、形成原理、优势与不足，为词汇交际手段的功能与翻译分析奠定基础。

第二章阐述了研究语言交际层面词汇手段所涉及的基本概念：交际单位、交际意义、交际目的、交际结构和交际手段，并根据本书研究视角对上述概念进行界定，同时阐述了交际意义的基本语义构成与形成方式、交际目的与情态性的关系。在交际手段部分，具体描述了语言交际层面表达手段的基本类型，进一步明确词汇交际手段类型，详细阐述了交际手段语义常体参数及其在具体实现中所遵循的扩展规则。

第三章首先论述了俄语词汇交际手段——语气词和感叹词在对话中的重要地位。其次，梳理语气词和感叹词的研究历史与现状，在此基础上结合以往不同学者对语气词、感叹词的不同论述，从性质、功能、特点三个方面归纳出传统语言学对"语气词"的界定，从词类属性、特点、手段、意义四个方面总结出传统语言学对"感叹词"的界定。再次，聚焦研究框架及研究对象，根据交际手段在语言交际层面的特点，结合传统语言学的界定对"语气词"和"感叹词"作出界定。最后，通过对比提出了语气词和感叹词的功能差异。

第四章首先阐述了功能的概念以及"功能"和"意义"的关系。其次，重点描写了俄语词汇交际手段语气词和感叹词的两大功能（表达交际意义功能和组成交际结构功能），以及这些功能的具体实现方式。最后，分别对词汇交际手段两大功能进行详细分类，并根据交际手段常体参数思想，运用大量语料进行详细分析论证。

第五章通过对比分析电影《命运的捉弄》的三个版本观察并归纳出俄

语词汇交际手段在汉语译文中的不同体现方式：完全未体现、部分体现（只在汉语配音版或中文字幕版中体现）、不同体现，进一步阐释词汇交际手段汉语差异的深层原因：交际一致性现象、同一手段的两种实现、中俄民族的情感表达方式、俄汉翻译技巧以及不同影视翻译类型。以此为基础，分析俄语词汇交际手段的零译、对译和转译现象，分析译文合理性，结合字幕翻译和配音翻译的不同特点，总结俄语词汇交际手段翻译原则，提出汉译优化策略。

结论部分集中阐述了本研究得出的重要结论，提出了研究不足及相关研究未来展望。

参考文献部分列出了本书主要参考的俄文资料、中文资料和英文资料。

附录部分列举了交际手段语义常体参数清单和本书所涉及的电影语料来源清单。

第一章 理论基础

1.1 语言的称名层面和交际层面

交际语义理论的基础是区分语言①称名层面②（номинативный уровень）和交际层面（коммуникативный уровень）两个语义体系，这两者的对立"是语言最基本的对立之一"（Безяева，2005：105）。类似的对立观点在语言学中早有体现。现代语言学创始人索绪尔曾指出："人类不仅可以通过语言来描述外在物理世界，形成命题，还能够用语言来表达内心世界，构成说话人意义"（Searle，1983：23）。在研究句子语义时，瑞士语言学家巴利提出要区分事态（дикдум）和模态（модус），认为前者是指句子所表达的客观内容，后者是指思维主体对客观内容的态度。（Балли，1955：43–48）В.В. Виноградов探讨客观情态性（объективная модальность）与主观情态性（субъективная модальность）的对立，认为前者表示句子谈话内容同客观现实的关系（现实性/非现实性），后者指说话人对谈话内容的态度。（信德麟、张会森，2009：576）语用学致力于区分言语行为的命题内容（пропозитивное содержание）和言外意图（иллокутивное намерение）（Серль，1986：196）。总的来说，以上对立

---

① 这里的语言指的是广义的"语言"，包括两种存在形式：一种是语言，指的是符号编码体系；一种是言语，指的是言语活动和话语。

② 这里需要对"уровень"（层面）这个术语做一下区分和强调，传统语言学用它表示不同的语言结构组织，如词汇层面、词法层面、句法层面等等。而М.Г. Безяева用该术语表示两个对立的功能-语义体系（称名层面和交际层面）。

现象的矛盾点均体现在语义特性方面。

以上述对立观点为基础，М.Г. Безяева提出了区分称名层面和交际层面语义体系的必要性，强调它们是两个独立的语义体系，应运用不同规则进行描写。称名层面语义表达映射在说话人语言意识中的客观现实，交际层面语义则反映说话人、听话人和情景之间的相互关系。(Безяева，2005：105)

在Маша ушла（2012：63）的经典对话中（见绪论0.6），只有"Маша ушла."映射客观现实信息，可归于称名层面单位，其余语句均用于表征说话人立场、听话人立场和情景之间的关系，属于交际层面单位。根据М.Г. Безяева的观点，与称名层面相比，交际层面语义体系具有独特的组织单位、意义系统、实现规则、表达手段和功能特点。

以往大部分语言研究关注的都是语言称名层面。称名层面语义是二十世纪语言学重点研究对象，1980年《语法》等科学语法中亦是如此。同时，称名语义[①]始终是俄语课堂的主要教学内容。相比之下，学界虽也已注意到交际语义不可忽视的地位，并从不同角度对其进行研究，但就目前来看，相关研究的一致性、系统性和完整性均有待进一步增强。实际上，与称名层面语义相比，交际层面意义很难把控，系统构建交际层面语义体系的难度也较大。产生这些困境的原因不难理解。首先，称名意义是语言中固有的、不变的、稳定的意义，它不受具体语境制约，而交际意义具有主观性、任意性和不稳定性，强烈依赖具体交际意图及交际语境，这是由交际活动本身的性质所决定的。其次，交际层面的很多意义长期存在于操俄语母语者的潜意识中，甚至连俄语语言学家都很难意识到。因此，建立完整的交际语义体系，找寻交际语义表达的有效规则并非易事。我们认为，俄语语言学界21世纪初形成的交际语义理论具有划时代的意义，它首次为语言交际层面建立了相对完整的语义体系。

---

① 本书对"称名层面意义"和"称名意义"做同义理解，对"交际层面意义"和"交际意义"做同义理解。

1.2 交际语义理论概述

交际语义理论是由俄罗斯学者莫斯科大学语文系 М.Г. Безяева 教授提出的，其集中研究语言交际层面的语义体系。该理论首先反映在她于2002年出版的专著《有声语言交际层面的语义（俄语对话中说话人的意愿表达）》中。在这部著作中，М.Г. Безяева 明确了交际语义理论的研究对象、概念术语、基本内容、组织单位、研究方法和分析原则，详细描写了表达要求、请求、建议、警告、提醒、威胁、安慰等交际目的的一系列变体结构，并从近300部俄语影视作品中选取了大量语料作为例证，为交际层面语义体系的可靠性提供了一定保障。此后，该理论在《语言交际层面的交际机制》(2005)、《语调结构的交际常体》(2006)、《交际层面有声手段的符号特性——以调型7为例》(2007)、《论词义的称名性和交际性——以 тут 为例》(2008)、《语文学研究对象——交际语义》(2012)、《语言及篇章单位——交际场》(2014)等一系列学术文章中得到了深入发展。

1.2.1 交际语义理论的主要观点

交际语义理论的研究对象是语言交际层面语义组织。该理论认为，语言有两个对立的功能-语义体系：称名层面和交际层面。称名层面语义表达客观现实在说话人语言意识中的反映，交际层面语义则反映说话人、听话人和情景之间的关系。这个关系变化为建立交际层面语义体系奠定了基础。根据 М.Г. Безяева 的观点，语言交际层面语义体系的组织单位（也称"交际单位"）包括交际目的、交际结构和交际手段，它们能够反映说话人、听话人和情景之间不同程度的变化关系，具体包括三个等级的变化关系。

首先，不同交际目的是说话人、听话人和情景之间关系的第一级变化，在交际层面体系中占主导地位。М.Г. Безяева 认为，交际目的是交际三要素（说话人、听话人、语境）之间相互影响的语言类型，具体包括说话人影响听话人、说话人影响情景、说话人影响说话人本身、听话人影响说话人、情景影响说话人或说话人本身影响说话人（Безяева，2002：12），每个交际目的都包含一系列区分性语义参数，如等级参数、个人利益参数、潜在威胁参数等。需要强调的是，说话人对说话人的影响类型（如自我责备等）非常少见。该界定可以将所有类型的交际目的结合起来，形成一个统一的体系，包括情感类型。我们认为，М.Г. Безяева 将交际目的描述为一种语言类型（языковой тип）有些欠妥，太过泛泛。实际上，交际目的是一个意义体系。她也曾提道："可以将交际目的看作反映情态性的一种特殊类型，理解交际目的有助于更具体地理解情态意义。"（Безяева，2005：108）她把交际目的看作狭义的情态范畴。因此，我们认为，将"交际目的"称作"意义类型"更为妥当。

其次，交际目的通过交际结构来实现。每个交际目的都有一系列交际变体结构，这些结构以某个交际目的为基础聚合成一组结构变体序列。交际结构是由交际手段组成的形式结构，如 хочешь я +动词将来时；动词不定式+调型3等。它具有交际语义特点，同时反映组成某一交际结构的交际手段间的不同关系类型。与一般交际目的相比，交际结构语义能进一步区分说话人、听话人和情景之间的关系，是这个关系的第二级变化。此外，每个交际结构都包含若干语义参数，这些参数都是运用聚合方法在跟其他参数的对比中确定的，也是在其他结构的背景下区分出来的，它们可以将一个结构与同一层级其他结构区别开，不能孤立研究。

除了交际目的和交际结构外，语言交际层面还有一个不可或缺的组织单位——交际手段。М.Г. Безяева 认为，参与构成交际结构的交际手段有两类，一类是只能发挥交际功能的简单交际手段，如语调、词序、语气词、感叹词、句法手段，另一类是既能发挥称名功能，又能完成交际功能的混合交际手段，如体、时、数等语法范畴和一些实词词形。其中每个手段都有一系列遵循扩展规则的语义常体参数。这些参数是交际手段固有的，不受具体交际语境制约。而交际手段语义常体参数的扩展意义是说话人、听话人和情景之间关系的第三级变化，是最深层的意义。不难看出，上述交际手段来自语音、词汇、词法、句法等不同语言层面，它们之所以能聚合是因为具有同一个功能：传达说话人、听话人和情景之间的关系。

本书的研究对象是词汇交际手段，在具体描写分析中将着重运用交际语义理论中的交际手段常体参数思想。本章第三节将对这部分思想进行详细介绍。

在交际语义研究中，М.Г. Безяева 采用了聚合组合交叉分析法。一方面，她致力于弄清交际目的概念体系，指出交际目的的组成部分及其所处的相互关系，运用聚合方法区分各种交际目的变体，以每个目的变体为基础聚合系列变体结构，总结出变体结构所表达的相同语义参数，在此基础上纵向比较交际结构变体序列中所包含的各种语义参数，区分出每个结构的语义常体。另一方面，她摆脱交际目的的框架束缚，运用组合方法分析参与构成交际结构的交际手段，横向对比带有同一个交际手段、但表达不同交际目的的结构，观察它们的语义参数，从而区分出某个交际手段的语义常体参数。М.Г. Безяева 强调交际层面各组织单位始终处于相互关系之中。譬如，每个交际目的变体都处于与其他变体的对立中，它们相互参照并互相区别。交际结构序列变体中的每个结构都处于与同序列其他结构的对比关系中。每个交际手段的常体参数都是在与其他相邻交际手段的意义关系中确定的。

除了聚合和组合方法外，М.Г. Безяева 在研究交际手段时还运用了交际分析法，即通过不同语言层面手段间的相互作用来分析语句的意义，同时考虑上下文的意义联系，因为它有助于弄清意义的形式区分手段。交际分析法是由 Е.А. Брызгунова 于1982年提出来的，她致力于研究有声对话，重视语言的语音表达手段，关注语音手段同词汇-语法手段的相互作用。她认为："对话是由话轮直接交替组成的。在对话中句法手段、词汇手段和语音手段相互影响、积极作用，此外，它们同上下文也有着意义联系"（Брызгунова，1984：59）。这种研究路径可以说是对传统语言学的一种突破。以往交际手段的研究方法通常有两种，一种是以某一交际手段为出发点列举句子清单，同一手段存在于表达不同交际目的的语句中，例如 В.С. Храковский（1986；1990）对表示命令意义和警告意义句子的分析。另一种是从形式结构出发，分析它们在带有不同交际目的的语句中所起的作用，例如，П. Рестан（1969）对俄语疑问句的分析。总的来看，传统研究方法都是孤立地研究某个交际手段或某些结构,而交际分析法致力于在整体中研究个别现象,集中关注交际手段间的相互作用,即每个手段都处于与其他手段的关系中。

1.2.2 交际语义理论的特点

交际语义理论同语用学理论、功能语义场理论和传统交际结构理论均具有一定的区别和联系。本节将逐一论述。

1.2.2.1 交际语义理论与语用学理论

作为新兴理论,交际语义理论与语用理论存在交叉。若想弄清交际语义理论的特点,有必要分清其与语用学研究的区别和联系。自20世纪80年代进入迅猛发展阶段以来,语用学至今仍呈现繁荣景象,理论发展日渐成熟、全面和完善。西方语用学研究代表学者主要有奥斯汀(言语行为理论,1973)和塞尔(间接言语行为理论,1975)、格赖斯(会话原则,1989)、莱文森(会话三原则,1983)、里奇(礼貌原则,1983)、威尔逊和斯波伯(关联理论,2001)等;俄罗斯代表学者包括Н.Д. Арутюнова(1990)、Е.В. Падучева(1996)、Т.В. Булыгина(1997)、А.Д. Шмелёв(1997)、Н.И. Формановская(1998)、И.В. Кобозева(2000)等。我国深耕语用研究的学者有何兆熊(1989)、何自然(2001)、冉永平(2001)、索振羽(2014)等。因此,在语用学背景下探究交际语义理论特点具有现实性和迫切性。本节将从研究对象、流派、研究方向、分析途径、研究方法等方面比较交际语义理论同语用学的联系与区别。

首先,同传统语言学关注抽象语言单位相比,交际语义理论和语用学的研究对象非常相似,只是侧重点不同。它们都关注具体的言语(话语)单位,即在言语中使用的语言单位。抽象语言和具体言语的对立早在现代语言学创立初期就得到了普遍认同。索绪尔第一个提出应该区分抽象"语言"和具体"言语",同时指出了描写言语的困难性,因为言语具有个体性和暂时性(Saussure,2001:19),这说明了分析言语单位远比描写语言单位复杂。乔姆斯基甚至认为,在对大脑研究尚不充分的情况下没法研究语言的使用(梁燕华,2013:7)。这种绝对论断也证明了言语的复杂性。反之，正是由于言语十分复杂才为语言学家提供了更多研究视角。宏观上看，语用学和交际语义理论都研究使用中的言语，这决定了两者的分析对象均受语境制约。语用研究中，语境是从字面意义推导出隐含意义的必要条件。在交际语义理论关注的交际层面语义体系中，情景同说话人、听话人共同作用构成交际意义。另外，语用学和交际语义理论聚焦语言功能研究。前者研究"如何理解和使用语言，如何使语言合适得体"（何自然、陈新仁，2004：6），后者强调"如何传达说话人、听话人和情景之间的关系"，属于语言交际层面功能实现问题。

通过对比可知，交际语义理论和语用学的区别包括以下三个方面：

（1）两者采用的研究方法不同，分属不同流派。语用学主要寻找说话人和听话人之间的普遍关系，从某种程度上来说具有普适性，即适合普遍语言的指导原则，主要运用逻辑语言分析法，属于逻辑语言学流派（логико-лингвистическое направление）。交际语义理论以俄语为出发点，分析语言交际层面的功能化，即说话人、听话人和情景之间的相互关系，采用的是语言分析法，属于语言学流派（лингвистическое направление）。

（2）两者研究方向不同。语用学旨在从普遍逻辑意义入手尝试弄清一些具体问题。而交际语义理论是从具体言语实例入手寻找语言中的一些普遍规律。就研究方向来看，前者是从普遍到具体，后者是从具体到普遍。

（3）两者分析意义角度不同。语用意义大多与逻辑意义相关，一般表示推断或判断。语用学中区分字面意义和隐含意义，从字面意义推导出隐含意义需要以语境为媒介。此外，还需强调的是语用学研究说话人所要表达的意义，即在具体语境中说话人的目的和说话人对所传达思想的态度，包括语言特征和非语言特征（梁燕华，2013：22-24）。而交际语义理论关注的是说话人、听话人和情景之间的关系意义。这个关系意义包括交际目的意义、交际结构语义和交际手段意义（Безяева，2002，2005）。例如，"建议"（совет）这个交际目的（或言语行为）的语用学解释是"对听话人有利有益"。而在具体的语句"Отдай ты ему мячик."中，"建议"按交际语义理论解释为：我知道（明白）我违反了你的利益，这对你没有益处，但对一般情景发展有好处，所表征的心理活动是"虽然你不想把球给他，但你还是要给他"。

实际上，单纯从语用学角度研究俄语语句存在一定弊端，因为语用学普遍研究路径通常是寻找说话人和听话人的普遍关系，更多涉及的是命题，是语句的称名内容。而对俄语来说，说话人、听话人和他们所处的具体情景同样至关重要。因此，从交际语义角度研究俄语语句能够覆盖未在语用学领域得到充分研究的问题。这也体现了交际语义理论的存在价值。

1.2.2.2 交际语义理论与功能语义场理论

交际语义理论致力于研究语言单位交际层面的语义体系，分析语言单位在交际层面的功能化，运用组合和聚合方法，考虑说话人、听话人和情景的关系，以交际目的为出发点对交际层面语言单位进行了横向和纵向的跨层次交叉立体分析，每一个交际目的都集合了如语调、词汇、词法、句法等不同语言层面的表达手段。这一点与А.В. Бондарко 的功能语义场思想有相似之处。实际上，М.Г. Безяева 的交际层面语义体系和 А.В. Бондарко 的功能语义场体系都是从意义到形式的研究途径，即以意义为出发点，寻求同一意义的不同表达形式。同时，两者都是跨层次的范畴体系，正如 А.В. Бондарко 所说，功能语义场是从功能上整合分属不同语言层级的表达手段如词法手段、词汇手段和句法手段等（邦达尔科，杜桂枝，2012：205）。但它们的侧重点不同，功能语义场旨在将表达特定语义范畴的不同语言手段整合在一起，交际层面语义体系致力于将表达同一交际参数的不同交际手段聚集起来，形成交际场（Безяева，2014：101），或以同一交际目的为中心将分属不同层面的交际手段聚集在一起。

需要明确的是，交际层面语义体系和功能语义场关注的是不同性质的意义。А.В. Бондарко 的功能语义场思想主要建立在语法意义上，因此也称为功能语法。功能语义场具有明显的动态特点，它是从语言实际使用角度出发研究语言，并根据语义功能将不同层次语言手段结合成一个统一的系统。它的着眼点是句子的语法范畴意义，如时间、空间、人称、体、态等，不具有语法意义的交际单位自然被排除在研究范围之外。在他看来，功能语义场是语言系统中潜在的抽象聚合体，而抽象语义场在言语（具体语句）中的现实化被称为范畴情景（Бондарко，1984）。相比之下，交际层面语义体系着眼于说话人、听话人和情景之间的关系。研究几乎涵盖所有表达这类关系意义的单位，无论它是否具有语法意义，譬如"Ох!""Ах!"等由感叹词组成的独词句。自20世纪60年代形成至今，功能语义场已具有相对成熟的理论体系，但相关研究始终局限在语法意义框架内。М.Г. Безяева的交际语义理论聚焦交际意义的分析与探讨，尝试为大部分交际目的如请求、命令、建议、警告、提醒、威胁等建立合理的结构序列体系，不具有语法意义的语句也在考察范围内，一定程度上弥补了功能语义场的不足。

1.2.2.3 交际语义理论与交际结构理论

交际语义理论是有关语言交际层面语义体系的理论。这个体系的基本组成部分包括交际目的、交际结构和交际手段。其中交际目的通过交际结构表达，交际结构由交际手段构成。提到交际结构，我们认为有必要弄清对这个术语的两种不同理解。传统语言学中，句子的交际结构（коммуникативная структура）与形式组织、语义结构相对应，通常指句子的实义切分（актуальное членение）。尽管实义切分的基本单位也是言语交际单位——语句，但不同的是，它主要根据具体的交际任务确定哪些话应该先说，哪些话应该后讲，并以此将句子分为两部分，一部分是叙述的出发点，即说话人想要说的话题。另一部分是主要的交际内容，它经常包含新信息，即读者或听者不知道的内容（史铁强，2012：20）。表达实义切分的手段主要有三种：词序手段、语音手段以及词汇手段。语气词是表达实义切分的补充手段，它起加强和突出某信息的作用。语气词或是突出主位，或是突出述位。俄语里常用的语气词有 же, то, тоже, даже, и, только, лишь, ещё, именно 等。突出主位的语气词有 же, то 等。例如 же 加以突出，起着对比连接的作用（史铁强，2012：24）。相比之下，交际语义理论中的交际结构（коммуникативная конструкция）是与称名层面语义体系相对立的交际层面语义体系中的结构，是这个体系中不可或缺的一部分。它是由语气词、感叹词、式形式、词序、语调、实词单位的词形、不同词类语法范畴等交际手段构成的，表达交际目的的一系列结构，譬如表示建议的结构хочешь я+动词将来时、动词不定式+调型3。由此可见，交际语义理论对"交际结构"这个术语的诠释与语言学界对其的普遍理解是不同的。

1.2.3 对交际语义理论的评价

交际语义理论说明了语言交际层面是一个独立完整的语义体系。这个体系是以功能为基础建立起来的，该功能就是传达说话人、听话人和情景之间的相互关系。这个体系囊括了来自语音、词汇、词法、句法等多个层面的语言单位。虽然传统语言学主要研究语言称名层面语义体系，但有些学者也曾意识到交际层面体系的存在，并尝试用称名层面操作方法分析交际层面单位。例如在研究语气词时采用以下方法：在句子中观察某个语气词，思考它在这个句子中的作用，然后得出结论，认为语气词起区分和强调作用。实际上，语气词主要用于反映说话人、听话人和情景之间的关系。交际语义理论为解释更多不规则语义现象提供了可能。传统语言学如1980年《语法》将许多具有相同语义参数的单位分在了不同的词类中，如ну既属于语气词类，又属于感叹词类，此外，它还将许多不符合现代语法规范的结构看作固定意义的句法成语化结构，如Ну да. Да нет. Ну и ну. Да ладно.等。实际上这些现象并不仅仅是形式上的固定搭配。从交际语义理论来看，它们的意义都具有可解释性，这也是М.Г. Безяева描写语言交际层面语义组织的价值所在。

我们认为，М.Г. Безяева交际语义理论也有矛盾之处。首先，她认为语言交际层面的单位（交际单位）包括交际目的、交际结构、交际手段。其中交际结构是语言交际层面最核心的单位，因为交际目的和交际手段常体参数只有在交际结构中才能够实现（Безяева，2002：7，22）。根据她的观点，交际结构是交际目的的形式载体，是交际手段的生存土壤。离开交际结构，交际目的无从体现，而交际手段也无法发挥交际功能。交际手段构成交际结构，交际结构反映交际目的。但这里存在一个问题：交际结构和交际手段都是形式单位，这一点毋庸置疑。那么交际目的到底是形式单位还是意义类型呢？对此М.Г. Безяева的描述容易引起歧义。她把交际目的（целеустановка）称作交际单位，认为它是"说话人、听话人和情景之间相互影响的语言类型"。（Безяева，2005：108）按照她的描述，交际目的好似一个形式单位。但既然交际目的有形式载体，就说明它不是形式结构单位。而且她所提及的"交际目的"就是提问、请求、命令、安慰、劝说、反对、惊讶、喜悦、责备等情态意义类型。虽然这些目的还有更深层的抽象意义（譬如，交际目的"要求"的深层抽象意义是说话人希望听话人完成某一行为，至于是否实施该行为并不取决于听话人的意愿，因为听话人必须完成它），但把交际目的看作交际单位或是语言类型仍不妥当。无论是"交际目的"，还是"交际目的的深层意义"，它们的属性都是意义。因此，本书认为，交际目的并不是交际单位，它是说话人使用交际单位（或交际结构）所要达到的一种效果和目的，是一种意义类型。交际手段要借助交际结构来表达交际目的。

总的来说，М.Г. Безяева围绕"人"的因素，将交际中比较活跃却又很难界定的单位按交际目的意义整合成为结构层次清晰的体系，这是一项非常庞杂且意义重大的工作。她在语义分析中以大量的有声对话文本为语料，加强了结论的说服力。虽然交际功能在独白、对话、书面语和口头语中都可以实现，但有声对话是发挥交际功能最自然的环境。尽管还有许多交际目的（如拒绝、责备、气愤等）没有得到系统描写，她仍为交际语义的后续研究提供了新思路，为建立其他交际目的的结构体系打下坚实的基础。

1.2.4 交际语义理论的应用

交际层面既可以在独白形式中实现，又可以在对话形式中实现，既可以在书面形式中实现，又可以在口头形式中实现。但是孕育交际层面体系的自然环境是有声对话。从语料性质来看，交际语义理论首先大量应用于有声对话文本分析，相关研究成果屡见不鲜。例如，М.Г. Безяева的一系列文章《交际意义的称名理据》（2005）、《语调结构的交际常体》（2006）、《交际层面有声手段的符号特性》（2006）、《词的称名意义和交际意义——以тут为例》（2008）、《俄语господи, боже的交际参数》

（2008）、《俄语вон的常体交际参数》（2013）、《语言和篇章的单位——交际场》（2014）等，此外，还包括А.А. Коростлева《俄语交际层面手段在电影翻译解释中的功能》（2008），А.В. Бурмин《语言交际层面手段在创建迷你社会团体中的功能特性（以动物动画片为例）》（2011）等。此外，还可应用于书面文本分析，如Н.Г. Писанко《交际手段在契诃夫〈樱桃园〉剧本的戏剧解释中的功能》（2015）等。

根据交际语义理论，学者们可以从不同视角出发分析存在于交际层面语义体系中交际目的、交际结构、交际手段等单位功能化的可能性。

分析交际语义为研究符号美学问题提供新视角。它可以用于分析有声艺术文本中各单位实现美学功能的潜在能力。交际语义有助于弄清交际手段能力。在研究艺术文本时可以确切强调或切入作品的主题，也可以解释构成主人公主要性格特点或个性动态变化的交际方法，表现出说话人对听话人的关系变化。交际语义分析在解释交际方面具有特殊地位。在对比戏剧、电影和有声翻译材料的基础上总结出交际解释的实现规则。它的本质在于，如果称名层面文本可以解释一些不变的常体（剧本、电影剧本、原版电影的外文版），尽量保持最大的一致性，那么解释交际层面单位要依照另一种言语行为逻辑。由于意识不到某些交际单位深层语义和变体序列，解释者要借助某个交际参数，探究说话时刻说话人、听话人和情景的相互关系，阐释交际目的、交际结构和交际手段的变化类型。基于交际参数的变化类型有以下几种：参数按实现程度变化直到反向极限；或者通过区别于常体的其他交际义子使这个参数复杂化。相关研究成果有А.А. Коростелева《俄语交际层面手段在电影翻译解释中的功能》（2008）、Э.В. Мельникова《有声艺术文本中交际手段的美学功能》（2012）、Н.Г. Писанко《交际手段在契诃夫〈樱桃园〉剧本的戏剧解释中的功能》（2015）等。

分析交际语义为研究构建悲喜剧的交际方法提供了新视角，涉及了以往没有分析的语义层面。交际手段在反映民族交际典型方面发挥重要作用，这明显反映了交际体系在有声话语不同体裁及不同年代中的使用特点。相关研究成果有А.И. Баранова《喜剧电影片段的交际解释》（2011）、

《俄语交际层面手段形成喜剧的一些方法》（2013）、《交际手段的喜剧形成功能 —— 以 В.П. Басов 在电影〈我漫步在莫斯科〉中的角色为例》（2015）等。

分析交际语义为探究语言个性和交际策略提供了可能。首先，分析个体杰出演员对交际手段的使用具有代表性和参考价值。其次，考虑交际单位语义参数及其实现可以弄清个体或某个社会语言团体的交际策略，相关研究成果有 Н.А. Козловцева《杰出个体的交际策略 —— 以 Ю.В. Никулин 的作品为例》（2011）、《个体交际策略 —— 以 А.А. Миронов 的作品为例》（2011）、А.К. Шестаков《独断专行个体的交际策略》（2011）、О.В. Емельянова《交际手段解释历史人物形象的功能》（2011）、А.А. Филиппова《中学生话语交际手段的功能化》（2011）、Е.Ю. Бобрышева《交际手段在女性理性/非理性沟通策略形成中的功能》（2015）、А.С. Горина《交际手段在父母与成年子女沟通策略形成中的功能》（2015）、А.А. Живайкина《交际手段在父母与未成年子女沟通策略形成中的功能》（2015）等。

交际语义的跨语言对比或运用交际语义理论分析其他语种说明了该理论的普适性。如交际语义的俄英对比研究 А.А. Коростелева《俄语交际层面手段在电影翻译中的解释功能》（2008）。本研究将运用交际语义理论，在描写俄语词汇手段功能的基础上分析这些手段在汉语译文中的体现形式，探究产生这些现象的深层原因。

1.3 交际手段语义常体参数思想

1.3.1 常体参数思想的形成背景

以 Н.Ю. Шведова 为代表的学者不区分交际手段常体意义。Н.Ю. Шведова 在提及语气词时强调：" 尝试寻找语气词的独立意义（包括详解词典）……至今都没有成功 "，学者们应当研究 " 那些带有语气词的结构，而不是独立的语气词 "（Шведова，1960：96-97）。每个交际目的如愿望、反对、惊讶等都可以通过一系列带有不同手段（或手段间相互作用）的结构表达。Шведова 的这一论述指明了一个交际手段可以表达不同的交际目的，但几乎没有涉及交际手段本身的意义。

А. Вежбицкая, А.Н. Баранов, И.В. Кобозева 等拥护言语行为理论的学者试图寻找交际手段常体意义。但是他们主要是在具体交际目的中确定交际手段意义。例如在意愿句或答话反应句中观察和寻找语气词的意义。这种研究途径具有一定的局限性。在描写语句中发挥功能的交际手段意义时，他们忽略了交际结构本身的意义或相邻手段的意义。实际上，这些意义也经常起着重要作用。此外，用加入法或删除法确定结构中某个手段的意义通常也不是很理想，因为俄语中还存在交际一致性或意义复制现象，即多个手段都可以表达结构中的某个意义。

大多研究分析表达不同交际目的的结构，并在交际结构整体框架下探讨交际手段所起的作用。俄语词典对交际手段的释义要么同交际目的有关，要么只解释带有该交际手段的结构。例如 ну 在《大俄汉词典》（1985）中根据不同词类属性被分为两个词条——感叹词和语气词，其中的几条释义是这样阐述的：多用于祈使句，表示催促、号召；用于疑问句时表示敦促对方回答；常与后面的 и, уж 或 ж 连用表示惊奇、喜悦、不满、讽刺、愤慨等感情；与 как 连用表示"万一……怎么办？"；加强表现力（1985：1161）。А. Вежбицкая（1999）对这个复杂问题的看法也是矛盾的。她一方面指出了交际手段有可能具有常体意义，同时又强调它受交际目的的制约。可以说，类似交际手段相关研究均未摆脱具体交际目的或交际结构框架。

1.3.2 常体参数思想的内容及评价

М.Г. Безяева 对交际手段语义常体参数的研究弥补了以往相关研究的不足。在她看来，每个交际手段都有一个或几个不变的语义参数，这些参数遵循一定的扩展规则。她指出："交际手段构成交际结构，在实现某一交际目的的交际结构意义中，隐藏着交际手段的恒定意义参数，它是通过聚合方法区分出来的"（Безяева，2005：118）。这里提到的交际手段恒定意义参数也可称作语义常体参数。只有通过确定交际手段意义在交际结构中的地位才能更科学地抽象出这类参数（Безяева，2002：20）。这些语义常体参数是分四步对比抽象出来的（详见2.5.2）。首先，通过聚合方法区分含有某一手段的一系列结构的语义参数，其次，从组合角度出发考虑参与组成该结构的其他相邻手段的常体参数。

М.Г. Безяева的交际手段语义常体参数思想同1980年《语法》的简单句抽象结构模式在思路和方法上有着异曲同工之妙。只不过前者是形式模式，后者是意义常体。两者都试图从无数的言语现实中找寻并总结抽象不变的规律，再尝试将这些规律运用到言语实践中去。这是一个从实践到理论再到实践的过程。乔姆斯基在生成语法理论中提出要用有限的模式生成无限的句子。而М.Г. Безяева的常体参数理论则尝试用有限的抽象意义常体生成无限的具体意义。在实际交际过程中这个具体意义不是随意生成的，而是遵循一定的扩展规则。

在抽象出交际手段语义常体参数之后，М.Г. Безяева指出，交际结构意义并不是交际手段常体意义的简单组合，它与交际常体参数的扩展规则有关，涉及不同层面的交际手段（如体、语气词、感叹词、语调等）（Безяева，2005：119）。于是，她又分析并总结了交际手段语义常体参数的扩展规则（以下简称"扩展规则"），该规则进一步反映了说话人、听话人和情景之间的关系变化。具体内容见2.5.3。

以大量有声对话（包括300多部电影和戏剧）为语料，М.Г. Безяева对那些传统上处于边缘地位的交际手段进行语义分析，尝试找寻这一复杂不规则现象背后隐藏的规律。常体参数思想正是在这个背景下形成的，它集中反映在她的专著《有声语言的交际层面语义（俄语对话中说话人的意愿表达）》（2002）中。她认为，教学中可以引入交际手段语义常体参数及其扩展规则。例如，在俄语教学的初期阶段就可以抛出这样的知识，а表示新情景参数、ну表示预期值参数等等，并引入这些参数的扩展规则，帮助学习者更轻松地掌握和理解交际手段在具体语境中的功能（Безяева，2005：126）。交际手段语义常体参数扩展规则为交际手段抽象常体在结构中的实现提供了可能。它不仅有助于理解俄语交际意义的实现规则，还有助于厘清结构中各个手段的意义结合机制。此外，这个规则还可以从意义上解释一些不可分解的结构或组合，比如Ну да. Да нет. Ну и ну. Да ладно.等一些由交际手段组成的熟语化结构。

但这里存在一些问题：某些交际手段常体参数数量较多，难掌握，而且这些参数的扩展规则对于俄语初学者来说理解也有难度，不易把握，如何将该理论巧妙地运用于教学实践中还需要进一步思考和研究。

我们认为，对俄语教学来说，引入交际手段常体参数概念及其扩展规则具有重要意义。只有意识到这些概念和规则的重要性，才能改变字典中描写交际手段的原则。交际手段的使用常常处于无意识的神秘状态中。学生若能了解交际手段常体参数，弄清它们在结构中实现的相互关系，掌握扩展规则，就更容易理解这些手段在具体情景中所表达的交际意义，而不是单纯熟记无派生性的句法成语化模式。

1.4 本章小结

语言有称名层面和交际层面两个对立的语义体系。描写这两个不同层面的体系要运用不同规则。称名层面语义表达映射在说话人语言意识中的客观现实，交际层面语义反映说话人、听话人和情景之间的相互关系。俄罗斯学者 М.Г. Безяева 为语言交际层面建立了一个宏观体系，称为交际语义理论。

交际语义理论以一个功能为基础，这个功能是传达说话人、听话人和情景之间的相互关系，可以解释更多不规则语义现象。交际语义理论紧紧围绕"人"的因素，将交际中难界定的单位按交际目的意义整合为结构层次清晰的体系。

交际语义理论和语用学的研究对象相似，但侧重点不同。首先，两者采用的研究方法不同，分属不同流派。其次，两者的研究方向不同。另外，它们分析意义的角度也不同。

交际语义理论和功能语义场理论的研究途径相同，都是从意义到形式，两者都是跨层次的范畴体系。但两者关注的是不同性质的意义。

交际语义理论对"交际结构"的理解与传统语言学不同。传统语言学中交际结构与形式组织、语义结构相对应，即句子的实义切分。交际语义理论中的交际结构与交际手段、交际目的等共同组成了交际层面体系。

交际语义理论中包括交际手段语义常体参数思想。这个思想的主要内容是每个交际手段都有一个或几个不变的语义参数，这些参数在具体实现中都遵循一定的扩展规则。

本研究将以交际语义理论为基础，确定俄语词汇交际手段类型，在前人研究基础上，分别对不同类型词汇交际手段进行界定。根据交际手段语义常体参数理论详细描写俄语词汇交际手段——语气词和感叹词的功能，分析这些手段在汉语译文中的体现形式，探究这些现象的深层原因。

第二章　基本概念

交际手段处于语言交际层面中。而这个层面的组成部分除了交际手段，还有交际目的和交际结构。交际手段通过交际结构表达交际目的，交际手段和交际结构共同表达交际意义。换句话说，在语言交际层面中交际手段并非独立存在，它始终处于与交际意义、交际目的、交际结构的关系中。因此，在进一步分析交际手段时有必要对交际意义、交际目的、交际结构进行界定，并弄清它们的特征。另外，交际单位是交际手段的形式载体，对它的界定在词汇交际手段研究中也是必不可少的。

本章将在前人研究基础上，以交际语义理论为核心对交际单位（коммуникативная единица）、交际意义（коммуникативное значение）、交际目的（целеустановка）、交际结构（коммуникативная конструкция）和交际手段（коммуникативное средство）进行界定，描写交际意义的基本构成及形成方式，分析交际目的与情态性的关系，描述交际手段的类型、语义常体参数及其扩展规则。

2.1 交际单位的界定

交际单位是一个复杂的语言学概念。目前为止，学者们对它的界定和范围仍没有达成一致。正如Н.В. Крушевский所说，"在语言中，甚至在整个大自然中都很难找到清晰的界限"（转引自 Андрамонова，1995：23），对交际单位来说亦是如此。根据以往各家对"交际单位"的研究和探讨，我们认为，对"交际单位"界定和范围的认识大体有以下五种观点。

（1）交际单位语句观。多数学者承认，最小或最基本的交际单位是语句。语句包括句子语句和非句子语句（высказывание не-предложение）。句子语句，也可称作语法句，它具有述谓性语法特征，能够脱离语境独立完成报道功能。非句子语句也可称作非语法句，它不具有述谓性语法特征，且必须借助语境才能完成报道功能。该思想主要反映在苏联科学院的几部语法著作中。

在1952—1954年《语法》中，В.В. Виноградов强调句子是最完整的言语交际单位。他指出："句子具有述谓性语法特征，是最基本的交际形式，是思维形成、表达和传递的主要手段，是交际过程中思想表达的主要语法形式。句子不仅可以报道客观现实，还可以表达说话人对客观现实的态度。"（ГРЯ，1960：65）此外，语言中还存在一些没有语法特征的交际单位，它们要借助语调手段保持意义完整性，譬如语法上不可分解的感叹句 Ну и ну! Ещё бы!，以及独词句 Да. Разве? Конечно! 等。

1970年《语法》指出，所有能够报道现实片段的句法结构都可以称为语句（высказывание），交际功能是语句最基本的功能。该语法同时划分了非句子语句的三种类型：①功能相对独立的语句；②受言语环境制约的语句；③所有能够完成称名-信息功能的单位（АН СССР，1970：574–650）。

苏联科学院最权威的1980年《语法》对语句的阐述更加深入。该《语法》认为语句可以是"任何一个线性言语片段，这个片段在当下言语情景中能实现交际功能，并可充分报道某些信息内容"，它必须有与具体报道任务相适应的语调和目的（АН СССР，1980：84）。任何报道单位都是广义的语句，它包括四种类型：①简单句和复合句；②对话统一体；③独词句；④不完整句或中断句。其中②③④都被归入非句子语句行列。

苏联科学院的几部语法著作主要致力于研究句子语句（特别是简单句），即语法形式完整的句子交际单位。其中，1980年《语法》对句子语句的描写最为系统，涉及形式（结构模式）、语义（结构模式语义结构和扩展语义）、交际（实义切分）三个层面。然而，这部《语法》对非句子语句的阐述却少之又少，尽管这些单位在言语交际活动中同样发挥重要作用。1960年《语法》对非句子语句只是简单提及,并没有展开论述。1970年《语法》用了几十页篇幅大体描写了一番(AH CCCP,1970:574-650)。而1980年《语法》仅用了三页篇幅简单描述(AH CCCP,1980:419-421)。实际上,这种现象具有一定必然性。句子语句的特征明显,有规律可循。而非句子语句是在同句子语句的特征进行比较的基础上确定的,所有不具有句子特征的语句都被归为非句子语句,它如同一个大杂烩,几乎囊括了所有难寻规律、界限不清的语句交际单位。这也表明了划分这类交际单位的复杂性和模糊性。

此外,持交际单位"语句观"的还有В.А. Белошапкова, А.В. Бондарко, Г.А. Золотова, М.В. Всеволодова, Б.Ю. Норман, А.А. Шахматов, Л.А. Новиков等学者。В.А. Белошапкова重点研究在言语交际中实现了的句子,认为"句子语句是独立的交际单位,具有完整的语调,也具备实义切分特点"(Белошапкова,1989:705),之后又强调,"语句也可以没有句子形式,且在口语中很常见,如由感叹词或近似感叹词的词组成的对话语句,如 Ух ты! Ага! Ладно! Подумаешь! Вот ещё! Привет! До свидания!"(Белошапкова,1989:705)。遗憾的是,她并没有对这些没有句子形式的交际单位进行深入分析。А.В. Бондарко研究句子交际单位,着眼点是句子语法范畴的功能意义。他强调,语句是在言语中使用的语言单位,也就是交际单位。语句包括用于话语的句子、超句统一体,也包括根据功能统一于一体的综合体(Бондарко,1984:65)。М.В. Всеволодова指出,具体的句子语句(предложение-высказывание)既是结构单位,也是交际单位,它是抽象模式的具体言语实现(Всеволодова,2000:12,13,197)。Б.Ю. Норман以语篇为背景研究反映语言外思想特点的句子语句。它们是语篇中交际相对独立的最小组成部分。在他看来,交际单位必须具有保证传达和复制思想的结构,而"Э-э-э…""Ах!""Ещё бы!""Да ну"等言语事实都不属于语句(Норман,1994:118)。因此,他在研究中排除了这类交际单位。А.А. Шахматов在《俄语句法》(1941)中从句子成分角度集中探讨句子交际单位。他提出:"句子是言语单位(交际单位),说话人和听话人将其理解为一个语法整体,言语单位是思维单位的语言表达形式"（Шахматов，1941：19）。Л.А. Новиков认为，交际单位有两种，一种是非述谓性单位，也就是反应词语；另一种是述谓性单位——句子（Новиков，2001：610）。徐翁宇强调，上述两类交际单位不属于同一层面，因此这种分类方式有些欠妥（徐翁宇，2014：59）。总的来说，目前语言学界普遍持交际单位"语句观"。

（2）交际单位的语篇观。持有这一观点的学者有Г.А. Золотов, М.В. Всеволодова和蔡晖等。Г.А. Золотова将交际单位置于语篇框架下进行研究。在她看来，交际单位除句子外，还包括大于句子的单位。她的交际语法学把说话人和语篇作为主要研究对象，说话人是语篇的组织者，语篇是说话人言语思维行为的产物。构成语篇的言语单位包括句子和句子的不同组合类型，如超句统一体、复杂句法整体、散文诗、段落等（Золотова，1982：337）。М.В. Всеволодова也主张在语篇中研究句子语句，认为交际是在语篇层面实现的，处于语篇外的句子可能会出现信息不足的情况（Всеволодова，2000：12，13，197）。蔡晖（2005）把篇章作为基本的交际单位，研究它的语义结构，她指出："篇章作为基本的交际单位，是一个连贯、完整的言语成品。在篇章中，各结构层次的语言单位处于纵横交错的语义联系和相互影响之中……篇章的语义不是由其所组成的语言单位的语义的简单综合，而是由多种要素错综交织而成的有机整体。"（蔡晖，2005：12）

（3）交际单位行为观。语用学家认为，"语用学的核心概念"是言语行为理论（Арутюнова, Падучева，1985：7）。该理论认为，人类交际的最小单位是实现某种行为，而不是句子或语句。Е.В. Падучева认为语用学的研究对象是交际单位，而交际单位正是在言语使用中发挥功能的语言符号。她认为，语句是句子的功能化，是使用中的句子，是说话人在言语活动中完成的指涉，语句的指涉意义也是其区别句子的一个主要特征。同时，语句能直接与客观现实和说话人相联系，这个术语包括两方面："一方面表示言语行为，另一方面指在言语行为过程中建立的言语成果，它能够在言语行为上下文中被观察到。"（Падучева，1985：29）Э. Бенвенист也持有类似观点。他把言语行为看作语言使用行为，认为

"语句是通过个人使用把语言变成一种行为的过程"（Бенвенист，1974：312）。言语行为理论创始人奥斯汀认为，很多话语并不传递信息，人类言语交际的最小单位不是各种句式，而是某一个言语行为，如感谢、请求、允诺、道歉等。

（4）特殊交际单位观。О.Б. Сиротинина 强调，句子虽然是最重要的交际单位，但不是唯一的交际单位，答话反应语（коммуникатив）也是交际单位的一种。Т.Н. Колокольцева 指出答话反应语和中断语句（незавершенное высказывание）这类交际单位属于非句子语句，与具有句子特点的语句相对立。句子语句要满足一系列条件，而特殊交际单位只需满足一个条件：具有交际功能。对话中的交际单位应是能在对话交际中完成交际功能的语句（Колокольцева，2001：42）。

И.А. Шаронов（2015）指出对话中经常出现一些特殊交际单位，如套话、对话成语化模式、答话语气词、答话反应语、声音、面部表情和身势语等对话辅助符号。这些交际单位具有特殊话语属性，有助于说话人组织对话，实现交际目的并影响听话人等。其中，答话反应语最为特殊，其不具有称名意义，有助于听话人形成对所讨论事物的普遍认识和评价，并支配对话间的相互作用（Шаронов，1996：98）。

关注特殊交际单位研究的学者不占少数，包括 И.В. Артюшкова, А.П. Сковородникова, Т.Н. Колокольцева, А.А. Романова, Н.Н. Гастева, И.И. Прибыток, О.Л. Морова, В.Н. Шаронов, Е.Ю. Викторова, 等等。相关研究成果如《俄语口语》显示，交际情景中的基本句法单位是语句，不是句子（Земская，1973：220），而非句子语句在交际中高频出现，因此，研究这类语句具有十分迫切的现实意义（Земская，1973：223）。Н.А. Комина："只有在对话中才能观察出说话人交际意图和言语创造结果的直接联系""对话中的行为地点是唯一的、言语创造具有快速时效性，每个语句都有具体作者和固定听众，言语行为完全是现实的"（Комина，1984：5）。

（5）交际单位层级观。我国俄语口语学家徐翁宇从三个层面出发区分交际单位。他认为："语言交际单位就是语言层面上区分出来的句子类型，言语层面交际单位是语言单位在语境中的变异形式。话语层面可以对交际单位进行动态分析"（徐翁宇，2014：59-62）。他集中分析对话中的交际单位如反应词语、对语一格、对语重复、分解结构、礼节用语、城市惯用语等。其中，反应词语是言语交际单位，可用作对交谈者话语或情景的反应（徐翁宇，2000：238）。М.Г. Безяева对"交际单位"的理解有所不同，她首先区分语言的称名和交际层面。将语言交际层面的组成部分都称为交际单位，它包括交际目的、交际结构和交际手段。而交际层面意义体系包括交际目的意义、实现该交际目的的交际结构意义和形成该结构的交际手段意义。

综合上述各家观点，将"交际单位"的界定总结如下：

（1）语句是最小、最基本的交际单位。

（2）语篇是基本的交际单位，处于语篇之外的句子有可能会出现信息不足的情况。

（3）最小的交际单位是实现某行为。

（4）句子是重要的交际单位，但不是唯一的交际单位。言语中还有许多特殊交际单位，如答话反应语、套话、对话成语化模式等。

（5）交际单位分为语言交际单位、言语交际单位。语言交际单位是语言层面上区分出的句子类型；言语交际单位是语言单位在语境中的变异形式。

（6）语言交际层面组成部分都可称作交际单位，包括交际目的、交际结构和交际手段。

本书的研究对象是语言交际层面单位，因此，对"交际单位"的定义如下：在语言交际层面上，交际单位是所有带有完整语调、能够独立完成交际功能的最小言语单位，它包含交际手段，是交际结构的载体和具体实现形式。

2.2 交际意义

2.2.1 交际意义的界定

交际意义是一个十分宽泛和复杂的概念。一些语言哲学家认为句子的命题意义就是交际意义。乔姆斯基的表层及深层意义理论强调,深层逻辑意义就是交际意义。实际上,交际意义并不能等同于命题意义,也不是逻辑意义。首先要明确的是,交际意义和语言意义有本质区别。交际意义是语言使用者表达的思想内容,是语言意义在言语交际过程中具体实现的结果。

20世纪80年代,学者研究语言单位在使用中的意义,将其看作交际意义。他们关注交际参与者的主观态度(说话人的观点、评价、目的等),尝试描写交际单位的主观情态意义,强调交际背景——语境的作用,认为研究交际语义更具有现实意义。Е.А. Брызгунова(1982)研究句子的交际目的意义,划分句子的交际意义类型。Е.С. Кубрякова(1985)更多地关注交际意义的认知过程,旨在解决语义在言语活动中的表现形式,探究语言意义在言语过程中如何实现具体功能(Кубрякова,1985:140-146)。语用意义包括字面意义和隐含意义。字面意义是指体现在字面上的意思,可用语词手段直接表达;隐含意义是跟字面意义不同的语用意义,是说话人通过语词手段间接表达的(徐翁宇,2002:229)。

Т.Е. Янко以语言语用学为基础分析表达言语行为的句子交际单位。她集中研究句子交际结构、说话人的交际策略,以及表达交际意义的基本手段(语调、词序和词汇)。她认为,句子交际结构,就是实义切分,它是言语行为意义或是言外意义的载体。言语行为是指说话人使用句子完成的行为,是说话人的交际意图,如报道陈述、提问、提出请求等。句子表达的是言语行为,组成句子的是交际成分(коммуникативные компоненты предложений),交际成分的排序不同,表达的交际意义也不同。句子的交际成分包括主题、述题、参照述题等等,是言语行为的交际组成部分(коммуникативные составляющие)(Янко,2001:16)。交际意义能促使句子成为某类言语行为,它包括构成言语行为的意义或类述题意义;不构成言语行为的意义或主题意义;变体交际意义如参照对比意义(Янко,2001:339),构成言语行为的交际意义是陈述句的述题意义。交际策略体现在句子交际结构中。交际结构成分是交际功能或交际意义的载体。在不同语言中,较常见的交际意义有说话人报道陈述、提问、请求、命令、呼唤等说话人意图(Янко,2001:17)。

以М.Л. Палько(2010)为代表的学者把交际意义分为一般意义(локальные значения)、话语意义(дискурсивные значения)和变体意义(модифицирующие значения)。一般意义是指构成句子的意义,如主题意义和述题意义。话语意义与篇章、独白和对话的关系,说明当前语篇片段与后续话语的关系。变体意义是指参照对比、强调和核对等。

М.Г. Безяева把语言交际层面体系中的意义都看作交际意义,这些意义整体上与语言称名层面体系中的意义相对立。交际意义反映说话人、听话人和情景之间的关系意义,包括交际目的意义、交际结构意义和交际手段意义。需要指出的是交际意义与语用学中隐含意义的区别。关于隐含意义,徐翁宇曾做过这样的描述:"语句含意就是语句所含的隐性的主观意思。它的特点:主观性,反映说话人的意图、态度、评价、感情等主观意思;深层性,隐藏在语句深层的意思,不同于语句的表层字面意思;语境性,它是具体语境中获得的意思。语境是识别和推导含意的必要手段"(徐翁宇,2000:229)。由此可见,隐含意义是通过语境才能推导出来的深层意义,能够表达说话人的主观意思,这个意义以说话人为主导,而且同一个句子在不同语境下可以推导出完全不同的深层意思。如Дует! 若屋里很冷,则可以表示说话人希望听话人把窗户关上;若在大街上散步,则可以表示说话人希望听话人穿上厚外套;若担心衣服被刮跑,则也可以表示说话人希望听话人把晾在院子里的衣服收回来;等等。

本研究所涉及的交际意义主要是交际手段表达的意义。在语言交际层面语义体系中,交际手段具有常体参数意义,它可通过具体情景得以实现,实现的意义都是围绕常体参数展开的,是参数在当前情景下根据规则扩展后的意义变体,是实现了的交际意义(реализация коммуникативного значения），以交际手段 ну 为例，它的常体参数（常体交际意义）是预期值，扩展规则为是否符合预期值或预期准则。根据该规则在具体语句或情景中的实现，可以形成各种变体交际意义（这里作狭义理解）。变体交际意义可体现为听话人的反应符合/不符合说话人的预期（预期准则）；当前情景符合/不符合说话人的预期（预期准则）。显然，ну 实现的不同变体意义紧密围绕"预期参数"。从这一点上看，本研究的交际意义和语用学中隐含意义的区别显而易见。

2.2.2 交际意义的基本语义构成

丹麦著名语言学家叶斯柏森曾说过："如果我们想要了解语言的本质，特别是语法研究的那部分本质，就不应该忽视这两个人，语言的发出者和接受者，或更简单地说，说话人和听话人以及两者间的相互关系"（叶斯柏森，1988：3）。他的这番论述明确指出了说话人和听话人的交际主体地位，他们是交际活动参与者。另外，语境或情景是完成交际活动的必要条件。"要全面描写话语，就不能把它看成孤立的、抽象的语言变体，而应该将话语和语境联系起来分析"（戴伊克，1993：11）。不难看出，说话人、听话人和语境是完成言语交际活动（特别是对话）必不可少的三个要素。

对话是两个或两个以上交谈者（说话人和听话人）在语境的影响下相互交换角色的最自然言语交际形式。由此可见，对话的进行必须满足三个要素：说话人，听话人，语境。在对话中，说话人经过语境将所要表达的信息传递给听话人；听话人经过语境接受理解该信息，并做出反应，同时转变成说话人，从而形成一个有序往返的运动。徐翁宇强调，"正是对话三要素'说话人—语境—听话人'有序往返的运动才构成了对话这一特殊的言语现象，才使对话拥有一系列结构、语义和语用方面的特点"（徐翁宇，2008：6）。换句话说，对话的基本特点几乎都是对话三要素相互作用的结果。

在语言交际层面上，交际意义就是说话人立场、听话人立场和情景（ситуация）这三个要素相互作用形成的。

在交际活动中，说话人是传递信息的一方。在此过程中，社会、心理、自然特征等都会影响到说话人的立场以及他所表达的思想和态度。这些特征包括说话人的出生地、性别、年龄、职业、受教育程度、社会地位等。相比之下，作为接收信息的一方，听话人的社会、心理和自然特征在交际活动中也起决定性作用。有时，说话人要根据听话人立场确定用哪些词语或哪种风格来跟听话人交谈。

那么，如何理解说话人立场和听话人立场呢？其实，无论是说话人立场，还是听话人立场都是交际参与者的身体行动、精神行为和交际行为，其中包含态度参数。交际参与者的立场与他的行为、状态、思维、假设、判断等密切相关。分析对话时，不仅要考虑说话人立场，还要考虑听话人立场。因为，在语言交际层面，要明确交际意义的特点，需进一步考虑交际双方关系特点，考虑他们的立场同情景的关系特点，例如，说话人立场和听话人立场的一致性或矛盾性、说话人立场同情景之间的一致性或矛盾性、听话人立场同情景之间的一致性或矛盾性，还包括交际双方对彼此立场或情景的评价。

需要指出，提到交际参与者立场，不仅要考虑说话人或听话人的具体行为，当前所实现的具体情景，有时还要考虑说话人、听话人或情景的准则规范，考虑对交谈对方行为准则的认识。

在分析交际意义时，情景的概念至关重要。因此，必须对"ситуация"这一术语有清晰的认识。

"ситуация"这个术语积极地应用于现代语言学中，不同研究角度，不同著作对"情景"的界定各不相同。本书将"情景"理解为参与构成交际意义最积极的因素。作为交际意义的必要组成部分，情景可以在语句或上下文中体现出来，可以借助如面部表情、身势语等非语言手段表达，还可以提前预知或在说话时刻观察出来。此外，情景还可以在同说话人、听话人的关系中确定，因此，它会对交际意义的形成产生影响。例如，在俄语话语体系中，结构意义形成时，说话人可以强调自己掌控情景的能力比听话人高或低，强调听话人立场和情景不一致；可以把情景看作损害了说话人、听话人或社会团体利益的要素；说话人可以从对情景发展有利方向的认识出发，也可违背（破坏）情景发展逻辑；发现情景发展偏离准则后，将它再引向符合准则的轨道；等等。他可以强调情景的变化程度；强调一个情景的实现以及它与另一个情景的交替，指出一个情景在其他情景未实现背景下的实现，一个情景对另一个情景的影响程度。

本书认同M.Г. Безяева的观点，将情景（ситуация）理解为某种被说话人理解的情形，说话人会从不同角度对它进行认识和评价，同时在交际结构意义形成时，说话人立场会在话语层面得以体现（Безяева, 2002: 21）。

在交际意义形成的过程中，交际参与者会对当前具体情景或情景准则进行解读和评价。俄语中存在大量与交际参与者或情景相关的准则。这些准则类型不仅受逻辑因素制约，还受俄语交际语义特性的影响。

交际意义实现的方式有三种：显性方式（эксплицитный способ）、隐性方式（имплицитный способ）和交际一致性（коммуникативное согласование）。

（1）显性方式是指交际意义具有显性形式载体，可借助词汇来表达。这是显性方式与隐性方式的根本区别。

（2）隐性方式是指交际意义缺少显性形式载体，它通过借助不同语言层面手段间的相互作用来表达。语言学在提及"隐性"概念时，通常认为"隐性"就是"无意识的，且不具有形式表达手段"的形象。若某些意义无法借助专门的形式表达手段来实现，而是通过某些手段间的相互关系来表达，那么可以说，该意义需要通过隐性表达手段来实现。至于表达同一交际意义的各个手段，可以处于同一语言层面，也可处于不同语言层面。

（3）交际一致性也是俄语交际意义的构成方式之一。在表达交际意义时，不同交际手段的语义常体参数具有一致性和复制性。

2.3 交际目的

2.3.1 交际目的与情态性的关系

交际目的的概念与情态性相关。语言事态层面和模态层面是传统语言系统中的重要对立。交际目的（целеустановка）概念是语言模态层面的组织单位。不同语言学流派对交际目的的称名和解释各不相同。Е.А. Брызгунова 把它看作句子交际类型和交际任务；М.М. Бахтин（1979）称之为言语意愿或说话人的言语意图；言语行为理论把交际目的看作言外意图或言外之力。这些诠释存在一个共同点：以语句中说话人的目的为根据。以往研究对交际目的的界定或是简单列举（疑问，要求，请求），或是通过指出交际目的的几个典型形式手段（语调和词序）来确定，它们基本没有重点考虑交际目的在语言体系中的语义特性。传统语言学尝试将交际目的归于"情态性"（модальность）范畴。

许多学者将交际目的同情态性范畴相联系。В.В. Виноградов 认为，"每个句子都有本质结构特征、情态意义，都包含句子对客观现实的关系"（Виноградов，1975：55），他还指出，与情态性范畴相关且部分有交叉的是一些情感表达类型，如愤怒、喜悦、威胁（Виноградов，1975：264）。В.В. Виноградов 建议，要从原则上区分对现实作出反应的情感表达类型和语句对现实关系的情态性评价。虽然两种言语现象的范围联系紧密，相互作用，但它们都反映了映射在社会意识中的现实。总的来说，В.В. Виноградов 的"交际目的"思想属于说话人对现实的态度类型。而А.М. Пешковский 则强调说话人对语句的态度类型。他指出："说话人对语句的所有关系类型都反映在一定的词的组合形式中，即疑问句、感叹句和陈述句。"（Пешковский，1956：392）按他的理解，这些句子类型都能组成语言的形式范畴，而这些范畴涉及主客体，它们的不同点在于说话人与语句的关系，跟词与词的关系无关。

由此可见，俄语语言学界普遍通过两种途径来理解"情态性"概念：（1）说话人与客观现实的关系，以В.В. Виноградов 为代表；（2）说话人与语句内容的关系，以А.М. Пешковский 为代表。两种观点对情态性的阐释不同。无独有偶，В.Н. Ярцева 在描述说话人对现实的关系类型时，列举了同肯定/否定现象和现实/非现实现象相关的例子，而分析说话人与语句内容的关系类型时，列举的都是目的意义。И.М. Кобозева（2000）把第一种关系同客观情态性相关联，把第二种关系同主观情态相联系，并指出，只有第一种关系属于事态范畴。

与上述学者相比，有一些学者没有将交际目的概念同情态性范畴相联系。Г.А. Золотова指出，句子类型（陈述句、祈使句和疑问句）是以语调或功能原则为基础划分的。她将情态性解释为语句与现实的关系，并将祈使句从陈述句和疑问句中区分出来。她认为，祈使句是一个非现实性情态范畴类型；陈述句可以具有现实性和非现实性情态；疑问句不是反映语句与现实关系的表达手段，因此，不表达情态意义（Золотова，1962：68）。此外，她还强调："句子的划分要以语句交际目的的功能原则为基础，而非情态性原则……不能把陈述句、疑问句和祈使句看作句子的基本情态类型，它们不是按情态意义统一体区分的，不符合基本分类要求"（Золотова，1973：5）。1980年《语法》持类似观点，将交际目的的对立看作疑问/非疑问、现实性/非现实性情态意义同句法式类型的联系。实际上，为了实现交际目的类型统一，非疑问句又被分为陈述句、祈使句和愿望句。

语言学界对情态性和交际目的的关系还有另一种解释。Э. Бенвенист表示，"句子具有一定的情态性，包括肯定句、命令句和疑问句三种类型。说话人用语句来影响听话人，情态性仅仅体现了三个说话人的基本立场"（Бенвенист，1974：448）。М.Г. Безяева将交际目的的概念看作一种情态性类型，并把它理解为狭义的情态范畴。她认为，只有目的的概念可以解释在具体交际结构中实现的狭义情态意义。这些意义活跃在语言交际层面体系中。在这个体系中，交际目的完成最重要的组织功能（Безяева，2002：11–12）。

2.3.2 交际目的的概念

本书认同М.Г. Безяева对"交际目的"的表述。她考虑了各方面影响因素，整体认识交际目的体系。她把交际目的看作说话人、听话人和情景之间相互影响的类型。其中，三者之间的相互作用包括说话人影响听话人、情景和说话人本身，或者听话人、情景和说话人本身影响说话人（如提问、要求、请求、建议、承诺、威胁、警告、反对、肯定、惊讶、气愤、喜悦、责备、称赞、同情、苦恼、满足、鄙视、松口气等等）（Безяева，2002：11-12）。这种界定可以将不同类型交际目的归为一个统一体，其中包括情感类型。这些情感类型可以记录情景或听话人对说话人的影响（如愤怒），说话人对说话人的影响（如自我责备），这些情感类型也可以表达对听话人立场的影响，很少表达对说话人或情景的影响。根据 М.Г. Безяева 的思想，交际目的体系是可以影响听话人（第三者或自己）的功能体系。任何一个交际目的都是在语言交际结构中实现的，这些结构是由完成相应功能的交际手段组成的。在确定交际目的时，М.Г. Безяева 首先确定了一些参数，这些参数可区分不同交际目的，能体现出它们的共同点以及可能交叉或混合的区域。

　　本书认为，М.Г. Безяева 有关"交际目的"的论述也存在欠妥之处。她始终强调，交际目的、交际结构和交际手段是语言交际层面单位。把交际结构和交际手段归于形式单位无可厚非，但将交际目的看作结构单位是否合理？她虽然把交际目的看作交际单位，是说话人、听话人、情景之间相互影响的语言类型，但在具体分析中，这种"交际目的"实际上就是提问、请求、反对、惊讶、喜悦、责备等交际目的意义。因此，交际目的并不是交际单位或某种结构类型，而是一种交际意义。它是交际单位（或交际结构）所反映的目的意义。交际手段只有借助交际结构才能表达交际目的意义。

　　综上所述，本书认为，交际目的是语言交际层面上说话人、听话人和情景之间相互影响的交际意义类型。其中，三者之间的相互作用包括说话人影响听话人、情景和说话人本身，或者听话人、情景和说话人本身影响说话人。它具体体现为提问、要求、请求、建议、承诺、威胁、警告、反对、肯定、惊讶、气愤、喜悦、责备、称赞、同情、苦恼、满足、鄙视、松口气等等。它通过交际结构直接体现，通过交际手段间接表达。

2.4 交际结构的界定

　　传统语言学所说的"交际结构"（коммуникативная структура）通常

是指实义切分。所谓实义切分，就是根据具体的交际任务来确定哪些话应该先说，哪些话应该后讲。由于具体的交际任务不同，一个句子可以分为两部分：一部分是叙述的出发点，即说话人想要说的话题。另一部分是主要的交际内容，它经常包含新信息，即读者或听者不知道的内容（史铁强，2012：20）。实义切分的手段主要有三种：词序手段、语音手段，以及词汇手段。语气词是表达实义切分的补充手段，起加强和突出某信息的作用。语气词或是突出主位，或是突出述位。俄语里常用的语气词有же, то, тоже, даже, и, только, лишь, ещё, именно 等。突出主位的语气词有же, то 等。例如，же 加以突出，起着对比连接的作用（史铁强，2012：24）。实义切分的基本单位通常不叫句子，而叫作话语，这不仅是术语上的区分，还表明它已经不再是语言体系单位，而是言语交际单位。Т.Е. Янко（2001）从语用学角度出发分析句子交际结构。她虽然也承认句子交际结构就是实义切分，但在她看来，句子交际结构首先是言语行为意义或是言外意义的载体。言语行为是指说话人使用句子完成行为，表达说话人的交际意图。

　　交际语义理论对"交际结构"的看法与上述观点大有不同。该理论认为，交际结构是语言交际层面的基本单位之一。交际结构的特点是交际手段和交际意义的可再生关系，这里的交际意义独立且区别于称名内容。此外，每个结构都是通过具体的语句实现的，语句是交际结构在话语中的个别体现。М.Г. Безяева 认为，每个交际目的都是由不同交际结构表达的，这些结构也称变体结构，它们的意义相关联。交际结构是语言单位体系，每个结构特点都是由这个结构中所有成分共同确定的。此外，每个表达交际目的的结构都是交际层面语言单位，都具有交际意义，也可反映交际领域（сфера общения）和交际等级（регистр общения）（Безяева，2002：13-14）。此外，她还强调，每个结构都有特定的语义常体参数，如社会等级参数、社会范围参数、距离参数等，它们是该结构区别于其他结构的重要特征。这些参数是通过聚合方法总结出来的，可以将一个结构与其他类似结构区分开。

　　综上，根据交际语义理论，交际结构是语言交际层面的基本单位，由分属不同语言层级的交际手段组成，具有交际意义，能够表达交际目的，具有区别于其他结构的语义常体参数。在交际结构中，作为组成元素，交际手段的组合以语义常体参数的意义相关性为依据。至于交际结构和交际单位的关系，我们认为，交际结构是交际单位的抽象形式，交际单位是交际结构的具体表现形式。

2.5 交际手段

2.5.1 交际手段的界定及类型

交际手段（коммуникативное средство）是在语言交际层面发挥功能的语言手段，包括语气词、感叹词、语调、句法结构等。А.Н. Баранов、И.М. Кобозева、А.Н. Васильева、Н.Д. Падучева、Е.Б. Степанова、В.С. Храковский、А.П. Володин、Н.Ю. Шведова等语言学家从不同角度研究交际手段。В.А. Белошапкова指出，通常，客观意义是由词汇手段表达的，实词是客观意义的载体；主观意义倾向于用语法手段表达，如用词的形式、虚词、含语法意义的词（半实词性动词、情态性动词、代词、情态词）、语调等手段（Белошапкова，1997：774）。徐翁宇认为，句式、代词、语气词和语调等语词手段成了隐性语义存在的标志。这些标志必须在特定语境中才起作用（徐翁宇，2002：231）。Т.Е. Янко从语用学视角出发分析表达交际意义的基本手段——语调、词序和词汇。

总的来说，以往交际手段研究不够系统。В.Г. Гак曾提出研究交际手段的必要性，他强调，交际手段"在传统语法中没有得到应有的重视，缺少语气词、感叹词等指示符号，任何一个活的句子都无法生成。而这些单位或是完全被研究者忽视，或是研究深度不够。原因在于这些单位分布在不同的词类中，它们一直没有被看作整体，所以它们的功能一致性始终未得到凸显"（Гак，1998：559）。本书认为，交际语义理论对交际手段的探讨较为系统。该理论指出，交际手段是语言交际层面的基本组织单位，它参与表达交际意义，组成交际结构，并通过交际结构反映交际目的。在交际结构的语义常体参数中隐藏着交际手段的语义常体参数，因此，每个交际手段都有一系列服从扩展规则的语义常体参数。

根据交际语义理论，交际手段可分为两大基本功能类型——简单交际手段和混合交际手段。简单交际手段只参与完成交际功能。混合交际手段既能实现称名功能，又能参与完成交际功能。

简单交际手段包括式形式、语气词、感叹词、词序、语调等。它们能够实现交际目的并参与构造与之相符的结构。简单交际手段的第一性功能就是表达语言体系同交际层面的联系。混合交际手段在语言中既能实现称名功能，又能参与完成交际功能。这些手段的第一性功能虽然是表达事态称名层面意义，但还可以参与交际层面意义的构成。这类手段包括实词单位的词形，某些语法范畴，如体、时、数、格等等。

上述交际手段覆盖了语言的多个层面，语气词、感叹词属于词汇层面；语调属于语音层面；词序、式形式、语法范畴和实词单位的词形属于语法层面。从语言所属层级角度，交际手段还可以分为词汇交际手段、语音交际手段和语法交际手段。语法交际手段还可以具体分为词法交际手段和句法交际手段。

2.5.2 交际手段的语义常体参数

根据交际语义理论，每个交际手段都有一个或几个不变的语义参数，这些参数服从一定的扩展规则。М.Г. Безяева总结了70多个交际手段的语义常体参数，这些语义常体参数是分4个步骤对比总结出来的。

第一步：从实际有声对话语料中提取出大量交际结构。对比这些交际结构区分出语义参数。

第二步：根据语义参数分析确定每个交际结构表达的交际目的，并将不同交际结构根据其表达的不同交际目的对比分类，分成以交际目的为基础的不同结构序列。

第三步：运用聚合方法观察表达同一交际目的序列结构之间的区别。其中每个交际结构都包含若干语义参数。每个结构的语义参数都是在与同一序列其他结构的对比中区分出来的。这些参数可以将该结构与其他结构区别开，属于区分特征。分析并列出每个结构所包含的若干语义参数，观察这些参数是通过哪些手段实现的。

第四步：脱离个别交际目的结构序列，从宏观上综合观察含有同一交际手段的所有交际结构，找出在这些结构中都包含的相同或相似的语义参数。这些语义参数就是该交际手段的语义常体参数。

这种语义常体参数不仅要通过聚合方法区分含有某一手段的一系列结构的语义参数，还要从组合角度出发考虑参与组成该结构的其他相邻手段的常体参数。这种聚合和组合相结合的方法大大降低了确定语义常体参数的随意性。同时，交际手段只有在交际结构中才能发挥功能，这种方法能够更准确地确定一般语义参数。М.Г. Безяева强调："在区分交际手段语义常体参数时，不仅要考虑这些手段在分属不同目的序列结构中的实现，还要考虑其与在同一结构中实现的其他手段的关系"（Безяева，2002：707）。

交际手段在具体情景中遵循常体参数扩展规则。在特定语境中，交际手段语义常体参数的具体化会根据以下扩展规则来实现，具体内容如下：

（1）一些手段参数会进行反向扩展。例如，a的参数是在认识了之前发生的事情后进入新情景，它的反向扩展意义就是在认识了之前发生的事情后没有进入新情景；вот的参数是方案的实现，方案符合其中一个交谈者的交际目的，其反向扩展就是方案未实现，方案不符合其中一个交谈者的交际目的。

（2）交际常体参数还可基于不同立场实现。在具体语境中，语义常体参数只针对说话人立场、听话人立场或情景，也就是说这些参数可以围绕说话人立场、听话人立场和情景自由分配（并且可以标记说话人立场和听话人立场是否相符以及对这些立场的可能性评价）。

例如，交际手段ну的常体参数是"预期值"（ожидаемость）。这个参数首先可以进行反义扩展，即符合/不符合预期值。其次，它在具体交际结构中可以指向说话人立场，可以指向听话人立场，也可以指向情景。但这三者的关系十分复杂，具体语境中的参数更多的是在说话人立场、听话人立场和情景间自由分配，如符合/不符合说话人预期，符合/不符合听话人预期，符合/不符合情景预期。

除了上述两种情况外，这些参数的具体化还可能根据时间层面或现实性/非现实性视角进行变化。或者一个交际手段的一个常体参数在同一结构中同时存在两种实现，例如 ну 在同一情景下既能表示符合说话人预期，又能表示不符合说话人预期。

可以说，任何一个交际手段意义常体都是潜在的，并与交际相关。这些常体通过不同方法和途径在结构和实际情景中得以具体化实现，但可根据以下三种特点预先确定：①交际目的特点；②同结构中相邻手段的相互作用，主要不同交际手段语义参数间的作用；③同相邻结构的相互作用，相邻结构也具有某些意义和表达手段。

只有厘清交际结构组成单位深层语义间的相互作用才能更准确地确定交际手段的语义常体。从某个交际结构中区分出来的手段常体语义（语法范畴如体、语气词等）通常是通过考察相邻结构意义来确定的。操俄语母语者，包括语言学家都具有理解整个交际结构意义的能力。结构意义正是通过不同语言层面手段意义间的相互作用而形成的。这一点明显体现在区分常体参数和理解这些参数的实现规则上。

实际上，交际层面的核心语言单位是交际结构。一方面，只有在结构中交际目的才能实现；另一方面只有在结构中不同交际手段常体参数才能实现。但在特定语境中，每个结构都只能实现一种潜在可能。交际手段常体参数可以通过一系列具体实现得以明确。这些参数在结构中的具体体现不受交际目的类型制约，也不受相邻结构和交际层面其他手段的限制。

2.6 本章小结

在语言交际层面单位上，交际单位是所有带有完整语调、能够独立完成交际功能的最小言语单位，它包含交际手段，是交际结构的载体和具体实现形式。交际结构和交际手段都能够表达交际意义。交际结构由交际手段组成，每个交际手段都有一个或几个不变的语义参数。

交际意义是语言交际层面上说话人、听话人和情景之间的关系意义，与称名意义相对应，根据交际语义理论，它在语言交际层面上具体表现为交际目的意义、交际结构意义和交际手段意义。交际意义是说话人立场、听话人立场和情景之间相互作用而形成的。其具体形成方式有显性方式、隐性方式和交际一致性三种。其中，第一种方式比较少见。

交际目的是交际意义的一种，是语言交际层面上说话人、听话人和情景之间相互影响的意义类型。其中，三者之间的相互作用包括说话人影响听话人、情景和说话人本身，或者听话人、情景和说话人本身影响说话人。它通过交际结构直接体现，或通过交际手段间接表达。

交际结构是语言交际层面的基本单位，由分属不同语言层级的交际手段组成，具有交际意义，能够表达交际目的，具有区别于其他结构的语义常体参数。在交际结构中，交际手段作为组成元素，根据语义常体参数间的意义相关性相结合。至于交际结构和交际单位的关系，本书认为，交际结构是交际单位的抽象形式，交际单位是交际结构的具体表现形式。

交际手段是语言交际层面的基本组织单位，它参与表达交际意义，组成交际结构，并通过交际结构反映交际目的。每个交际手段都有一个或几个不变的语义参数，这些参数服从一定的扩展规则。该扩展规则包括以下三种：①参数的反向扩展；②参数在不同立场的实现；③参数根据时间层面或现实性/非现实性视角的变化；参数在同一结构中同时存在两种实现。交际手段分为两大基本功能类型——简单交际手段和混合交际手段。根据语言所属层级分为语音交际单位、词汇交际单位和语法交际单位。本书的研究对象是词汇交际单位——语气词和感叹词。

第三章 俄语词汇交际手段的研究概述

俄语交际手段分为两组：一组是只能完成交际功能的手段，包括式形式、语气词、感叹词、词序和语调，这类手段的第一性功能是表达语言体系在交际层面上的系统联系。另一组交际手段既能实现称名功能，又能实现交际功能，包括实词单位的词形如господи, боже, тут, там等，不同词类的语法范畴如体、时、数、格等。虽然这类交际手段的首要功能是参与构造称名层面事态意义，但有时也可以构成语言交际层面语义。在上述交际手段中，属于语音手段的有语调。属于词汇手段的有语气词和感叹词。属于语法手段（包括词法手段和句法手段）的有词序、式形式、实词单位词形和语法范畴。本书研究对象是语气词（частица）和感叹词（междометие）这两种词汇交际手段。需要强调的是，词汇交际手段分析一定程度上受语音、语法手段影响，不能孤立地研究某一类交际手段。

3.1 俄语词汇交际手段 —— 语气词

3.1.1 语气词在对话中的地位

在传统语言学中，语气词始终离不开语法的词类划分体系，它是同名词、动词、副词等实词词类相对立的一大虚词词类。自18世纪中叶《俄语语法》（1757）问世以来，语气词始终未被看作独立的词类，更没有得到统一的描写。语言学家或是把它归入其他不同词类中简单提及，如副词（Ломоносов，1757；Востоков，1859）、连接词（Буслаев，1959）和命令词（Пешковский，1956）等，或是只描写个别语气词，譬如А.А. Потебня对语气词то的阐述（Потебня，1985）。直到20世纪上半叶，一批语法学家开始将语气词作为独立词类看待，语气词也因此逐渐得到不同界定和具体论述（Шахматов，1941；Виноградов，1986等）。尽管如此，在俄语语法描写中，这类无称名意义且无词形变化的词仍处于尴尬的边缘地位，所占篇幅不多。

传统语法学致力于描写书面标准语，而在书面语中，语气词并不常见，这也是语气词一直没有成为其重点描写对象的原因。相比之下，语气词在口语中却十分活跃，它的使用频率甚至高于某些最常用的实词。20世纪后半叶，许多语言学家，特别是口语学家都清楚地认识到了这一点，提出，"语气词主要以口语为活动空间……在口语中发挥着极其重要的作用"（王永，2004：9）。О. Б. Сиротинина曾提供过一组数据：语气词在频率词典中仅占1%，而在口语中却占了约15%的比例（Сиротинина，1983：7）。实际上，在"现代俄语日常生活口语体中，语气词出现的频率大大高于其他语体"（王福祥，2010：219），广泛使用语气词是口语的一个重要特征（Земская，1979：88）。在口语中恰当运用语气词可以表达多种细微含义，使言语更加生动活泼（张会森，2000：452）。口语的基本表现形式是对话，对话是最自然的交际形式，因此，语气词在对话中占有十分重要的地位，例如下列来源不同的三段对话。

(1) Галя: ***Ну***, тем более, съедим их вместе.

Женя: ***Ну***, где ***же*** мы их съедим-то?

Галя: Ой, Женька! Какой ты непонятливый! ***Ну***, мы ***же*** будем встречать здесь, у тебя.

Женя: Где ***вот*** тут? ***Вот*** тут? ***Вот***. Подожди, а Катаняны-***то*** как? Я ***не*** пони…

Галя: Олег предлагает встречать Новый год, между прочим, в ресторане Останкинской башни.

（摘自电影「Ирония судьбы или с легким паром」）

(2) А. Почему мы на самолёте никогда ***вот*** // В Ленинград ***ведь***

вполне на самолете можно //

Б. *Это* нисколько *не* лучше //

А. Почему? Если *вот* там до аэродрома недалеко //

Б. До аэродрома там *не* меньше часа //

А. *Ну* тогда *пожалуй да* //

（Е.А. Земская 1978：156）

(3) Андрей: *Ну вот*, встретились, Настена. Встретились, говорю, не верится, что рядом с родной бабой нахожусь. Не надо *бы* мне *ни* перед кем тут показываться, *да* одному *не* перезимовать. Хлебушком ты меня заманила. Ты *хоть* понимаешь, с чем я сюда заявился? Понимаешь или *нет*?

Настена: Понимаю.

Андрей: *Ну и что*?

Настена: *Не* знаю. *Не* знаю, Андрей, *не* спрашивай.

Андрей: *Не* спрашивай… *Вот что* я тебе сразу скажу, Настена. *Ни* одна собака *не* должна знать, что я здесь. Скажешь кому – убью. Убью – мне терять нечего. *Так и* запомни. Откуда хошь достану. У меня теперь рука на это твердая, *не* сорвется.

Настена: Господи! О чем ты говоришь?!

Андрей: Я тебя *не* хочу пугать, но запомни, что сказал. Повторять *не буду*. Мне сейчас податься больше некуда, придется околачиваться здесь, возле тебя. Я к тебе и шел. *Не* к отцу, *не* к матери – к тебе. И никто: *ни* мать, *ни* отец – *не* должен обо мне знать. *Не* было меня *и нету*. Пропал без вести. Убили где по дороге, сожгли, выбросили. Я теперь в твоих руках, больше *ни* в чьих! Но если ты *не* хочешь этим делом руки марать – скажи сразу!

Настена: *Что* ты меня пытаешь?! Чужая тебе, *что ли*? *Не* жена, *что ли*?

（摘自长篇小说В.Г. Распутин「Живи и помни」）

上述三段对话分别来自电影对白、日常对话和文学作品，其中语气词的占比都很高，分别约为20%、29%和22%，这进一步证明了语气词在对话中的活跃程度和重要性。

3.1.2 语气词的研究历史

语气词是十分重要的词汇单位，它在人类交际活动中发挥着不可替代的作用。在交际过程中，语气词能够反映说话人和听话人之间的关系，表达说话人的立场、评价和情感，表征说话人对客观现实以及听话人的态度等。与实词相比，传统语言学对语气词给予的关注较少，且相关研究局限于语法框架内。但随着语用学的蓬勃发展，越来越多的学者意识到语气词的重要价值，并从多个视角积极开展研究。

俄罗斯学界早期的语气词研究可追溯到18世纪，虽然学界普遍将语气词看作不变化的"小词"，但并没有将其作为单独词类来研究。М.В. Ломоносов的《俄语语法》（1757）在副词范畴内探讨一些能够表示语气的词，如где, там, тут, прямо, ещё, как, так等。他首先把词概括为八大类，分别是发挥实义功能的名词、动词，发挥辅助功能的代词、副词、感叹词、前置词、形动词、连接词（Ломоносов, 1757: 180）。继М.В. Ломоносов之后，语法学家А. Востоков, Н. Греч, Г. Павский, К. Аксаков等都未在其有关此类的论述中区分出语气词（王永，2005：1）。

到20世纪中叶，语言学家Ф.И. Буслаев（1958）和А.А. Потебня（1941）也没有将语气词列入词类范畴，只是分析了 -ка, -ко, -ста, -то等单位的意义和用法，并从词源、语义及使用特点等方面阐述了ну (те), пусть, знай等词的特征（Потебня, 1941: 188-189）。Ф.Ф.Фортунатов（1956）和Л.В. Щерба（1957）对частица这一术语持广义理解，均用它来指称虚词（служебные слова）。前者划分了4种类型，如起联系作用的词（如前置词、连接词），表否定意义的词（如не, ли），表说话人对语句态度的词（конечно, вероятно, да, нет）等（Фортунатов, 1956: 169-173）。

最早对"语气词"这一术语持狭义理解的是В. Богородицкий。他认为бы, же, ли 等词没有实词意义，可称为语气小品词或语气词（王福祥，2002：412）。А.А. Шахматов 将语气词看作一个单独词类，他首次将词类区分为实词（знаменательные слова）和虚词（служебные слова），并将虚词划分为前置词、连接词和语气词等。他指出，语气词作为一种虚词，具有加强语气和增添色彩的作用，包括 ну, давай, и, -ка, же 等（Шахматов，1941：506-507）。虽然 А.А. Шахматов 把 ведь, ли, бы, же, мол 等语气词归入了连接词和副词之列。但不置可否，А.А. Шахматов 的词类划分观点具有划时代意义。В.Н. Сидоров 等学者对语气词进行分类，将其划分为否定语气词（не）、加强语气词（-то, даже, ведь, вот, же）、区分语气词（только, лишь）、疑问语气词（разве, неужели, ли）、感叹语气词（как, что за）（Аванесов, Сидоров，1945：223-224）。

关于语气词的界定和分类，俄罗斯著名语言学家 В.В. Виноградов 的观点具有权威性。与 А.А. Шахматов 类似，他也将词类划分为实词和虚词，并将语气词归于虚词之列。在他看来，语气词通常没有完全独立的词汇意义，其作用是表达语法关系或赋予语句或篇章意义上的细微差别，根据意义可分为加强-限制语气词、接续语气词、限定语气词、指示语气词、不定语气词、数量语气词、否定语气词、情态-动词语气词八种类型（Виноградов，1947：544-554）。俄罗斯语法学界普遍坚持 В.В. Виноградов 赋予语气词的独立词类地位，认同语气词的主观情态功能，同时不同程度地修改了维氏划分的语气词类型。

1953年《语法》将语气词分为表达意义色彩的语气词和情态语气词两大类，前者包括指示语气词（вот, вон, это）、确定语气词（именно, как раз, подлинно, ровно）、区分-限定语气词（всё, единственно, исключительно, лишь, разве лишь, только）、加强语气词（даже, же, и, уже, уж）；后者包括情态-意愿语气词（бы, ну, дай, давай, пускай）、表达对客观现实确信度的语气词（肯定、否定、疑问、对比等）、情感-表情语气词（ведь, просто, прямо）、构形语气词（бы, бывало, пусть, -либо, -то, -нибудь）（АН СССР，1953：40-41）。1980年《语法》概括了语气词的两大功能：构形功能和赋予报道各种交际特点的功能，并据此划分了语气词的类别，包括构形语气词、否定语气词、疑问语气词、情态语气词、肯定或否定语气词等（АН СССР，1980：723）。

总的来看，传统语言学主要研究俄语语气词的归属、界定和分类问题，虽然也探讨了语气词的功能，但仍局限于语法框架。20世纪60年代起，随着语义研究的兴起，以Ю.Д. Апресян, Н.Д. Арутюнова, Е.В. Падучева等为代表的语言学家将研究视角和重点转向了语义阐释和语用分析，主要的研究问题有语句对客观现实的关系、说话人对语句的关系或态度、说话人对交际参与者的态度，如А.Н. Баранов, А. Вежбицкая, И.М. Кобозева, Д. Пайар, А.Д. Шмелев等。

在这一背景下，学界对语气词的研究兴趣也随之增强，认为其可用于构建表征说话人意图的话语交际语义。语言学研究发生转向后，语气词的研究维度和研究路径呈多层次、多元化特点，主要可概括为以下九个方面：①语气词的逻辑语义描写，用元语言描写逻辑语气词（И.М. Богуславский, 1985）；②言语行为理论视域下的语气词描写，考虑交际参与者、共知背景、交际情景等语言外因素对语句的影响，关注语句的言外行为和言后行为（Н.Д. Арутюнова & Е.В. Падучева）；③语气词的语篇衔接功能阐释，将其看作复合句或语篇的衔接手段（Колосова, Черемисина, 1987; Чернышева, 1997; Николаева, 1982）；④语气词的词典学描写（Г.Е. Крейдлин, А.К. Поливанова, 1987）；⑤语气词的界定准则探讨，包括词法准则、句法准则和功能语义准则，认为语气词是不变化词类，不能独立使用，必须同整个语句或语句的某一部分相联系，并应依据功能特点划分不同类型（Стародумова, 1980）；⑥语气词的语用功能阐释，涉及только, даже, разве, неужели, авось, еще, уже, хоть, -ка, ну等词的个案分析；⑦从功能、修辞、分类等视角研究语气词在口语中的使用特点（Е.А. Земская, О.Б. Сиротинина & О.А. Лаптева）。⑧在话语词（дискурсивные слова）范畴内探讨все-таки, лишь, неужели, разве, -таки, только等语气词的多功能性，研究视角从抽象转向具体（А.Н. Баранов, Д. Пайар & К.Л. Киселева）；⑨在语言交际层面探讨用作交际手段的语气词。М.Г. Безяева将语气词理解为能够表达交际层面语义的"交际手段"（коммуникативное средство）。在大量有声语料分析基础上，她总结并指出，这些手段都具有一系列服从扩展规则的语义常体参数（семантические инвариантные параметры），不因具体情景而改变，同时能够以参数为中心灵活表达说话人、听话人和情景之间的相互关系（Безяева，2005：118）。例如，ну包含预期参数意义，在具体情景中ну可以表示说话人、听话人或情景是否符合预期等。持类似观点的还有А.А. Коростелёва（2008）等学者。

受俄罗斯学界的影响，国内学界的俄语语气词研究也取得了丰硕的成果。李永宽（1989）探讨了口语中最常见的一些复合语气词，如как же, ну как же, ну да, так и, вот так, а вот, а вот и, ну что ж等，分析了这些语气词的结构特征和功能特点。他强调："语气词是俄语口语中出现频率很高和十分活跃的词类。这是口语独具的自发性、不拘谨性、表情性等外部特征，以及语气词在不同的言语环境中具有各种不同意义所决定的"（李永宽，1989：34）。张沛恒（1991）编纂了《俄语语气词》辞书，收录词条近300个，每个词条均配有意义描述、释义和例句。

国内研究者对俄语语气词的研究主要集中在以下方面：

（1）聚焦语气词的功能探析。王永（2005）以口语为研究对象，从功能视角出发，综合运用语法学、口语学、语用学、修辞学、话语语言学的理论和方法，论证了语气词在言语交际中的作用及其在词类体系中的重要地位，详细阐述了语气词的结构功能、修辞功能和交际功能。同时，她强调了研究口语语气词的重要性，"受超语言特征的影响，口语中所使用的语气词不仅数量急剧增多，而且频率急剧提高，并有大量其他词类的词转化为语气词，在口语研究中发挥着各种功能……语气词作为最'小'的词类历来受到忽视，俄语学习者在实际运用过程中难以把握'没有独立词汇意义'的语气词。实际上，掌握语气词是中国的俄语学习者摆脱'书面语式口语'的关键之一"（王永，2005：167）。李昊天、王永（2015）探析俄语电视言语中语气词的指示强调功能、转移衔接功能和身势语伴随功能，"语气词可以指明对象、表明强调性、表达言语的情感-表情色彩，还能起到话题转换、话语衔接和身势语指示的作用，参与会话过程，以保证话语的顺利进行"。

（2）侧重探究语气词的隐含义。王永（2008）综合运用语法、语义和语用理论，阐释了语气词隐含义的产生机制，并选取了七个典型语气词（ещё, уже, даже, только, и, ведь, просто），对其隐含义进行了深入且详细的个案分析。她指出："语气词的使用给语句带来了隐含的补充信息。……Т. Николаева描绘了决定语气词语义图景的四个领域：客观领域、补充的隐含领域、语句领域和语篇领域。在这四个领域中，语句和语篇是语气词赖以生存的环境。客观领域是语句表述的对象，而补充的隐含领域是语气词在语境中产生的内容。可以说，语气词在语句和语篇的基础上建起了连接客观领域和隐含领域的桥梁"（王永，2008：36）。

（3）语气词的句法语义研究。郭丽君（2013）基于俄罗斯学者И.М. Богуславский提出的词位句法语义研究方法，借鉴哲学、语言学、逻辑学等学科的研究成果，借助源自逻辑学的"辖域"（сфера действия）概念，对三个典型语气词не, только, даже进行了细致的句法语义研究。"从句法语义学的角度研究俄语词位在句法中的作用范围，为语气词等具有消极配价词汇特点的词位提供了语义分析的研究工具和理论依据"（郭丽君，2013：106）。

（4）话语词范畴内的语气词分析。许宏（2005）、苏祖梅（2006）在话语词范畴内详细分析语气词ну的交际功能，并强调了这些"小词"的重要性。"俄语中的诸如а, вот, ну, там, вобще之类被人们称为'小词'的词，因为不像实词那样具有典型的语义特征，因而往往被人忽略。但这些词又是人们在言语交际中经常碰到的"（许宏，2005：35）。张玉伟（2014）探讨了语气词разве的语用特征，认为其"一方面传达说话者的心智意向状态，表达说话者对所述内容的肯定或者不确定，前者强化语势，后者弱化语势；另一方面，还传达说话者的情感意向状态，主要是疑惑、质疑、难以置信、猜测等，并且在特定情境中还表达出说话者对所述对象的嘲笑讥讽"（张玉伟，2014：56）。常翔宇（2019）聚焦部分语气词的多模态量化分析，探讨它与其他模态的互动协同规律。她基于俄语国家语料库，综合运用会话分析、言语行为、语料库语言学等理论，使用多模态话语分析的方法，从多模态的视角来分析 да, нет, да нет 等语气词的话语功能。

（5）关注语气词的翻译方法。关秀娟指出，"俄语语气词汉译是在保留原文语气即语用意义不变的情况下变换语气表达方式，用汉语传达原文信息的语际活动。……语际转换过程中转的是语气词的语用意义……俄汉语气词共有一个内核——语气，这是翻译的基础"（关秀娟，2011：84）。李人龙（2018）在话语标记范畴内探讨了部分语气词的汉译问题。他从语用功能对等的角度探讨了话语标记语"разве""ну"的翻译方法与特点。他认为，话语标记语的翻译应遵循语用功能对等原则，其在不同语境中具有不同的语用功能，必须结合上下文对其具体语用功能进行判断。翻译这类话语标记语时，应综合考虑语言环境、说话人的语气、意图、情绪等多个因素，从而实现等效翻译。

（6）语气词的俄汉对比研究。曹磊（2007）从分类、来源、界定、语义、功能等方面探讨了俄汉语气词的相同点与不同点。王凤阳（2011）从俄罗斯学生学习汉语过程中使用语气词时产生的偏误入手，分析俄汉语几种常用语气词的句法语义功能。整体来看，俄汉语气词对比相关系统性研究成果不多。

总的来说，国内研究者对俄语语气词的探讨多集中在功能分析和语义阐释，涉及汉译策略和俄汉对比方面的研究成果略显单薄，而将语气词归于词汇交际手段范围探讨汉译问题的研究成果更为罕见，本书将就此开展更为深入、更为系统的研究。

3.1.3 语气词的界定

关于语气词的定义，学者们从传统语言学、口语学、话语标记、交际语义等不同角度展开积极探讨。尽管如此，学界对语气词仍有一个普遍认识，就是它能够赋予其他语言单位补充意义色彩及某些关系意义。

1. 传统语言学对语气词的界定

以 В.В. Виноградов, А.А. Шахматов 为代表的一批学者从传统语言学角度界定语气词，主要集中在语法框架下。А.А. Шахматов 肯定了语气词的语法地位，将它定义为"加强或突出各种语法形式或谓语关系的一类词，具有语法意义和辅助意义"（Шахматов，1941：506）；В.В. Виноградов指出，语气词没有完全独立的现实意义或物质意义，主要为其他词和句子意义增加补充意义色彩，并用于表达不同性质的语法关系。这些词的意义非常灵活，带有语法、逻辑或表情修辞功能，通常存在于具体的句法使用中（Виноградов，1986：844）。1980年《语法》提出："语气词是一种不变化的辅助词，没有词汇意义，具有构形功能和对交际内容的评述功能。这两类功能的共同点在于在任何场合中都含有关系意义（значение отношения）。前者反映动作、状态或整个语句同现实的关系；后者反映说话人对语句内容的关系（或态度）。语气词作为独立的词，意义就是它在句子中所表示的关系"（АН СССР，1980а：723）；П.А. Леканта认为："语气词是一类词，可以表达不同类型词汇和句法单位的补充意义"（Леканта，1986：267），持类似观点的还有В.В. Бабайцева（2002）；В.А. Белошапкова认为："语气词是虚词，它们能够表达词句的意义和情态-表现力色彩，能够参与构成词形"（Белошапкова，1981）；Д.Э. Розенталь认为，语气词完全没有独立的词汇意义，而是给其他的词、词组、句子的意义增添含义、情感-表现力、情态方面的细微差异（Розенталь，1984）。李勤教授在《俄语语法学》一书中指出："语气词作为虚词能赋予词、词形、词组和句子不同的补充意义或情态和表情色彩，或用来表达各种语法关系，构成词的词法形式或句子形式。语气词是有意义的。它们指称的是关系，或是话语内容对现实的关系（客观情态意义），或是发话者对话语内容的关系或态度（主观情态意义）"（李勤，2005：283）。张家骅教授持类似观点。他强调，语气词能够表示言语内容对现实或说话人对言语内容、听话人的各种关系态度，主要用来对句子反映的客观现实内容加以补充，没有称名意义。"它们给句子或句子中的个别词带来的附加内容隐含在特定的上下文中。描写语气词隐含意义的有效方法是揭示语气词的'预设'内容。"（张家骅，2006：146）语气词可以说明整个句子或句中个别词。通常情况下，"用在被说明词之前的叫作前附语气词（препозитивная частица），如 давай, пусть, ну, что, что за, не, ни 等；用在被说明词之后的叫作后附语气词（постпозитивная частица），如 же, ли, то, -ка 等"（张家骅，2006：146-147）。

总体来看，传统语言学对"语气词"的界定如下：

（1）从性质上看，它是一类辅助词（虚词）；

（2）从特点上看，它无词形变化；

（3）从功能上看，它能够赋予其他语言单位补充意义色彩；构成语法形式；表达关系意义；表达说话人对话语内容、对听话人的态度等。

М.Г. Безяева, Г.И. Панова 等学者从交际角度强调语气词的重要性，并给予交际语义视角界定语气词。Г.И. Панова 指出语气词和交际意图的关系，认为"语气词有助于说话人在语句和篇章中实现交际意图"（Панова，2010：398），这从侧面证明了语气词是实现交际意图的一种手段。П.А. Леканта 注意到语气词对听话人的影响，进一步说明语气词这一手段是在语句中表达说话人对语言外客观现实的态度。她强调："语气词可以同听话人建立联系，将语句与之前语句联系在一起，表达具体的感情（如惊讶、高兴、失望等等），从而加强对听话人的影响，确定语气词复杂的动态功能。这种动态功能只体现在具体言语活动中，即体现在反映说话人、听话人、上下文和言语情景之间相互关系的语句中"（Лекант，1986：104-105）。根据 П.А. Леканта 的观点，可以得出这样的结论：在交际活动中，语气词能够反映说话人、听话人和情景之间的关系。虽然1980年《语法》曾提道："语气词作为独立的词，其意义就是它在句子中所表示的关系"（АН СССР, 1980a：723），但它所说的"关系"指的是动作、状态或整个语句同现实的关系和说话人对语句内容的关系（或态度），并没有涉及基本的交际要素：说话人、听话人和情景。实际上，从交际本身出发，在日常对话中，语气词表达的第一性关系就是说话人、听话人和情景之间的关系，即这三者之间相互变化的关系意义，也可以说是一种交际意义。例如 Ну что же это такое? 其中，ну 表示"不好的情景发展方向不符合说话人的预期，同时明显违反了说话人的预期准则"；же 表示"说话人认为，听话人本应该停止某行为，但听话人却没有"。

М.Г. Безяева 的交际语义理论将语气词归于交际层面语义体系框架下进行分析，将语气词和感叹词归于交际手段整体，共同探讨。该理论认为，交际手段组成交际结构，并通过交际结构反映交际目的，它能够反映说话人、听话人和情景的关系变化，具有一套遵循扩展规则的语义常体参数，在实际语境中。语气词作为交际手段之一，自然也具有上述一系列特点。

综合各家观点，从交际活动出发，考虑语言交际层面语义体系，结合传统语言学的基本观点，本书认为，语气词是一种无词形变化的虚词，它能够赋予其他语言单位补充色彩，能够构成语法形式，表达关系意义，表达说话人对话语内容、对听话人的态度等。它既能说明句中某个单位，也能够说明整个句子。在交际活动中，它是一种词汇交际手段，能够表达说话人、听话人和情景之间的关系意义，是交际结构的组成部分，通过交际结构反映交际目的，并具有特定的语义常体参数。

3.2 俄语词汇交际手段 —— 感叹词

3.2.1 感叹词在对话中的地位

感叹词是用来传达感情、感受、心理状态，以及对周围现实的情感或意愿反应的一类词。早在古希腊时期，哲学家们就已经开始关注感叹词研究，甚至认为感叹词是语言的最初起源。В.В. Виноградов对这种观点表示认同，在专著《俄语》中指出："人类语言最初的词汇通常来源于感叹词"（Виноградов，1986：745）。可见，感叹词在人类语言中的地位不容忽视。事实上，传统语言学对感叹词的研究并不充分，对它的认识也颇有分歧。1980年《语法》在"词类"部分对感叹词的描写仅占了4页篇幅（АН СССР，1980a：732-736）。有的学者如С.Т. Аксаков等甚至将感叹词排除在词类或词之外，认为它只是人类下意识的声音反应，是一种条件反射。

随着口语学的兴起和发展，学界越来越多地将目光投向感叹词研究，强调感叹词在口语中的重要性。В.В. Виноградов（1986）强调对生动口语详细分析离不开感叹词研究。Н.Ю. Шведова在《俄语口语句法概论》（1960）中充分肯定了感叹词在口语句法结构中的地位和作用。В.Г. Гак认为感叹词存在于所有语言中，在语言发展过程中，感叹词不会消失，反而会使其他语言成分逐渐具有它的性质（Гак，1979：287）。А.И. Германович认为口语离不开感叹词，它是"有声语言的一种事实……是人们对周围环境刺激及对谈话对方言语的一种直接反应……是言语交际的一种表现形式"，"当感叹词运用于书面语时，后面常附有对其语调的解说或对附加身势语的描述"（Германович，1966：5，16，126）。我国俄语学者王福祥将感叹词称为"口语词类"（王福祥，2000：500）。许凤才强调："感叹词是口语中特有的现象"（许凤才，1996：17）。对话作为口语最自然、最直接的表现形式，感叹词在其中的重要地位也是毋庸置疑的。但同语气词相比，感叹词的使用频率要相对低一些。例如：

(1) – Значит, вы плохой человек?

– Я?! Да у меня практически нет недостатков.

– Ну, а как насчёт … (*жест, обозначающий пристрастиме к алкоголю*)

– Что? **Ах, это**! Ну, это я люблю!

– ***А–а–а!***

– **Но!** Только в нерабочее время и под хорошую закуску. Знаете, живу на Вернадского, там недалеко эти Воронцовские Пруды, берёзки … Так хорошо, сядешь в тени …

（摘自电影「Москва слезам не верит」）

(2) – Гоша! Бельё – в шкаф!

– ***Ага!*** Куда?

– В шкаф! Подушки тоже.

– ***Ага!*** Слушай! Там это, там это!

– Гоша!

– Посуда!

– Гоша! В нижний, в нижний шкаф!

（摘自电影「Москва слезам не верит」）

(3) – *О!* Как богатые люди-то живут! Тут тебе и сервант, тут тебе и красивая кушетка! *Ой!* А какое красивое платье-то на стуле висит! Ты в нём, наверное, красавица из красавиц!

– *Ох*, ты и лиса! Ну и лиса, Верка! Только я тебе не ворона! Кончай балабонить! Дело говори!

（摘自电影「Аниськин и Фантомас」）

3.2.2 感叹词的研究历史

感叹词是情绪和情感表达的重要方式，是口语中特有的现象。古希腊时期的哲学家们将感叹词看作语言的最初起源。学术界对感叹词的研究由来已久，始于古希腊哲学中的"语言起源理论"。该理论认为，原始社会时期，人类的发音器官不完善，只能通过单音或单音节的音来表达喜怒哀乐，这种声音是人类受到外界刺激后，不由自主地、下意识地发出的，这种声响就是"语言的创始词语"。В.В. Виноградов院士肯定了这一说法。

在传统语言学中，感叹词研究聚焦其本质属性和词类归属问题，且学者们对感叹词的认识也存在两大分歧：其一，感叹词是不是词；其二，若感叹词是词，则属不属于单独词类。Потебня, Кудрявский, Г. Пауль, М. Мюллер等语言学家持感叹词非词观，他们认为感叹词只是下意识的声音或反应，不是词，也不属于词类，这一点与拥护"感叹词语言起源说"的学者们相似。Потебня在研究中称，感叹词是毫无逻辑的喊叫声。М. Мюллер称感叹词先于语言出现（М. Мюллер, 1865：281）。Г. Пауль认为，感叹词近似于人类原始语言的变体，是用来反射和表达感觉和情感的（Г. Пауль, 1960：218）。Кудрявский认为，感叹词与动物发出的声音相似（Кудрявский, 1912），它们只能表达情绪，不能传递思想。Ломоносов, В.В. Виноградов, А.А. Шахматов, Е.В. Середа等学者不认同"感叹词非词学说"，坚持感叹词是词的说法，并认为不能将感叹词和无意识的反射喊叫声混为一谈。他们在研究中称，感叹词是能够简洁表达人类心理活动的词（Ломоносов, 1755：24），它是用来表达感受的一类词，可以替代部分动词使用（Востоков，1831：219），它是一种语言单位，能够表达交际参与者的情绪和意志（Буслаев，1959：165），它是一种含糊不清的"词"，它缺乏认知成分，但能够表达情绪&句法上是独立的（Щерба，1957：67）。

在持"感叹词是词说"的研究者中出现了第二种分歧，即感叹词属不属于单独词类，认同感叹词属于单独词类的学者有А.И. Германович, Л.В. Щерба, И.М. Александров, А.М. Пешковский等。传统语言学中，多数学者认同感叹词属于单独词类的观点。"俄罗斯语法学界普遍认为，感叹词和情态词一样，也是词类体系之外的词类。感叹词不能做句子成分，也不与句子里的任何成分联系，但是能像情态词一样构成独词句"（李勤、孟庆和，2005：292）。1970年《语法》将感叹词归为一种特殊词类，该词类没有称名功能和词形变化，主要用来表达说话人的情感、意愿、评价（АН СССР，1970：539）。1980年《语法》对感叹词的界定进一步发展了1970年《语法》的思想。1980年《语法》称，感叹词是一种不变化词类，能够用来传达感情、感受、心理状态以及对周围现实的情感或意愿反应。这类词不与其他词发生联系，具有独立语调，具有特殊的词类地位。它不具有称名功能，与实词和虚词都不同，不能发挥语篇组织功能（АН СССР，1980：732）。

除感叹词本质属性和词类归属问题外，传统语言学还关注其分类问题。1980年《语法》（АН СССР，1980：732-733）根据构词将感叹词分为非派生感叹词（первообразное междометие）和派生感叹词（непервообразное междометие）。非派生感叹词与其他词类没有任何关系，由一个或几个语音构成，可重叠使用。例如，а, ага, ай, ах, брысь, и, но, ой, тьфу, ух, ха, э, эх, эй等。派生感叹词是由失去称名意义的实词或词形构成，包括由名词构成的如боже, господи, матушки, черт；由动词构成的如вишь, здравствуй, извини, подумаешь, хватит；由代词、副词、语气词和连接词构成的如вона, то-то, вон, прочь, однако, полно；还有一些固定结构如боже мой, господи прости, господи помилуй, вот так так, вот это да, я тебя等。需要强调的是，该《语法》认为，非派生感叹词也包括一些拟声词，如хаха-ха, мяу, хи-хи-хи 等。在是否应将拟声词归于感叹词的问题上存在争议,"拟声词在语音构成方面与感叹词相似,但在内容表达方面有所不同,不表达任何情感或意愿,因此与感叹词的名称是不相符的"(李勤、孟庆和,2005:295),我们对此表示认同。

除上述分类方法外,1980年《语法》根据语义功能将感叹词划分为表达情感感叹词、表达意愿感叹词和表示言语礼节感叹词三类。国内俄语学者李勤教授对这三类感叹词作出了明确界定:①表达情感感叹词用来表达说话人的情感、评价态度,如惊喜、满意、喜悦、赞许、惊讶、遗憾、忧愁、恐惧、鄙视、愤慨等,例如 а, у, ах, ой, ура, браво, боже, батюшки, увы, фу 等;②表达意愿感叹词用来表达请求、要求、敦促、命令等意义,例如 ну, айда, алло, брысь, но, стоп;③表示言语礼节感叹词用于告别、问候、感谢等场合,例如 пока, до свидания, спасибо, привет 等(李勤、孟庆和,2005:294)。

上述语言学家的感叹词研究局限于语法框架。20世纪中叶,随着语言学研究的语义和语用转向,越来越多的学者加入感叹词研究行列,并从不同视角出发对感叹词的语义、功能、修辞等进行多元化探讨。Н.Ю. Шведова, Земская, Сиротинина, 徐翁宇、王福祥、张会森等学者在口语学框架下研究感叹词。Шведова 在研究俄语口语句法问题时提到,口语里存在着一些结构,这些结构或是感叹词,感叹词+语气词,感叹词+代词组合。这些位置固定的感叹词和感叹词组合具有十分重要的语法意义,具有一定的语调和重音,不能随意删除,否则会破坏句子结构。如:Ох эти сплетницы! Эх его заливается!(Шведова, 1960:672)。Е.А. Земская 强调感叹词在口语中的重要地位,她在研究中称,一些模拟自然声音的感叹词可用作动词,发挥谓语功能,如 бац, ляля, шу-шу-шу 等(Земская, 1987:102)。王福祥(2000)从语音、语调、语义和结构方面探讨了口语中感叹词的功能,认为感叹词可以构成"成语化语句"和"非成语化语句"。张会森介绍了俄语口语句型,并强调了感叹词可充当谓语的功能,他指出:"口语中还可用感叹词做谓语,这种谓语富于表情色彩,感叹词表达相应的动作或性质评价意义"(张会森,2009:66)。

| 交际语义理论视域下的俄语词汇交际手段研究

　　М.Г. Безяева, А.А. Коростелёва 等学者在语言交际层面研究感叹词。М.Г. Безяева 将感叹词看作词汇交际手段的组成部分，认为其是语言交际层面必不可少且非常重要的结构单位，能够同语气词、语调、词序等交际手段共同协作表达交际意义，同时总结了部分感叹词如 ах, э, ой 的语义常体参数，这对更准确地把握感叹词在不同情景中所表达的交际意义大有裨益。她指出，参与构成交际结构的交际手段包括简单交际手段和混合交际手段两种，前者包括语调、词序、语气词、感叹词、式形式，它们只能发挥交际功能；后者包括体、时、数等语法范畴和一些实词词形，它们具有称名功能和交际功能（Безяева, 2002: 15）。А.А. Коростелёва 继承和发扬了 М.Г. Безяева 的思想，运用交际语义理论阐释交际手段的功能及其在影视文本中的翻译现象（А.А. Коростелёва, 2008）。曾婷在独词句范畴内研究感叹词的功能，称"就组成单位而言，大部分情感—评价语句都是不变化的单音节词：О！ Ой！ Ай！ Ах！ Ох！ Эх！ Ба！等，或是双音节词：Ага！ Увы！ Ура！等，还有一些由相应的单音节感叹词叠加构成：Ай — ай — ай, Ох — ох — ох 等。此外，这类语句还包含具有一定现实和形式意义的词或词组：Боже мой！ Чорт возьми！等。但是，在这种情况下，这些词已经失去其本来的意义，只单纯用于表达说话人的各种情感"（曾婷，2013: 48）。

　　部分学者聚焦感叹词俄汉对比研究。许凤才描述了俄汉感叹词的三点相同特征：①感叹词是特殊词类，没有称名功能，没有具体语法意义，不属于实词，也不是虚词；②感叹词表达复杂感情；③感叹词是口语中特有的现象。他在此基础上阐述了俄汉感叹词的语义功能分类和句法功能特征。他在研究中称："感叹词具有鲜明的民族特点，尽管俄汉语中有些感叹词可能在语音上吻合，但大多数是不吻合的，因此在翻译时要注意感叹词所表达的具体情感意义，做恰当处理，绝不能简单地将其音译成本族语"（许凤才，1996: 20）。李宸辰以俄汉感叹词异同为出发点，分析了感叹词的基本特征，考察其分类原则和句法功能，并参照俄语感叹词分类准则对汉语感叹词进行了语义分类，进而探析俄汉感叹词的基本特点。她认为，尽管俄汉感叹词间"存在着诸多差异，但在其定义、基本特征、分类和句法功能方面大体上是相似的：俄汉感叹词都是独立于实词和虚词以外的一类词类，它们既没有确切的词汇意义，也没有语法意义；它们独立于句子结构之外，不与句中任何成分发生关系，但都能充当句子等价物、句子情态成分或句子成分"（李宸辰，2020：73）。

我国汉语学界在感叹词研究方面也取得了一定成果。张谊生在研究现代汉语虚词时提到了感叹词的术语及界定问题。他指出："有关汉语感叹词，曾经存在着一些不同的见解：一是名称不一，汉语感叹词的名称，曾有过多种：感叹词、单呼词、象声词；二是界限不清，早期的语法书大都没能明确区分拟声词、感叹词，有的即使区分了，其中的界限和范围也不一致，尤其是对于表示应答称呼的呼语词究竟应该归入哪一类，看法并不统一"（张谊生，2000：285-287）。他强调，感叹词和其所表达的情感、情绪、态度等不存在一一对应关系，同一个感叹词可表达多种情感，同一情感也可通过不同感叹词来表达。在交际活动中，感叹词所表达的主观情态意义要通过具体语境来判断。王力、袁毓林从句法语义角度界定感叹词。王力指出，感叹词只表示愤怒、惊讶、悲哀等感叹的声音，它不在句子结构里面。袁毓林（1998）则认为，感叹词可以出现在句子前面或插在句子中间，它不能跟其他词发生句法关系。杜道流（2005）探讨了感叹词的功能，提出感叹词具有彰显语气、标明口气和完足句子的作用。

总体上看，"尽管早在古希腊时期感叹词就已经引起学者的注意，但是至今对它的研究仍停留在表层阶段，感叹词处于语言学研究的边缘地位。感叹词作为口语语法的重要内容，是语言研究不可或缺的一个重要部分"（李宸辰，2020：64）。国内研究者主要聚焦感叹词的分类、隐含义、功能方面的探讨，将感叹词归于词汇交际手段范围探究汉译策略的成果不多见，我们将就此开展进一步研究。

3.2.3 感叹词的界定

"感叹词"起源于拉丁语，意思是插入，切断。学者们积极尝试界定感叹词，提出了不同观点。比如，感叹词是先于语言出现的（Мюллер，1865：281），能够简短表达人类心理活动的词（М.В. Ломоносов，1755：

24），是表达人类情绪和意志的语言单位（Буслаев，1881：165），是人类下意识发出的喊叫声（Аксаков，1875：20），是语言交际手段之外的"冗余物"（Романов，1931：53）等。

关于感叹词的界定，学者们各持己见，存在着一定的分歧。第一个分歧在于感叹词是否属于词类。一些学者持感叹词非词类观。Г. Пауль认为感叹词不属于词类，也不是词，只是一种用来反射和表达感觉和情感的现象，近似于人类语言的原始变形（Пауль，1960：218）。А.И. Германович虽然也把感叹词排除在词类体系之外，但他不认同Г. Пауль的这种表述。他强调，不能将感叹词同下意识的反射混为一谈。反射没有语气、没有感情、没有语调（Германович，1966：17）。Л.В. Щерба认为，感叹词能够表达情绪，句法独立，缺乏认知成分，是一种含糊不清的词（Щерба，1957：67），与其他任何词类都不相似，是一种特例。

另一批学者持感叹词词类观。其中，最具代表性的是Н.Ю. Шведова主编的1980年《语法》。这部著作强调感叹词在词类体系中占有特殊地位。该《语法》对感叹词的定义较为全面，认为："感叹词是一种用来传达感情、感受、心理状态以及对周围现实的情感或意愿反应的不变化的词，它起语句作用，可以具有独立语调"（АН СССР，1980a：732）。该《语法》还强调，这类词比较特殊，它既不属于实词类，也不属于虚词类。首先，感叹词没有称名意义，这说明它不属于实词类。其次，感叹词不与其他词发生组合联系，不能起到像语气词、连接词等组织言语的句法功能，这将其同虚词类相区别。张会森强调："感叹词和意义相近的实词有本质的区别，感叹词非称名地直接表示感情或意愿，而实词则是一定感情和意愿的名称"（张会森，2000：453）。李勤认为："感叹词是表达情感和意愿的词类"（李勤，2005：292）。

持类似观点的学者还有张家骅教授。他认为，"感叹词是用来表达对周围现实的情感反应和意愿反应的不变化词类。感叹词在词类体系中占有特殊地位，既不属于实词，也不属于虚词。与实词不同的是，感叹词没有称名意义，只用来抒发情感，传达意愿，而不表示情感、意愿的名称；和虚词不同的是，它们没有连接词、前置词和语气词的那种组织句子、表示关系的功能"（张家骅，2006：150）。他还分析了感叹词的来源、句法特征以及语义类别，"许多感叹词源于机体反射外界刺激时发出的情感呼喊。大量感叹词和名词、动词、代词、副词、语气词、连接词等有密切联系。固定词组和熟语在感叹词中占有显著地位。有些感叹词是外来词。……感叹词通常不与其他词发生句法联系，可以用来构成独词句。有时，感叹词可以替代实词使用，获得相应的扩展能力。替代实词的感叹词有充当句子成分的功能……感叹词的语义功能类别：表达情感和情感性评价的感叹词；表达意愿的感叹词；交际性感叹词；拟声感叹词；动词性感叹词（这些词具有口语的语体属性，用于表示突然发生的短暂行为，功能与完成体动词过去时形式相当）"（张家骅，2006：150-153）。

感叹词是否为交际手段是学者们的第二个分歧，以А.И. Германович为代表的大部分学者认为感叹词是一类具有句法功能的符号，它是一种交际手段（Германович，1966：17）。还有一批学者如А.П. Романов认为感叹词是多余的，不是语言交际手段（Романов，1931：53）。

另外，学者们在感叹词是否具有意义方面的看法也不尽相同。К.С. Аксаков认为感叹词没有意义，他曾说过："感叹词不是词……它不表达思想，只是表达一种疼痛、恐惧和高兴等状态"（Аксаков，1875：7）。Ф.Ф.Фортунатов强调，感叹词不能表达说话人的思想，但能表达说话人的感情（Фортунатов，1956：172）。В.В. Виноградов认为："同其他语言单位一样，感叹词也具有意义。它能够代代相传，并记录在语言集体的意识中"（Виноградов，1986：611）。这个意义不是称名意义，而是其他意义。Wierzbicka（1992）指出，感叹词并非没有意义，它是各语言特有的，具有特殊意义。М.Г. Безяева（2002）将感叹词ой, о, ох归于交际层面语义体系框架下进行分析，认为它能够参与组成交际结构，且具有一套遵循扩展规则的语义常体参数。

根据传统语言学对"感叹词"的界定，本书认为，"感叹词"：

（1）从词类属性上看，是一种特殊词类，既不是实词，也不是虚词，起语句作用，可以具有独立语调。

（2）从特点上看，是一种不变化词类。

（3）从手段上看，是一种交际手段。

（4）从意义上看，它不具有称名意义，但能够反映说话人对周围客观现实、情景的感受或对听话人的印象。

需要强调的是，本书是在语言交际层面语义体系框架下分析词汇交际手段。同语气词一样，感叹词也是一种词汇交际手段。根据交际语义理论，交际手段组成交际结构，并通过交际结构反映交际目的，且能反映说话人、听话人和情景的关系变化。根据本书的研究特点，结合感叹词的自然属性，我们认为，感叹词是一种非实词非虚词的特殊词类。它没有词形变化，不具有称名意义，可以具有独立语调。它是一种词汇交际手段，能够表达说话人、听话人和情景之间的关系意义，是交际结构的组成部分，并通过交际结构反映交际目的。

需特别指出的是，语气词和感叹词之间存在着一定的交叉过渡现象。譬如 да, нет, а, вот, но, ну 等既具有语气词的特点，又具有感叹词的特征。例如，（1）– Ты уже читал эту книгу? – *Ага.* (С. Колесникова)（2）– *Ага!* Стива! Облонский! Вот и он! –почти всегда с радостной улыбкой говорили, встречаясь с ним. (Л. Толстой). 例句（1）中的 ага 是语气词，表示肯定或同意。例句（2）中的 ага 表示惊讶。因此，在很多情况下，这两类词的界限都很难划清。

3.3 本章小结

俄语交际层面语义体系中的词汇交际手段包括语气词和感叹词两大类。无论是传统语言学或是现代语言学都对语气词和感叹词给予了一定的关注，并从不同角度进行了界定。

本章首先论述了语气词、感叹词在对话中的重要地位。其次，结合以往不同学者对语气词、感叹词的不同论述，从性质、功能、特点这三个角度归纳出传统语言学对"语气词"的界定：它是虚词的一种，无词形变化。能够赋予其他语言单位补充意义色彩，构成语法形式，表达关系意义；从词类属性、特点、手段、意义这四个角度出发总结出传统语言学对"感叹词"的界定：它是一种特殊词类，既不是实词，也不是虚词，没有词形变化，可以具有独立语调，是一种交际手段。它不具有称名意义，但能够反映说话人对周围客观现实、情景的感受或对听话人的印象。最后，考虑本书的研究框架及研究对象，根据交际手段在语言交际层面的特点，结合传统语言学的界定为"语气词"和"感叹词"作出了以下定义：

语气词是一种无词形变化的虚词，在交际活动中，它是一种词汇交际手段，能够表达说话人、听话人和情景之间的关系意义，是交际结构的组成部分，并通过交际结构反映交际目的。

感叹词是一种非实词非虚词的特殊词类，不具有称名意义，可以具有独立语调。它是一种词汇交际手段，能够表达说话人、听话人和情景之间的关系意义，是交际结构的组成部分，并通过交际结构反映交际目的。

语气词和感叹词的区别主要体现在功能上：语气词可以赋予其他语言单位一些补充色彩意义；感叹词能够表达交际参与者的精神状态，并可通过语调、身势语等方式加以确认，它可以充当句子等价物。在研究中不得不考虑两者之间的交叉过渡现象。

第四章　俄语词汇交际手段的功能

4.1 功能的概念

在描写词汇交际手段功能之前，应弄清功能和意义的关系。"功能"（функция）和"意义"（значение）是两个不同的概念。А.В. Бондарко 在《功能语法理论》（1987）这部专著中指出，语言单位的功能是该抽象语言单位在具体言语中完成某些任务的能力（Бондарко，1987：8），也是表达一定意义①的某一种或某一组语言手段的使用目的（Бондарко，2003：37-38）。他还强调，不应该将功能与意义相混淆。意义是形式的内部特征，所有意义都可以看作某种或某些手段的功能，但不是所有功能都是意义，虽然语义功能和意义密切相关，但除此之外，还包括语用功能、修辞功能和结构功能等其他功能。不难看出，功能和意义虽然是两个不同的概念，但两者有相吻合的地方。总的来说，"功能"是大于"意义"的概念，它包含"意义"，实际上就是在具体言语中运用语言达到某种目的。

И.А. Нагорный（1999）详细划分了五种功能类型：①交际功能；②认知功能；③逻辑功能；④事态功能；⑤模态功能。交际功能细分为表达对情景的关系功能、表达评价的功能、表达情感及表情状态的功能；认知功能确定了关系和称名，进一步划分为语言称名功能、结构功能、信息功能、言语符号功能、反射-概念功能；逻辑功能表现在思维-言语活动中，包括记录功能、形式转换功能、空间功能、构形功能、逻辑-类型

---

① 功能语法中强调或涉及的"意义"通常是语法意义。

功能；事态功能包括命题功能和情景功能；模态功能反映情态特点，包括品评功能、校正功能、解释功能、现实化功能（Нагорный 1999：12-35）。本章将从表达交际意义、组成交际结构两大功能出发，详细描写在对话中词汇交际手段完成交际任务、达到交际目的的过程，剖析这些手段表达说话人、听话人和情景之间关系的方式。重点关注的是词汇手段的交际功能。

4.2 俄语词汇交际手段 —— 语气词的功能

语气词所表达的意义实际上是一种功能。Д.С. Светлышев曾说过，语气词可以有词汇意义，但他所说的"词汇意义"实质上指的还是"功能"。他解释道："语气词的个别意义只有在具体上下文的句法位上以及所承载的意义中才能被认识"（Светлышев，1955：9）。例如，语气词"дай"可以具有以下意义：①自我决策（Дай думаю зайду.）；②习惯等待或为完成某行为提供可能（Дай гостей проводим, тогда и поговорим.）；③请求同意（Не ходи, дай я схожу.）。这里语气词дай的意义实际上是它在这些结构中发挥功能。

语言学界曾尝试找寻语气词本身具有的词汇意义，但终究没有成功。Н.Ю. Шведова提到，"尝试寻找语气词的独立意义（包括详解词典中）……至今都没有成功"，学者们研究的是"带语气词的结构，并不是独立的语气词"（Шведова，1960：96-97）。这种研究途径只是指出了某个语气词或带某个语气词的结构可以表达愿望、反对、惊讶等不同的交际目的，语气词描绘的意义不是词本身具有的意义，而是其在某个结构中发挥的功能。Н.В. Шляков的论述证明了这个观点："语气词不是带有某种意思的话语……它只有在句子中才具有意义"（Виноградов，1986：523）。譬如，语气词как在《现代俄汉双解词典》中的释义为：①表示愤懑、惊奇；②与完成体动词连用，表示行为的突然性（本词典编写组，2000：333）。因此，与其说这些解释是对как的释义，不如说是列举它的功能。

关于语气词的功能研究及其类型划分，角度不同则分类不同。传统语言学主要从传统语法框架下探讨语气词功能。1980年《语法》指出语气词的构形功能和对交际内容的评述功能。将 да 解释为借以构成句子句法形式（表示非现实意义者）的语气词，Да не будет ни одной незасеянной полосы!（Маяковский）；或将语气词功能解释为表示催促、疑问、反问等交际目的（信德麟，2009：447-449）。此外，该《语法》将语气词 что 描述为日常无拘束的口语，或表示反问，如 Что, он опять опаздывает? 根据交际语义理论，在语言交际层面语义体系中，这里的 что 表示说话人不了解情景或情景发展准则。王永（2004）详细研究了口语语气词的功能类型。她从宏观上将口语中语气词的功能分为结构功能、修辞功能和交际功能，并在此基础上进行细化。其中，结构功能又分为三种：充当独立语句、充当模式要素、构成对话重复语句；修辞功能分为情感-表现力色彩功能和功能语体修辞功能；交际功能包括充当反应语、充当话轮的衔接手段、填补语流空白、体现口语的无拘束性、为语句提供隐含信息、充当语境伴随的指示语。С.М. Колесникова 考虑听话人因素，认为语气词的功能包括：①表达说话人对语句和客观现实的态度；②同听话人建立联系；③将"当前信息"同"之前信息"相联系；④表达具体情感和复杂情感的综合体；⑤加强对听话人的影响（Колесникова，2014：21-22）。

　　与上述研究不同，本章是基于语言交际层面探究语气词的功能。在这个大前提下，语气词首先是一种词汇交际手段，在交际活动中发挥功能。在语言交际层面语义体系中，语气词作为一种交际手段蕴含着某些不变的意义参数，也就是具有抽象语义常体，这些常体参数在具体的交际活动中根据扩展规则得以实现，使得语气词最终完成任务，实现功能。需要强调的是，这个语义常体并不是语气词本身携带的词汇意义，而是这个词潜在的交际语义参数，或者说是恒定功能参数。

　　上文已经提到，语气词是一种词汇交际手段，能够表达说话人、听话人和情景之间的关系意义，是交际结构的组成部分，并通过交际结构反映交际目的。因此，根据语气词在交际层面上的一系列特点，本书认为，其功能包括表达关系的功能（表达交际意义的功能）、组成交际结构的功能。

4.2.1 表达交际意义的功能

在语言交际层面语义体系中，语气词具有表达关系的功能，又称为表达交际意义功能。传统语法著作如1980年《语法》中也曾提到语气词可以表达某种关系。但这个关系指的是语句同现实的关系或说话人对语句的关系。这种传统论述忽略了一个重要的事实：交际主体不仅是说话人，还包括听话人。正如丹麦著名语言学家叶斯柏森所说，"如果我们要了解语言的本质……就不应该忽视这两个人，语言的发出者和接受者，或者说是说话人和听话人以及二者的相互关系"（叶斯柏森，1988：3）。此外，情景因素也不得忽略，因为它是完成交际活动的必要条件。考虑到交际活动的每个必要因素，本书提到的"关系"与传统上的理解有所不同。毋庸置疑，交际活动最基本的三要素是说话人、听话人和情景。说话人立场、听话人立场和被理解、被评价的情景是确定语言交际层面意义的三个基本概念。

因此，语言交际层面中，语气词所表达的"关系"是说话人、听话人和情景之间的关系。这个"关系"在具体交际活动中发生变化，在不同情景中具有不同的表现形式，这种关系变化具体体现为四种形式：①表达说话人和听话人之间的关系；②表达说话人和情景之间的关系；③表达听话人和情景之间的关系；④表达说话人、听话人和情景之间的关系。这四种关系在具体情景中还会得到进一步细化。根据交际手段常体参数理论，这种关系变化始终围绕着具体语气词的某个或某些语义常体参数，且遵循这些参数在交际层面上的扩展规则。例如，语气词-то的常体参数是（情景）方案实现参数、认识参数、利益目的参数等，它在具体实现中表现为情景实现方案是否符合说话人的认识、是否符合听话人的利益目的等。

4.2.1.1 表达说话人和听话人之间的关系

在俄语对话中，语气词能够表达说话人立场和听话人立场之间的关系变化，具体表现为：①说话人立场和听话人立场不符；②说话人立场和听话人立场相符。至于哪方面的立场，这又取决于语气词的语义常体参数。

1. 说话人立场和听话人立场不符

（1）Галя: Не пойдём к Катанянам.

Женя: Нет, Галя, это неудобно. Нет, ну что ты, мы *же* договорились. Ну, это мои друзья. И потом, ты уже салат приготовила из крабов. А я так люблю крабы.

（摘自电影「Ирония судьбы или с легким паром」）

Женя 和未婚妻 Галя 探讨在哪儿过新年。按照惯例，Женя 每年都和朋友们一起过新年。今年也已经提前说好去朋友家过年，可未婚妻 Галя 却突然改变想法，想单独过年。Женя 对此感到不解。

语气词 *же* 的语义常体参数是一致参数和应该参数——本该做什么却没做什么。在这段对话中，*же* 表示说话人立场和听话人立场不符：说话人 Женя 认为，听话人本应该明白，但却不明白。换句话说，我觉得，你本该明白，我们应该去朋友那儿过年，因为之前已经说好了，可你却不明白，竟然提出要单独过年。

（2）Галя: Ну, тем более, съедим их вместе.

Женя: *Ну*, где же мы их съедим-то?

Галя: Ой, Женька! Какой ты непонятливый! Ну, мы же будем встречать здесь, у тебя.

Женя: Где вот тут? Вот тут? Вот. Подожди, а Катаняны-то как? Я не пони⋯

Галя: Олег предлагает встречать Новый год, между прочим, в ресторане Останкинской башни.

（摘自电影「Ирония судьбы или с легким паром」）

Женя 在得知未婚妻 Галя 不想去朋友那儿过年后，进行劝说。Галя 准备了许多沙拉，Женя 觉得应该和朋友们一起分享。而 Галя 却坚持只和 Женя 两个人把那些沙拉吃光。Женя 表示不理解。

语气词 *ну* 的语义常体参数是预期参数——是否符合预期或预期准则。在这段对话中，*ну* 表示听话人立场不符合说话人立场：听话人立场（想和 Женя 单独过新年吃沙拉）不符合说话人的预期准则。你只想和我一起过年吃沙拉，可是我一直和朋友们一起过年，这是准则，我需要这么做，也习惯这么做。你提出的建议和我的准则不符。

（3）Женя: Знаешь, мама, мне кажется, я женюсь.

Мама: Мне тоже так кажется.

Женя: Ну и как, тебе Галя нравится?

Мама: Ты же на ней женишься, а не я.

Женя: Но ведь ты же моя мама.

Мама: Важно, чтобы ты это помнил…после женитьбы…

Женя: *Так*. Значит, я так понимаю, Галя тебе не нравится, да?

Мама: Я не могу сказать, что я от нее в восторге, но в общем⋯она не глупая, воспитанная.

Женя: Понятно.

（摘自电影「Ирония судьбы или с легким паром」）

Женя 询问妈妈对未婚妻的印象。妈妈虽然没有正面回答，但 Женя 已经明白了妈妈不是很喜欢她。

语气词 *так* 的语义常体参数是认识参数、推测准则参数，带有利弊参数的结果参数——是否符合认识，是否符合推测准则，倾向于有利/不利结果。在上述对话中，*так* 表示听话人立场不符合说话人立场：听话人没有正面回答说话人的提问。听话人的这种反应不符合说话人的推测准则，且倾向于不利结果。你的反应出乎我的意料。也就是说，你的这个反应我之前没有预料到。虽然你没有直接说出来，但我已经察觉到你不喜欢我未婚妻这个事实了。

2. 说话人的立场和听话人的立场相符

（1）Ипполит: А⋯значит, должен был прийти Павлик, пришел вот этот тип?

Женя: Ну какой вы⋯ну никто не должен был прийти, ну?

Надя: Никто не должен был прийти. Вот это он попал в самолет по ошибке.

Женя: *Ну* конечно.

（摘自电影「Ирония судьбы или с легким паром」）

女主人公Надя的未婚夫Ипполит来到她的家里过新年，却发现一个陌生男人Женя，他非常生气。尽管Надя和Женя不停解释，但他什么都听不进去。

语气词 *ну* 的语义常体参数是预期参数 —— 是否符合预期或预期准则。在这段对话中，*ну* 表示听话人立场符合说话人立场：听话人Надя的解释符合说话人的预期和预期准则。Надя说明了事情发生的原因，你的解释符合我的预期，因为事实确实如你所说。Женя对Надя的解释表示肯定。

（2）Женя: И... пошел я.

Надя: А...

Женя: *Да*?

Надя: Как вы будете добираться до аэродрома?

Женя: До аэродрома?

Надя: Автобусы еще не ходят.

Женя: Да это не важно. Доберусь как-нибудь.

Надя: Ну идите.

Женя: Спасибо.

Надя: Идите.

Женя: Ну всё...

Надя: Ну что вы делаете!

Женя: Я ухожу.

Надя: Вы же ищете предлог, чтобы остаться.

Женя: Да, ищу, но не нахожу.

（摘自电影「Ирония судьбы или с легким паром」）

Женя和Надя在短暂的相处中产生了感情。可这个时候Женя该走了。他想留下来，Надя也想让他留下来。可双方都没有找到Женя能够留下来的借口。

语气词 *да* 的语义常体参数是一致性参数 —— 说话人立场、听话人立场和情景之间是否一致。在这段对话中，*да* 表示说话人立场符合听话人立场：说话人的立场和听话人的愿望一致。你不想让我走，我也不想走，我们的立场一致。

（3）Мама: Ты что, уже не хочешь жениться на Гале?

Женя: Я встретил другую женщину.

Мама: Где?

Женя: В Ленинграде.

Мама: Когда?

Женя: Сегодня ночью.

Мама: О Господи! И поэтому ты расстаешься с Галей?

Женя: Да. Мама, мамочка, что с тобой? Мамочка, что с тобой?

Мама: Ой, подожди.

Женя: Что, прошло?

Мама: Ты бабник. Бабник.

<u>Женя: Ой, мама…мама, я несчастный человек. Почему мне так не везет в жизни? Да и не надо мне жениться.</u>

Мама: ***Так.***

（摘自电影「Ирония судьбы или с легким паром」）

到了莫斯科后，Женя闷闷不乐地回到了家，妈妈迫不及待地问他发生了什么事。Женя告诉妈妈，他在彼得堡又认识了另外一个女人，所以不想和现在的未婚妻Галя结婚了。对于妈妈来说，这既在意料之外，又在意料之中，因为曾经也发生过类似的事情。

语气词 *так* 的语义常体参数是认识参数、推测准则参数，带有利弊参数的结果参数——是否符合认识，是否符合推测准则，倾向于有利/不利结果。在上述对话中，*так* 表示听话人立场符合说话人立场：听话人的行为符合说话人对不利结果的推测准则。我很早就预料到你这次有可能还结不了婚，最终这个推测成为现实了，我很失望。

4.2.1.2 表达说话人和情景之间的关系

语气词能够表达说话人立场和被意识或被评价的情景之间的关系变化，具体表现为：①说话人立场和情景不符；②说话人立场和情景相符；

③说话人立场和情景之间的其他关系。需要强调的是，在具体对话中，情景因素有多种变体，如当前情景、情景发展准则等。

1. 说话人立场和情景不符

（1）Надя: Эй! Проснитесь, слышите? Немедленно проснитесь! Вставайте! Вы живые или нет? (Женя подвигается.) Ох! *Так!* Проснитесь! Немедленно

проснитесь! Слышите? Вставайте! Что вы здесь делаете?

Женя: Не надо меня трясти. Я посплю немножко ещё. Не надо…

（摘自电影「Ирония судьбы или с легким паром」）

女主人公 Надя 回到家，看到自己的床上躺着一个陌生男人 Женя，一动不动。Надя 很惊讶，以为这个男人昏迷了或是死了。当她知道 Женя 只是睡着了之后，便开始试图叫醒他，并想把事情弄清楚。

语气词 так 的语义常体参数是认识参数、推测准则参数，带有利弊参数的结果参数 —— 是否符合认识，是否符合推测准则，倾向于有利/不利结果。在上述对话中，так 表示情景不符合说话人立场：当前情景不符合说话人 Надя 之前对情景的认识，倾向于对说话人来说有利的结果。Надя 最初以为，躺在床上的陌生人 Женя 昏迷了或是死了。实际上，这个陌生人还活着。Так 表示说话人 Надя 弄清了当前情形和状况。

（2）Надя: Кто вы такой? Как вы здесь оказались?

Женя: Не надо тянуть меня.

Надя: Вставайте! Вставайте!

Женя: Не хочу, больно.

Надя: Вставайте сейчас же!

Женя: Мешаешь спать мне. Кошмар какой-то!

Надя: Ну ладно, берегитесь!

（摘自电影「Ирония судьбы или с легким паром」）

女主人公 Надя 试图叫醒醉酒昏睡的陌生人 Женя，想弄清这个男人是谁，为什么睡在她的床上。而酣睡的 Женя 怎么都叫不醒，就算用力摇晃他都没有用。Женя 并没有意识到自己进错了家门，以为睡在自己的床上。

此时，他有了一点点意识，并对打扰自己睡觉的人Надя表示不满。

语气词 *-то* 的语义常体参数是情景实现方案参数，认识参数，利益目的参数，个人范围参数 —— 情景实现的方案是否符合说话人的认识，是否具有利益，是否符合说话人或听话人利益，是否触及说话人、听话人的个人范围。在上述对话中，*-то* 表示情景不符合说话人立场：情景实现的方案不符合说话人Женя对情景准则的认识，也不符合说话人的利益，触及了他的个人范围。Женя认为的情景准则是：打扰别人睡觉是不礼貌的。而在他睡得正香的时候，有人不停打扰他，这触及并违背了他的利益。

（3）Ипполит: Надя, уйми этого типа, иначе это плохо всё кончится! Я тебя прошу. Уйти этого типа.

Женя: Она тактична, она красива, наконец!

Ипполит: Ладно хватит, я сейчас буду его бить. Прости!

Женя: А вы ведёте себя…извинитесь перед ней сейчас же! (Ипполит впервые начинает драться.) Что вы делаете?

Ипполит: А вот что?

Надя: Ипполит! Ипполит! Ипполит, не делай этого!

Ипполит: Негодяй! Вот я тебе покажу(Он пытается бить Женю)…

Надя: Господи, не хватало мне вашей ещё драки! *Ну* что же это такое?

（摘自电影「Ирония судьбы или с легким паром」）

女主人公的未婚夫Ипполит和Женя都想让对方先离开Надя的房子，两人在门口不停纠缠，谁也不让谁，最后动手打了起来。Надя不知所措，非常生气，同时劝他们停止幼稚的行为。

语气词 *ну* 的语义常体参数是预期参数 —— 是否符合预期或预期准则。在这段对话中，*ну* 表示情景发展不符合说话人立场：两个男人打起来这个情景发展方向不符合说话人Надя的预期，同时明显违背了她的预期准则。Надя认为，我没想到你们俩能够打起来，你们俩不该打架，这不符合我的预期，我很气愤。

2.说话人立场和情景相符

（1）Женя: Скажи, кто это всё время звонил? Павел, что ли?

Мама: Павел … Павел. Он уезжает в Ленинград. Я его выставила, чтобы тебе не мешал.

Женя: Может, мне всё-таки пойти в баню? Они меня заждались в баню, мама.

Мама: Ничего не будет плохого, если ты Новый год встретишь чистым.

Женя: *Ну*, решено. Иду мыться.

（摘自电影「Ирония судьбы или с легким паром」）

男主人公Женя得知朋友Павел刚刚来找过他，约他去澡堂。他试图征得妈妈的同意。最后，妈妈同意他去澡堂找朋友们。

语气词*ну*的语义常体参数是预期参数——是否符合预期或预期准则。在这段对话中，*ну*表示情景发展符合说话人立场：说话人Женя期望听话人能够同意他去洗澡。妈妈同意了，这个情景发展符合Женя的预期。

（2）Надя: Я вас в последний раз предупреждаю! (Льёт воду на его лицо)

Женя: Ой, *вот* так хорошо! Ещё! Ой, поплыли. Что такое, а? Что такое? Ну что вы? Мокрый же … обалдели … С ума посходили все, что ли? Это же я вам … не клумба. Кто вы такая, а? Какой кошмар. Ну-ка, выметайтесь отсюда живо.

Надя: Ха, что не слыханное!

Женя: Ужас!

Надя: Что вы здесь делаете?

Женя: Я тут же … сплю.

（摘自电影「Ирония судьбы или с легким паром」）

发现躺在自己家的陌生醉酒男人Женя后，女主人公Надя多次试图叫醒并警告他，可他一点儿反应都没有。最后Надя决定用不礼貌的方式叫醒他：往他脸上浇水。起初，Женя 在半梦半醒中以为自己喝到了水，以为自己在游泳。

语气词 **вот** 的语义常体参数是（情景）实现方案参数，目的参数——实现或未实现的方案是否符合说话人、听话人的目的或利益。在上述对话中，**вот** 表示情景符合说话人立场：情景实现方案符合说话人的利益。醉酒后的说话人 Женя 很渴，此时此刻恰巧有水滴到他脸上。这种情景发展在当前时刻对说话人是有好处的，符合他的利益。**вот** 表示说话人对情景的积极评价。

Женя: Мы будем встречать Новый год вдвоём.

Галя: ***Так***.

Женя: Ты и я. Я выпью.

Галя: Так.

Женя: Разбуянюсь.

Галя: (смеётся) Ну?

Женя: Расхрабрюсь.

Галя: Так.

Женя: И наконец, тебе скажу всё, что я должен сказать.

（摘自电影「Ирония судьбы или с легким паром」）

虽然起初听话人 Женя 坚持要去朋友家过新年，但说话人 Галя 劝说后，他妥协了。最终，Женя 同意和 Галя 两个人单独过年。

语气词 **так** 的语义常体参数是认识参数、推测准则参数，带有利弊参数的结果参数——是否符合认识，是否符合推测准则，倾向于有利/不利结果。在上述对话中，**так** 表示情景发展符合说话人立场：目前情景的发展符合说话人对准则的认识，倾向有利结果。听话人 Женя 终于同意不去朋友那儿过年，这个情景发展对说话人 Галя 有利，因为她一直希望能和 Женя 两个人单独过年。

3.说话人立场和情景之间的其他关系

（1）Женя: Знаешь, мама, мне кажется, я женюсь.

Мама: Мне тоже так кажется.

Женя: Ну и *как*, тебе Галя нравится?

Мама: Ты же на ней женишься, а не я.

（摘自电影「Ирония судьбы или с легким паром」）

Женя和妈妈探讨结婚的事情。他问妈妈对未婚妻的印象，对于妈妈的回答他并不太满意。

语气词 *как* 的语义常体参数是情景发展方案参数、了解参数 —— 是否具有情景发展方案，是否了解或知道。在上述对话中，*как* 表示说话人立场和情景之间的关系：说话人希望在许多可能的情景方案中确定一个。关于你对我要结婚这件事儿的看法，我的脑海里有几种方案，我想得到你的答案，以确认其中的一个方案。

（2）Надя: Я вас в последний раз предупреждаю! (Льёт воду на его лицо)

Женя: Ой, вот так хорошо! Ещё! Ой, поплыли. Что такое, *а*? Что такое? Ну что вы? Мокрый же…обалдели…С ума посходили все, что ли? Это же я вам…не клумба. Кто вы такая, а? Какой кошмар. Ну-ка, выметайтесь отсюда живо.

Надя: Ха, что не слыханное!

Женя: Ужас!

Надя: Что вы здесь делаете?

Женя: Я тут же…сплю.

（摘自电影「Ирония судьбы или с легким паром」）

发现躺在自己家的陌生醉酒男人Женя后，女主人公Надя多次试图叫醒并警告他，可他一点儿反应都没有。最后Надя决定用不礼貌的方式叫醒他：往他脸上浇水。起初，Женя在半梦半醒中以为自己喝到了水，以为自己在游泳，后来才发现有个陌生女人往他脸上浇水。他觉得莫名其妙，同时很生气。

语气词 *а* 的语义常体参数是新情景参数 —— 是否转入新情景。在上述对话中，*а* 表示说话人立场和情景之间的关系：在认识了当前情景之后，说话人想要进入新情景，弄清当前情景实现的原因。你，听话人，为什么往我脸上浇水，我想知道原因。

4.2.1.3 表达听话人和情景之间的关系

语气词能够表达听话人立场和被意识或被评价的情景之间的关系变化，具体表现为：①听话人的立场和情景不符；②听话人的立场和情景相符。同时也要注意情景因素的多种变体。

1.听话人的立场和情景不符

（1）Галя: Женька!

Женя: А?

Галя: Неужели ты сделаешь…ха…мне предложение? После двухлетнего знакомства.

Женя: Нет..не..т. Давай подождём до Нового года. Должны пробить ку..куранты. Подождём давай. Подождём. Давай подождём.

Галя: *Да* нет. Я просто боюсь, что у тебя никогда не хватит смелости.

Женя: Ну, это … это трусость старого холостяка.

（摘自电影「Ирония судьбы или с легким паром」）

男主人公Женя的未婚妻Галя以为他准备求婚，而Женя却找出各种理由推辞。Галя虽然有些失望，但表面上还是装作不在乎。

语气词 *да* 的语义常体参数是一致性参数——说话人立场、听话人立场和情景是否一致。在上述对话中，*да* 表示情景不符合听话人立场：你，听话人，认为我想尽快得到你的求婚。但情景发展不是你想的那样，我不想给你压力。另一层意思是：我嘴上虽然那样说，但心里实际上是希望你现在跟我求婚的，这一点说话人也感受得到。

（2）Надя: Я вас в последний раз предупреждаю! (Льёт воду на его лицо)

Женя: Ой, вот так хорошо! Ещё! Ой, поплыли. Что такое, а? Что такое? Ну что вы? Мокрый же…обалдели…С ума посходили все, что ли? Это же я вам…не клумба. Кто вы такая, а? Какой кошмар. Ну-ка, выметайтесь отсюда живо.

Надя: Ха, что не слыханное!

Женя: Ужас!

Надя: Что вы здесь делаете?

Женя: Я тут *же*...спим.

（摘自电影「Ирония судьбы или с легким паром」）

发现躺在自己家的陌生醉酒男人Женя后，女主人公Надя多次试图叫醒并警告他，可他一点儿反应都没有。最后Надя决定用不礼貌的方式叫醒他：往他脸上浇水。起初，Женя在半梦半醒中以为自己喝到了水，以为自己在游泳，后来才发现有个陌生女人往他脸上浇水。他觉得莫名其妙，同时很生气。

语气词*же*的语义常体参数是一致参数和应该参数——本该做什么却没做什么。在这段对话中，*же*表示情景和听话人立场不符：说话人Женя认为，听话人Надя本应该明白，在当前情景中往一个人脸上浇水是违反情景发展准则的，我会被浇湿的，可你却不明白。因为你最终还是那样做了，而且我也被你浇湿了。这里流露出隐隐的责备。

（3）Надя: Послушайте, я вам все объясню.

Женя: Это что за новости? Вас кто звал? Зачем пришли? Ну-ка давайте отсюда живенько. Давайте по домам, обе. Давайте... давайте... давайте...

Надя: Вы *что*, вы с ума, что ли, сошли?

（摘自电影「Ирония судьбы или с легким паром」）

女主人公Надя的两个朋友以为她和男朋友之间发生了什么不愉快的事情，于是跑来询问她具体的细节。谁知男主人公Женя却以主人的身份撵她们走。Надя对此非常不理解。

语气词*что*的语义常体参数是了解情景参数——是否了解情景或情景准则。在上述对话中，*что*表示听话人的立场不符合情景准则：听话人Женя的行为明显违反了情景发展准则。在说话人Надя看来，她才是这个房子的主人，其他人没有权力撵自己的朋友走。而Женя却把自己当作主人，不停地赶Надя的朋友离开。听话人的这个行为不符合情景发展准则。

2.听话人的立场和情景相符

（1）Мама: Ты что, уже не хочешь жениться на Гале?

Женя: Я встретил другую женщину.

Мама: Где?

Женя: В Ленинграде.

Мама: Когда?

Женя: Сегодня ночью.

Мама: О Господи! И поэтому ты расстаешься с Галей?

Женя: Да. Мама, мамочка, что с тобой? Мамочка, что с тобой?

Мама: Ой, подожди (Вдруг болит голова у мамы).

Женя: *Что*, прошло?

Мама: Ты бабник. Бабник.

（摘自电影「Ирония судьбы или с легким паром」）

到了莫斯科后，男主人公Женя告诉妈妈，他在彼得堡又认识了另外一个女人，所以不想和现在的未婚妻Галя结婚了。对于妈妈来说，这虽然既在意料之外，又在意料之中，但她还是没有办法接受这个事实，于是觉得头很痛。

语气词*что*的语义常体参数是了解情景参数——是否了解情景或情景准则。在上述对话中，*что*表示听话人的立场符合情景准则：听话人（妈妈）的反应符合情景发展准则。妈妈在听到说话人Женя的想法后突然头疼，还好很快就过去了。

（2）Надя: Такси!

Водитель: Вообще-*то*, не на стоянке мы не сажаем.

Надя: С Новым годом!

Водитель: Ну ладно, куда ехать?

Надя: Понятия не имею.

Водитель: А ну вылезайте!

Надя: Нет-нет, у меня появилась идея. Поехали к Московскому вокзалу.

（摘自电影「Ирония судьбы или с легким паром」）

女主人公Надя站在大街上想要打出租车。她很着急，所以见到出租车便直接招手，并没有站在规定的出租车站打车。出租车司机虽然知道在非规定地点不能停车接客人，但还是停了下来。

语气词*-то*的语义常体参数是情景实现方案参数，认识参数，利益目的参数，个人范围参数——情景实现的方案是否符合说话人的认识，是否具有利益、是否符合说话人或听话人利益，是否触及说话人、听话人的个人范围。在上述对话中，*-то*表示情景符合听话人立场：虽然听话人Надя没有在规定的出租车站打车，但说话人出租车司机Водитель停了下来，这个情景实现的方案符合听话人Надя的目的。这里的*-то*也显示出了司机的一种妥协。

4.2.1.4 表达说话人、听话人和情景之间的关系

语气词能够表达说话人立场、听话人立场和被意识或被评价的情景之间的关系变化。这种关系变化的具体表现相比上述三种要复杂得多。

（1）Женя: Галя тебе не нравится, да?

Мама: Я не могу сказать, что я от нее в восторге, но в общем … она не глупая, воспитанная.

Женя: Понятно.

Мама: И потом если ты сейчас не женишься, ты не женишься никогда.

Женя: ***Нет…нет…*** Мне 36 лет всего, между прочим.

（摘自电影「Ирония судьбы или с легким паром」）

虽然男主人公Женя妈妈不是很喜欢他的未婚妻Галя，但她希望Женя能赶快结婚。她觉得，如果Женя现在不结婚，他就又结不了婚了。Женя极力辩解，他认为自己虽已经36岁，但还有结婚的机会。

语气词*нет*的语义常体参数是排除参数、已引入的情景方案参数——说话人排除听话人之前引入的方案，返回到之前引入的方案；接受或不接收听话人之前引入的方案；对之前已引入的方案的态度。在上述对话中，*нет*表示说话人立场、听话人立场和之前已引入情景方案之间的关系：说话人Женя排除了听话人Женя的妈妈之前引入的情景方案。你说我要是现在不结婚就永远结不了婚，而我却不这样认为。语气词*нет*

表示说话人的辩解。

（2）Надя: Я вас в последний раз предупреждаю! (Льёт воду на его лицо)

Женя: Ой, вот так хорошо! Ещё! Ой, поплыли. Что такое, а? Что такое? *Ну* что вы? Мокрый же…обалдели…С ума посходили все, что ли? Это же я вам…не клумба. Кто вы такая, а? Какой кошмар. Ну-*ка*, выметайтесь отсюда живо.

Надя: Ха, что не слыханное!

（摘自电影「Ирония судьбы или с легким паром」）

发现躺在自己家的陌生醉酒男人 Женя 后，女主人公 Надя 多次试图叫醒并警告他，可他一点儿反应都没有。最后 Надя 决定用不礼貌的方式叫醒他：往他脸上浇水。起初，Женя 在半梦半醒中以为自己喝到了水，后来才发现有个陌生女人往他脸上浇水。他很生气，开始质问 Надя 这样做的原因。

语气词 *ну* 的语义常体参数是预期参数 —— 是否符合预期或预期准则。在这段对话中，*ну* 表示听话人立场、听话人引入的情景和说话人立场之间的关系：听话人 Надя 引入的情景不符合说话人 Женя 的预期准则。你往我脸上浇水这个情景不符合我的预期以及预期准则。按照我的预期，首先莫名其妙往一个陌生人的脸上浇水这个行为不符合准则，同时打扰别人睡觉也不符合准则。说话人无法理解听话人的行为。

语气词 *-ка* 的语义常体参数是权威等级参数、意图参数 —— 听话人（或说话人在某一时刻）的权威等级低；刺激的行为不在/曾经不在说话人/听话人的意图范围内；和准则的相互关系：是否能进入意图的认识。在这段对话中，*-ка* 表示听话人立场、情景和说话人立场之间的关系：说话人 Женя 刺激听话人 Надя 去完成一个不在听话人意图范围内的行为。因为在说话人 Женя 看来，听话人 Надя 控制情景的权威等级比他低：我坚信你现在是在我的房子里。即使你没有要走的意图，我还是坚持请你这个陌生女人出去。*-ка* 隐含着说话人对听话人的要求和命令。

（3）Женя: Давайте я посижу на лестнице, а вы меня позовете,

хорошо? Или хотите, объясните все Гале сами, а я пойду.

Надя: Нет *уж*, дудки, объясняйтесь сами.

Женя: Ой! (через несколько секунд) Между прочим, до Нового Года осталось 2 минуты.

Надя: Откройте шампанское. Оно стоит в холодильнике.

Женя: Да! (Когда он открывает шампанское, оно разбрызгано.) И тут не везет! Да что ж такое сегодня-то! Простите. Пожалуйста.

（摘自电影「Ирония судьбы или с легким паром」）

女主人公的男朋友Ипполит因误会非常生气，并因此离开。男主人公Женя本想把他追回来，但没有成功。女主人公Надя很伤心，Женя又回到了女主人公Надя的房子，他不好意思再进去，想坐在走廊的台阶上。他请求Надя，如果有莫斯科打来的电话，或者去走廊叫他一声，或者帮忙向他的未婚妻Галя解释这场误会。Надя没有同意。

语气词*уж*的语义常体参数是考虑立场参数、考虑客观形势参数——是否考虑说话人、听话人立场，是否考虑客观形势。在这段对话中，*уж*表示说话人立场、听话人立场和情景客观形势之间的关系：说话人Надя考虑听话人Женя的立场和客观形势。虽然我考虑到了你的意愿，但我也必须考虑因为你突然的到来给我带来的不愉快，所以我不想跟第三者（你的未婚妻）解释今天发生的一切。

（4）Женя: Кошмар какой… Наваждение просто. Ха…ха. И ширму нашу, фамильную, умыкнули? А почему мама поставила чужие тарелки, м?

Надя: Наконец-*то* вы начинаете прозревать! Слава Богу!

Женя: А чего тут прозревать-то? Значит, вы вошли, переставили мебель … Поменяли тарелки … А куда вы подевали мою люстру?

Надя: Отвезла в комиссионку.

（摘自电影「Ирония судьбы или с легким паром」）

男主人公Женя渐渐意识到自己进错了房子，但为了面子还不肯承认。

语气词*-то*的语义常体参数是情景实现方案参数，认识参数，利益目的参数，个人范围参数——情景实现的方案是否符合说话人的认识，是否具有利益、是否符合说话人或听话人利益，是否触及说话人、听话人的个人范围。在上述对话中，*-то*表示听话人立场、说话人立场和对情景认识之间的关系：听话人Женя的醒悟符合说话人Надя的认识和目的，但不符合听话人Женя之前对情景的认识。我从一开始就想让你意识到，你不是在自己的房子里。不过虽然你起初有些迷糊，但已经渐渐醒悟。这里的*-то*表现出说话人对听话人的讽刺。

除以上列举的例子外，语气词还可以表示说话人立场、听话人立场和新情景的关系，如а；说话人立场、听话人立场和对当前情景评价的关系，如да；说话人立场、听话人立场和情景发展方案的关系，如вот, -то, 等等。

综上所述，语气词作为词汇交际手段具有表达交际意义的功能，即说话人立场、听话人立场和情景之间的各种关系。具体地说，可以表达说话人和听话人之间的关系、说话人和情景之间的关系、听话人和情景之间的关系以及说话人、听话人和情景之间的复杂关系。说话人和听话人的关系具体表现为：①说话人立场和听话人立场不符；②说话人立场和听话人立场相符。说话人和情景的关系具体体现为：①说话人立场和情景不符；②说话人立场和情景相符；③说话人立场和情景之间的其他关系；听话人和情景的关系具体表现为：①听话人立场和情景不符；②听话人立场和情景相符。这里同一关系可以通过不同语气词来表达，如же, ну, да, так等都可以表达说话人立场和听话人立场的关系；так, -то, ну, вот, как, а等都可以表达说话人立场和情景的关系；да, же, что, -то等都可以表达听话人立场和情景的关系。

此外，分析表明，同一语气词在不同情景中可以有不同功能实现。首先，同一语气词可以表示不同关系。譬如，же既可以表示说话人立场和听话人立场的关系，又可以表示听话人立场和情景的关系；ну可以表示说话人立场和听话人立场的关系、表示说话人立场和情景的关系、表示说话人立场、听话人立场和情景的复杂关系；так可以表示说话人立场和听话人立场的关系、表示说话人立场和情景的关系；да可以表示说话人立场和听话人立场的关系、表示听话人立场和情景的关系；等等。其次，同一语气词可以表示同一关系中的不同方案。譬如，так, ну既可表示说话人立场和听话人立场不符，也可表示两者相符；ну既可表示说话人立场和情景立场不符，也可表示两者相符；что既可表示说话人立场和情景立场不符，也可表示两者相符；等等。

4.2.2 组成交际结构的功能

语气词具有组成交际结构的功能。在语言交际层面语义体系中，每个交际结构都包含一定的语义常体。交际结构由交际手段组成。每个交际手段都包含一个或一些语义常体参数。交际结构意义正是在各交际手段语义常体参数间的相互关系和作用中形成。交际结构意义并不是零散间断的，而是完整连贯的，以结构"ну+–ка+命令式+调型2"为例。在这个结构中，说话人刺激听话人完成某行为，这一点由命令式形式决定。命令式形式表示说话人希望听话人完成他所刺激的行为。这样一来，–ка在该结构中的实现方案也基本得到确定，即表示说话人刺激不在听话人意图范围内的行为，因为听话人控制情景的等级比说话人低。从–ка的实现中可以看出，说话人和听话人的立场是相矛盾的，因此ну在这里表示听话人违反了说话人预期的某种行为准则，说话人通过实施某种行为试图使情景朝着预期准则发展。调型2表示相比其他可能完成行为的方案，应该完成当前行为。显而易见，虽然每个交际手段的语义常体参数都有多种实现的可能，但在交际结构中，它们相互制约、相互影响，最终在特定情景中实现一种可能性。因此，交际结构的语义常体是交际手段语义常体参数间相互关系、相互作用的结果。

此外，每个结构都是通过具体语句实现的。语句是交际结构在话语中的个别体现。简单地说，抽象交际结构隐藏在具体语句中。譬如结构命令式+ –ка+调型2、ну+–ка+命令式+调型4在交际活动中要通过以下形式体现出来：Дай-ка ему котлéты! Ну-ка садѝсь! (摘自电影「Валентина」)。在交际层面上，语气词能与不同交际手段结合，组成单元素或多元素交际结构。在多元素交际结构中，交际手段共同作用表达某些连贯的交际意义，包括交际目的。这里的"元素"指的是结构中的交际手段，包括语气词、感叹词、语调、实词词形、语法范畴等。

4.2.2.1 组成单元素交际结构

单元素交际结构是指由一个交际手段组成的交际结构。也就是说，单个语气词可以组成交际结构，但不能把 ну, так 等带语调的结构看成单元素结构。语调也是参与构成交际结构的元素之一。因此，这类结构属于双元素结构。在俄语交际层面，由语气词组成的单元素交际结构有 -то, ну, же, ведь 等。

（1）由语气词 -то 组成的交际结构。

语气词 *-mo* 的语义常体参数是情景实现方案参数、认识参数、利益目的参数、个人范围参数——情景实现的方案是否符合说话人的认识，是否具有利益、是否符合说话人或听话人的利益，是否触及说话人、听话人的个人范围。

a. Женя: *А в общем я украл-**то** всего 15 рублей.*

Мама Нади: Негусто.

Женя: Вот именно.

（摘自电影「Ирония судьбы или с легким паром」）

女主人公 Надя 的妈妈来到她家，看到了男主人公 Женя。妈妈以为 Женя 是小偷。Женя 被误会后跟 Надя 的妈妈极力辩解。说话人 Женя 认为，情景实现方案明显违反了听话人推测的不利结果。你推测我是小偷，我只有15卢布，如果我是小偷的话，不可能只偷这一点点钱。

b. Саня: Ну, ходи!

Катя: *Чем ходить-**то**?*

Саня: Черви.

Катя: Черви. Нет у меня червей.

（摘自电影「Вор」）

Саня 和妈妈 Катя 在火车上打牌。听话人 Саня 要求说话人 Катя 打牌，可 Катя 无牌可出。这个情景明显不符合听话人 Саня 的推测和目的。

（2）由语气词 же 组成的交际结构。

语气词 же 的语义常体参数是一致参数和应该参数——本该做什么却没做什么。

a. Женя: Пожалуйста. *Где же вы?* Куда вы исчезли?

Мама Нади: Попался.

（摘自电影「Ирония судьбы или с легким паром」）

女主人公 Надя 的妈妈来到她家，看到了男主人公 Женя。妈妈以为 Женя 是小偷。Женя 被误会后跟 Надя 的妈妈极力辩解。妈妈仍然怀疑他，把他锁在屋里后躲起来了。在这段对话中，说话人 Женя 认为，你本不应该把我锁在屋里且留下我一个人自己走开，但你却这样做了，我对此表示不理解。

b. Родион: Я хочу видеть свою дочь.

Катя: Зачем? Ты прекрасно жил без неё все эти годы.

Родион: *Я же не знал о её существовании.*

Катя: Не знал или не хотел знать?

Родион: А ты переменилась, Катерина.

（摘自电影「Москва слезам не верит」）

前男友 Родион 想要见女儿，所以来找女主人公 Катя。但 Катя 没有答应他的请求。这里的 *же* 表示说话人 Родион 认为，你，听话人 Катя，本应该明白我不知道女儿的存在，所以才一直没来看她，但你却不明白，而且还责备我。你不应该这么做。

（3）由语气词 ну 组成的交际结构。

语气词 ну 的语义常体参数是预期参数——是否符合预期或预期准则。

a. Людмила: Кать! Кать! Ну для меня сделай! Ну вот так вот нужно!

Катя: Нет. *Ну ты понимаешь, не нравится мне это.*

（摘自电影「Москва слезам не верит」）

女主人公的朋友 Людмила 想让女主人公 Катя 同她一起假扮教授的女儿。但 Катя 不愿意做欺骗人的事情。这里的 *ну* 表示当前情景不符合说话人的预期准则。你让我假扮教授的女儿这件事不符合我的预期准则,因为我不喜欢说谎。

b. Галя: Женька!

Женя: А?

Галя: Неужели ты сделаешь…ха…мне предложение? После двухлетнего знакомства.

Женя: Нет..не..т. Давай подождём до Нового года. Должны пробить ку..куранты. Подождём давай. Подождём. Давай подождём.

Галя: Да нет. Я просто боюсь, что у тебя никогда не хватит смелости.

Женя: **Ну**, это… это трусость старого холостяка.

(摘自电影「Ирония судьбы или с легким паром」)

女朋友Галя以为男主人公Женя要跟她求婚,所以非常开心。但Женя并无此意,并解释道自己没有勇气求婚。这里的*ну*表示情景发展(不够勇敢)符合说话人的预期准则。我知道我跟你求婚的勇气不够,但对一个老光棍来说没有这种勇气很正常。

4.2.2.2 组成多元素交际结构

不同元素能够结合构成交际结构,是因为这些词之间有意义联系或意义理据,它们的语义常体参数之间是有联系的。

1.语气词与语气词的组合,由两个或多个语气词组成

(1)由两个语气词组成的结构,如ведь+же;ну+ладно;да+ну;да+уж;да+нет;ну+же;ну+ -то 等。

① ведь+же。

ведь 的语义常体参数是考虑一般信息基础参数,统一参数——说话人、听话人的知识、观点和认识是否统一。*же* 表示本应该做什么,却没有做什么。总的来说,这个交际结构的意义为:说话人或听话人本应该做什么,却没做什么。这说明说话人和听话人的知识、观点和认识不统一。例如,

Женя: Знаешь, мама, мне кажется, я женюсь.

Мама: Мне тоже так кажется.

交际语义理论视域下的俄语词汇交际手段研究

Женя: Ну и как, тебе Галя нравится?

Мама: Ты же на ней женишься, а не я.

<u>Женя: Но **ведь** ты **же** моя мама.</u>

Мама: Важно, чтобы ты это помнил … после женитьбы …

（摘自电影「Ирония судьбы или с легким паром」）

Женя询问妈妈对未婚妻的印象。妈妈没有给出意见，Женя已经明白了妈妈不是很喜欢她，但还是有些不高兴。说话人Женя认为在结婚这件事上妈妈应该给儿子建议，而且推测你跟我想的一样，实际上你和我想的不一样。而且你应该明白你有责任给我建议，但你却不明白，所以没有给我任何建议。

②ну+ладно。

*ну*表示是否符合预期或预期准则。*ладно*表示触及或违背其中一名交谈者的利益，同时从另一个交谈者、其他事情或其他形势的角度违背这名交谈者的利益是必需的，即牺牲某人的利益来满足某人的利益。总的来说，这个交际结构的意义为：某一个交谈者牺牲自己的利益来满足另一个交谈者的利益，这种牺牲是否符合某一个交谈者的预期或预期准则。例如：

Надя: Кто вы такой? Как вы здесь оказались?

Женя: Не надо тянуть меня.

Надя: Вставайте! Вставайте!

Женя: Не хочу, больно.

Надя: Вставайте сейчас же!

Женя: Мешаешь спать мне. Кошмар какой-то!

<u>Надя: **Ну ладно**, берегитесь!</u>

（摘自电影「Ирония судьбы или с легким паром」）

女主人公Надя试图叫醒醉酒昏睡的陌生人Женя，想弄清楚这个男人是谁，为什么睡在她的床上。而酣睡的Женя怎么都叫不醒，就算用力摇晃他都没有用。Женя并没有意识到自己进错了家门，以为睡在自己的床上。此时，他有了一点点意识，并对打扰自己睡觉的人Надя表示不满。

说话人Надя为了自己的利益将违背听话人Женя利益，完成一个对听话人不利的行为（我要往你脸上浇水把你叫醒），从说话人的角度出发，完成这个行为是必需的。往你脸上浇水这个行为将不符合你的预期准则。

③да+ну。

*ну*表示是否符合预期或预期准则。*да*表示说话人、听话人立场和情景是否一致。这个交际结构的意义为：说话人、听话人立场和情景一致，符合预期或预期准则；或者说话人、听话人立场和情景不一致，不符合预期或预期准则。实现形式为 ну да 或 да ну。例如：

— Слушай, чего, он хромой, что ли, с палкой?

— **_Ну да_**. Ты с ним побегай наперегонки. Это он трость для понта носит. Солидности добирает.①

（Безяева，2002）

一个东西瘸腿，只是用一根棍子支撑着。听话人不知道这个情况。于是，说话人向听话人解释这个东西瘸腿的原因。实现情景和听话人立场不符，不符合听话人的预期。虽然你没有猜到那个东西瘸腿，而且这个情景也不在你的预期之内，但这是事实。

④да+уж。

*да*表示说话人、听话人立场和情景是否一致。*уж*表示是否考虑说话人、听话人立场，是否考虑客观形势。这个交际结构的意义为：说话人、听话人立场和情景一致，考虑某方立场或客观形势；或者说话人、听话人立场和情景不一致，不考虑某方立场或客观形势。例如：

Женя: Ой! Между прочим, до Нового Года осталось 2 минуты.

Надя: Откройте шампанское. Оно стоит в холодильнике.

Женя: Да! (Когда он открывает шампанское, оно разбрызгано.) И тут не везет! Да что ж такое сегодня-то! Простите. Пожалуйста. С Новым Годом. Вас как зовут?

Надя: Надя.

---

① 摘自М.Г. Безяева搜集的自然口语语料。

| 交际语义理论视域下的俄语词汇交际手段研究

Женя: Меня Женя. С Новым Годом, Надя.

Надя: С Новым Годом…Хорошо начинается Новый Год.
Ничего не скажешь.

Женя: *Да уж.*

（摘自电影「Ирония судьбы или с легким паром」）

女主人公的男朋友 Ипполит 因误会非常生气，并因此离开了。男主人公 Женя 也因被女友误会而感到苦闷。距新的一年还有两分钟，Женя 本想开瓶香槟庆祝一下，谁想香槟突然喷了出来。想起一天内发生的事情，Женя 觉得很无奈。

在这段对话中，说话人 Женя 和听话人 Надя 的立场一致，而且说话人考虑了听话人的立场。我考虑了你的立场，而且我们的立场一致，但我也无法改变当前的不利形势。这一天当中发生了许多不愉快的事情，我也很无奈，但我也无法改变事实。这里反映说话人对情景的消极评价和自责。

（2）由多个语气词组成的结构，如 ну+же+-то；да+ж+-то；ну+же+это；ну+а+-то 等。

①ну+же+-то。

же 表示本应该做什么，却没做什么。*ну* 表示是否符合预期或预期准则。*-то* 表示实现的情景方案是否符合说话人的认识，是否具有利益、是否符合说话人或听话人利益，是否触及说话人、听话人的个人范围。这个交际结构的意义为：情景方案不符合说话人的认识，且/或不符合说话人或听话人的利益，且/或触及其个人范围。说话人或听话人本应该做什么，却没做什么。这不符合说话人或听话人的预期或预期准则。例如：

Галя: Ну, тем более, съедим их вместе.

Женя: *Ну*, где *же* мы их съедим-*то*?

Галя: Ой, Женька! Какой ты непонятливый! Ну, мы же будем встречать здесь, у тебя.

Женя: Где вот тут? Вот тут? Вот. Подожди, а Катаняны-то как?
Я не пони…

Галя: Олег предлагает встречать Новый год, между прочим, в

ресторане Останкинской башни.

(摘自电影「Ирония судьбы или с легким паром」)

Женя在得知未婚妻Галя不想去朋友那儿过年后，进行劝说。Галя准备了许多沙拉，Женя觉得应该和朋友们一起分享。而Галя却坚持只和Женя两个人把那些沙拉吃光。Женя表示不理解。

听话人Галя想和说话人Женя单独过新年吃沙拉这个想法不符合说话人的预期准则。你只想和我一起过年吃沙拉，可是我一直和朋友们一起过年，这是准则，我需要这么做，也习惯这么做。你提出的建议和我的准则不符。而且，你本应该明白，我们应该和朋友一起过年吃沙拉，可你却不明白。你的这个提议不符合我对准则的认识，也不符合我的目的和利益，同时这个方案触及我的个人习惯了。这里表现出隐隐的责备和不理解。

②да+ж+ -то。

ж（*же*）表示本应该做什么，却没做什么。*да*表示说话人、听话人立场和情景是否一致。*-то*表示实现的情景方案是否符合说话人的认识，是否具有利益、是否符合说话人或听话人利益、是否触及说话人、听话人的个人范围。这个交际结构的意义为：情景方案不符合说话人的认识，且/或不符合说话人或听话人的利益，且/或触及其个人范围。说话人或听话人本应该做什么，却没做什么。说话人或听话人的立场和情景不一致。例如：

Женя: Ой! Между прочим, до Нового Года осталось 2 минуты.

Надя: Откройте шампанское. Оно стоит в холодильнике.

Женя: Да! (Когда он открывает шампанское, оно разбрызгано.) И тут не везет! *Да* что *ж* такое сегодня-*то*!

(摘自电影「Ирония судьбы или с легким паром」)

女主人公的男朋友Ипполит因误会非常生气，并因此离开了。男主人公Женя也因被女友误会而感到苦闷。距新的一年还有两分钟，Женя本想开瓶香槟庆祝一下，谁想香槟突然喷了出来。想起一天内发生的事情，Женя觉得很无奈。

说话人Женя的意愿和实现的情景不一致。今天发生的一切不愉快都不符合我的意愿。而且今天本不该发生这些事，却发生了。今天接连发生的事都不符合我的认识、利益和目的。这里体现了说话人的抱怨。

类似的例子还有：

– Да я же думал, тебе ополоснуться надо.

– Да я ж не парился, не мылся! ***Ну*** что ***же*** ополаскиваться-***то***?

（摘自电影「Калина красная」）

2.语气词与感叹词的组合

感叹词通常同语调共同组成双元素交际结构。语气词和感叹词组成的交际结构较少，如ox+уж，ox+же等。

（1）ox+уж。

ox表示说话人的消极评价，说话人强调，情景不符合愿望，等等，意识到愿望和现实不相符或愿望未实现。或者是情景符合说话人的愿望，且超过了他的愿望（和说话人的愿望不完全吻合），所以最终还是反映了情景和愿望不相符。说话人通常无法影响情景（不取决于他的意志），或者不知道该如何改变这个情景。***уж***表示是否考虑说话人、听话人立场，是否考虑客观形势。这个交际结构的意义为：是否考虑说话人、听话人立场或客观形势，情景发展是否符合说话人愿望。例如：

Дебоширин: В Париж.

Шофёр: А где это?

Дебоширин: Налево? Направо? ***Ох, уж*** это мне французское легкомыслие. Поезжайте на северо-запад.

(选自小说С.Д. Довлатов「Иная жизнь」)

说话人考虑自己的立场，想不起来巴黎往哪个方向走的这个情景不符合说话人的愿望。表现了说话人的消极评价。

类似的例子还有：

– К Энанте? ***Ох уж*** эта Энанта! Ведь запретил же муж ходить к ней! Сводница она, твоя Энанта! Вот скажу мужу…

(选自小说М.А. Булгаков「Мастер и Маргарита」)

（2）ox+же。

ox表示说话人的消极评价，说话人强调，情景不符合愿望，等等，

意识到愿望和现实不相符或愿望未实现。或者是情景符合说话人的愿望，且超过了他的愿望（和说话人的愿望不完全吻合），所以最终还是反映了情景和愿望不相符。说话人通常无法影响情景（不取决于他的意志），或者不知道该如何改变这个情景。*же* 表示本应该具有一定地位，却没有。这个交际结构的意义为：情景发展不符合说话人愿望，且这个愿望应该具有一定地位，却没有。例如：

— **Ох и скукота же**!

— А ты женись! Вот тебе скучно и не будет.

（摘自电影「Простая история」）

情景发展并不符合说话人的愿望。过另一种生活这个愿望未实现，说话人对这种情景持消极评价。说话人认为，另一种生活本应该实现，却没实现。

类似的例子还有：

— **Ох же**, испугался он тот раз, Илюха!

（选自小说 С.П. Залыгин「Комиссия」）

3. 语气词与语调的组合

语调是语言交际层面极为重要的交际手段。1980年《语法》曾提出："语句必须有与具体报道任务相适应的语调"（АН СССР，1980b：84），这直接反映了语调在交际活动中的重要性。目前，语言学家们普遍承认，俄语具有7个调型，即调型1，调型2，调型3，调型4，调型5，调型6，调型7，其中每个调型都承载不同功能。要想挖掘语气词与语调组成交际结构的深层原因，首先要弄清两种不同的语调观。

关于语调是否具有语义常体，语言学界存在两种对立观点。第一种观点以 Е.А. Брызгунова 为代表。该观点认为，语调没有语义常体，它本身没有意义，只是用于区分其他单位的意义、表达某种交际目的或发挥某些其他功能。在描写语调特点时，通常涉及的是它在什么条件下使用。莫斯科大学语音学教材《声音、节律、语调》（Звуки. Ритмика. Интонация）对调型的描写如下：

调型1——用于中性回答；表达一句话的结束；表达一个语义-句

法部分的结束；用于称呼标题、名称；用于表达愿望和建议。

调型2——用于特殊疑问句；在口语中用于对比区分词或句子；用于表达称呼；用于表示欢迎和告别；用于表示礼貌；用于表达意愿；同语气词вот连用表指示意义；在选择问句中使用；用于确切提问。

调型3——用于一般疑问句；用于针对某个词的重复提问；同命令式连用表意愿、请求；用于回答时的重复提问；同语气词не, давай等或实词можно一起表示请求提问；用于选择问句；同实词неужели, разве一起表达惊讶提问；表达确切提问；同代词какой, как, такой, так等连用表示评价意义；口语中表示一个语义-句法部分未结束；

调型4——用于不完全疑问句，表示提问；用于带有要求口吻的疑问句；用于表达欢迎和告别（正式口吻）；同命令式连用表达允许、训诫等意愿；表达带有惊讶和怀疑意味的重复提问；用于陈述句表示呼唤、惊讶和不满；在书面语体、公文事务语体中表示一个语义-句法部分未结束；在语义-句法完整的句子中，用于加强各语义-句法部分间的意义关系。

调型5——用于表达句中某个特征、行为和状态的程度高；用于表达加强愿望、遗憾意义；用在特殊疑问句中表示不满、愤怒、无法忍受、苦恼等。

调型6——用于日常口语中表示评价。用于中性重复提问；用于在接收信息后的某个时间内的重复提问；用于怀疑提问中；用于带有吸引注意目的的句子中；用于表达责备的条件句、对比句、列举句中，表示一个语义-句法部分未结束。

调型7——用于表达对特征、事件、行为的否定；表示对评价的强调；用于强调否定、肯定和性质特点。（Одинцова，2014：133–278）

第二种观点以М.Г. Безяева为代表。她指出，语调具有语义常体，正是这些常体促使它参与形成表达不同交际目的的交际结构。在交际语义理论中，她总结出了语调的语义常体参数：

调型1——引入方案参数——中性引入关于事件发展方案的信息。

调型2——方案参数、矛盾参数——一个方案同其他系列方案相矛盾。

调型3 —— 目标方向参数。

调型4 —— 关系参数 —— 说话人立场、听话人立场和情景之间的相互关系。

调型5 —— 程度参数。

调型6 —— 注意参数 —— 注意已知或未知信息，交谈者是否注意到的信息。

调型7 —— 相似参数、矛盾参数 —— 在评价情景、交际双方或第三者立场时，交际双方的立场相似或矛盾。（Безяева，2006：26）

综合比较以上两种不同的语调阐释观，本书认为，针对交际结构的语义分析，第二种语调观的解释力更强。第一种观点虽通俗易懂，且广泛应用于俄语语音教学中，但它更多是将与单个语调相关的现象综合在一起，并几乎未触及该语言现象的深层机制。本书将采用第二种语调观，分析由语气词和语调组成的交际结构，从语义常体参数角度出发解释这类结构形成的深层意义机制。

在众多交际结构中，语气词和语调的组合十分丰富，如же+调型2；ну+调型3+да；да+так+调型7；а+调型3；等等。需要注意的是，相同语气词与不同语调相结合可以组成不同交际结构，形成不同交际意义，表达不同交际目的，以ну、-ка和调型2、调型4、调型6的不同组合为例。ну的语义常体参数是预期参数 —— 是否符合预期或预期准则。-ка的语义常体参数是权威等级参数、意图参数 —— 听话人（或说话人在某一时刻）的权威等级低；刺激的行为不在/曾经不在说话人/听话人的意图范围内；和准则的相互关系：是否能进入意图的认识。调型2的语义常体参数是方案参数、矛盾参数 —— 一个方案同其他系列方案相矛盾。调型4的语义常体参数是关系参数 —— 说话人立场、听话人立场和情景之间的相互关系。调型6的语义常体参数是注意参数 —— 注意已知或未知信息，交谈者是否注意到的信息。命令式形式的语义常体参数是愿望参数、原因参数和结果参数。

（1）ну+-ка+命令式+调型2。

命令式形式表示说话人希望听话人完成他所刺激的行为。*-ка*表示说话人刺激不在听话人意图范围内的行为，因为听话人控制情景的等级比说话人低。*ну*表示听话人违反了说话人预期的某种行为准则，说话人通过实施某种行为试图使情景朝着预期准则发展。调型2表示相比其他可能完成行为的方案，应该完成当前行为。总的来说，这个交际结构的意义为：听话人违反了说话人预期的某种行为准则，而听话人控制情景的等级比说话人低，因此说话人刺激不在听话人意图范围内的某一行为，而非其他可能性行为方案，希望听话人完成该行为，从而使情景朝着预期准则发展。例如：

Надя: Я вас в последний раз предупреждаю! (Льёт воду на его лицо)

<u>Женя</u>: Ой, вот так хорошо! Ещё! Ой, поплыли. Что такое, а? Что такое? Ну что вы? Мокрый же…обалдели…С ума посходили все, что ли? Это же я вам…не клумба. Кто вы такая, а? Какой кошмар. ***Ну-ка, выметáйтесь*** *отсюда живо.*

Надя: Ха, что не слыханное!

（摘自电影「Ирония судьбы или с легким паром」）

听话人Надя莫名其妙往一个陌生人脸上浇水的行为违反了说话人Женя的预期准则。同时，说话人Женя坚信自己是这个房子的主人，Надя控制当前情景的等级没有自己高，所以即使Надя不愿意，也希望她离开自己的房子，而不是继续留在这儿。这样的情景发展方向才符合说话人的预期准则。

类似的例子还有：

<u>Продавщица</u>: ***Ну-ка помогú мне!***

Новичок-грузчик: Ой, нет! Он со мной.

（摘自电影「Блондинка за углом」）

在这段对话里，说话人售货员想要刺激听话人装卸工完成一个符合自己预期的行为，即帮她的忙。对于说话人来说，虽然帮她的忙并不在装卸工的意图之内，也不符合他的预期。但在当前时刻，听话人控制情景和理解情景的程度比她低。所以装卸工还是要完成她所刺激和期望的行为。

（2）a+ну+-ка+命令式+调型4。

命令式形式表示说话人希望听话人完成他所刺激的行为。*a*表示说话人试图将听话人带入新情景。*-ка*表示说话人刺激不在听话人意图范围内的行为，因为听话人控制情景的等级比说话人低。*ну*表示听话人违反了说话人预期的某种行为准则，说话人通过实施某种行为试图使情景朝着预期准则发展。调型4强调说话人和听话人之间的关系有一定距离。总的来说，这个交际结构的意义为：听话人违反了说话人预期的某种行为准则，而听话人控制情景的等级比说话人低，因此说话人试图将听话人带入新情景，强调与听话人的距离关系，刺激不在听话人意图范围内的某一行为，希望听话人完成该行为，从而使情景朝着预期准则发展。例如：

Мастер: Вот она. Это очень перспективная девушка. У неё сейчас уже инженерная хватка.

Режиссёр: Так. Косынку надо заменить! ***А ну-ка пройди́тесь!***

Мастер: Пошли, пошли! Это режиссёр! На всю страну тебя прославит!

（摘自电影「Москва слезам не верит」）

电视台的人想要采访工厂的模范年轻女工。工长向导演介绍女主人公Катя后，导演要求她换好头巾再回来。在这段对话里，听话人Катя的头巾不符合说话人导演的预期。于是，导演试图将Катя带入新情景，让她去换头巾，然后再回来。在当前情景中，我，说话人，占有主动权，你控制情景的等级比我低，我们之间有距离，虽然我让你换完头巾再回来的行为不在你的意料之内，但你需要按我的预期去完成。这里导演带有命令的口吻。

（3）ну+-ка+调型6+命令式。

命令式形式表示说话人希望听话人完成他所刺激的行为。*-ка*表示说话人刺激不在听话人意图范围内的行为，因为听话人控制情景的等级比说话人低。*ну*表示听话人违反了说话人预期的某种行为准则，说话人通过实施某种行为试图使情景朝着预期准则发展。调型6表示说话人让听话人知道自己的意图，让听话人了解违反准则的事实。这个交际结构的意义为：说话人要让听话人知道，听话人违反了说话人预期的某种行为准则，且听话人控制情景的等级比说话人低，说话人要刺激不在听话人意图范围内的某一行为，希望听话人注意并完成该行为，使情景朝着预期准则发展。这个结构通常包含责备或威胁之意。例如：

– Коля! *Ну́-ка подойди сюда!* Здравствуй! А почему ты в школу не ходишь? М? Что случилось?

（摘自电影「Не стреляйте белых лебедей」）

说话人认为，听话人没有去上学这个事实违反了其预期准则。说话人要让听话人 Коля 知道，逃学违背准则的事实。也要让 Коля 知道，他控制情景的等级比说话人低。因此说话人让他过来，他就得过来。这里流露出责备之意。

三组交际结构 ну+–ка+命令式+调型2；а+ну+–ка+命令式+调型4；ну+–ка+调型6+命令式，形式上的差别是语调不同。它们在意义上有细微差别是因为不同语调承载着不同语义常体参数。这更能证明交际结构的意义是交际手段间相互制约、相互影响的结果。

4. 语气词与实词词形的组合

在语言交际层面，许多交际结构是由语气词和实词词形组成的，如 ну+и+что；где+уж；ну+что+же+это+такое；чего+–то；等等。这些实词词形属于混合交际手段，它们既能在称名层面发挥功能，又能在交际层面起作用。在交际层面起作用的实词词形也具有一定的语义常体参数。这些参数同语气词的参数共同作用构成交际结构的语义常体。

（1）что(чего)+–то。

实词词形 *что* 表示是否了解情景或情景准则。*-то* 表示实现的情景方案是否符合说话人的认识，是否具有利益、是否符合说话人或听话人利益，是否触及到说话人、听话人的个人范围。这个交际结构的意义为：说话人或听话人是否了解情景或情景准则。情景方案不符合说话人的认识，且/或不符合说话人或听话人的利益，且/或触及其个人范围。例如：

– *Чего реветь-то*, теперь уж поздно.

（摘自电影「Вор」）

说话人认为，听话人不了解情景准则，大喊大叫。这种情景发展方案不符合说话人的认识。因为在说话人看来，听话人不应该大声喊叫。

类似的例子还有：

— Заходи, Касьян, не стесняйся. Заходи.

— Да заходи! ***Чего стал-то?*** Славный старичок.

（摘自电影「Вы чье, старичье」）

（2）ну+и+как。

ну表示是否符合预期或预期准则。实词词形***как***表示是否具有情景发展方案，如果有，则在多个情景发展可能方案中确定一个，同时表示是否了解或知道这个方案。实词词形***и***表示是否符合类似现象，是否符合（根据类似情景做出的）推测；这个交际结构的意义为：在多个可能方案中确定一个情景方案，这个方案是否符合说话人或听话人的预期，是否符合说话人或听话人的推测。例如：

Женя: Знаешь, мама, мне кажется, я женюсь.

Мама: Мне тоже так кажется.

Женя: ***Ну и как, тебе Галя нравится?***

Мама: Ты же на ней женишься, а не я.

（摘自电影「Ирония судьбы или с легким паром」）

说话人Женя询问妈妈对未婚妻的印象。妈妈没有正面回答这个问题。对于说话人来说，关于你对我要结婚这件事儿的看法，我的脑海里有几种推测方案，我想得到你的答案，以确认一个方案，这符合我的预期。

（3）ну+и+что。

ну表示是否符合预期或预期准则。实词词形***что***表示是否了解情景或情景准则。实词词形***и***表示是否符合类似现象，是否符合（根据类似情景做出的）推测。这个交际结构的意义为：说话人或听话人是否了解情景。这个情景发展方案是否符合说话人或听话人的预期，是否符合说话人或听话人的推测。例如：

Владимир: Ты что, собираешься курить здесь?

Катя: Ну а почему нет?

Владимир: Это же больница.

Катя: ***Ну и что***? Ты оплатил эти апартаменты?

（摘自电影「Елена」）

听话人 Владимир 阻止说话人 Катя 吸烟的这个情景说话人不了解，这个情景不符合我的预期，也不符合我的推测。

（4）ну+что+же+это+такое。

ну 表示情景发展是否符合说话人或听话人的预期或预期准则。实词词形 ***что*** 表示是否了解情景或情景准则。***же*** 表示本不该做什么却做了什么。***это*** 表示不是必须做什么，却做了什么。实词词形 ***такое*** 表示情景发展是否违反准则，倾向于有利/不利结果。这个交际结构的意义为：说话人或听话人是否了解情景。这个情景发展方案是否符合说话人或听话人的预期，是否符合说话人或听话人的推测。例如：

Женя: А вы ведёте себя … извинитесь перед ней сейчас же! (Ипполит впервые начинает драться.) Что вы делаете?

Ипполит: А вот что?

Надя: Ипполит! Ипполит! Ипполит, не делай этого!

Ипполит: Негодяй! Вот я тебе покажу…

Надя: Господи, не хватало мне вашей ещё драки! ***Ну что же это такое?***

（摘自电影「Ирония судьбы или с легким паром」）

听话人的打架行为不符合说话人的预期，而且违反了情景发展准则。说话人认为，听话人不是必须要用打架解决问题，却打起来了，而他们应该停止打架，却没有停止。当前情景明显违反了情景发展准则。这里表现出说话人很气愤。

5.语气词与语法范畴的组合

语气词能够与某些语法范畴如命令式共同作用组成交际结构。这一点在上文"语气词与语调的组合"中已有描写。同实词词形相似，语法范畴也是一种混合交际手段，可在交际层面发挥功能，具有一定的语义常体参数。这些参数同语气词的参数共同作用构成交际结构的语义常体。

（1）动词命令式+же。

命令式表示愿望、原因和结果。*же*表示本该做什么，却没做什么。这个交际结构的意义为：根据说话人的愿望，听话人本该做什么，却没做什么。例如：

– ***Иди же!***（Безяева，2002：152）按我的愿望来说，你本该走，却没走。

类似的例子还有：

– ***Рой, рой же!*** Ну! Ну!

（摘自电影「Добро пожаловать…」）

（2）ну+动词命令式+же。

命令式表示愿望、原因和结果。*ну*表示是否符合说话人的预期。*же*表示本该做什么，却没做什么。这个交际结构的意义为：听话人的行为不符合说话人的预期。根据说话人的愿望，听话人本该做什么，却没做什么。例如：

– ***Ну пусти же!*** Больно!

（摘自电影「Без права на ошибку」）

你抓着我不放把我弄疼了，这个行为不符合我的预期。按我的期望，你本该放开我，但你却没有。

综上所述，语气词组成交际结构的功能体现如下：①组成单元素交际结构：由单个语气词组成；②组成多元素交际结构：a.语气词与语气词组合，形成双元素或多元素结构，数量较多；b.语气词与感叹词组合，这种组合较少见；c.语气词与语调组合；d.语气词与实词词形组合；e.语气词与语法范畴组合。

4.3 俄语词汇交际手段——感叹词的功能

感叹词最基本的功能是传达感情、感受、心理状态和反映意愿。有关感叹词的功能问题，学者们从不同角度进行了论述。有些学者从语法角度出发探讨感叹词的功能。1980年《语法》指出了感叹词具有充当句子等价物、充当句子情态成分、充当句子成分三种功能。感叹词不能做句子成分，但能构成独词句。矛盾的是，他紧接着又指出有些表示情感的感叹词是可以做谓语的，如 Татьяна ах! А он реветь.（А.С. Пушкин）等（李勤，2005：292）。有的学者致力于阐述感叹词在表意方面的功能。这些功能包括表达情感和情感性评价、表达意愿和祈使，用于日常应酬，认知功能等（Шведова，1980；张会森，2000；李勤，2005；娜佳，2011）。还有学者从交际语用角度对其进行分析，认为俄语口语中感叹词具有充当话轮衔接手段、充当反应语、提供隐含信息三种功能（王潇瞳，2011）。本书的感叹词功能分析亦是从交际角度出发，但与上述交际语用功能有所不同。

本书认为，感叹词首先是语言交际层面上的一种词汇交际手段，它在交际活动中发挥功能。在这个层面的语义体系中，感叹词作为一种交际手段蕴含着某些不变的抽象语义常体，这些常体参数在具体的交际活动中根据扩展规则得到实现，感叹词也因此发挥必要功能。这个语义常体是感叹词潜在的交际语义参数，在具体的交际活动中得到具体化实现。

同语气词一样，在语言交际层面上，感叹词也能够表达说话人、听话人和情景之间的关系意义，是交际结构的组成部分，并通过交际结构反映交际目的。因此，感叹词也具有表达交际意义和组成交际结构两大功能。

4.3.1 表达交际意义的功能

在语言交际层面语义体系中，感叹词具有表达交际意义的功能，能够表达说话人、听话人和情景之间的关系。三者之间的关系变化在具体交际活动中体现为四种形式：①表达说话人和听话人之间的关系；②表达说话人和情景之间的关系；③表达听话人和情景之间的关系；④表达说话人、听话人和情景之间的关系。这四种关系在具体情景中还会得到进一步细化。根据交际手段常体参数理论，这种关系变化始终围绕着具体感叹词的某个或某些语义常体参数，且遵循这些参数在交际层面上的扩展规则。

4.3.1.1 表达说话人和听话人之间的关系

感叹词能够表达说话人立场和听话人立场之间的关系变化，具体表现为：①说话人立场和听话人立场不符；②说话人立场和听话人立场相符。第二种情况较少。

1.说话人立场和听话人立场不符

（1）Толян: Вам подлить?

Баба Таня: Пожалуйста.

Толян: Вам?

Баба Таня: Не, не, не, не! Ей нельзя.

Инженерша: *Ой!* Ей же ни в коем случае.

Толян: Понял.

（摘自电影「Вор」）

聚餐时，男主人公Толян给大家倒酒。当他准备给工程师妻子身边的女人倒酒时被制止了。

感叹词*ой*的语义常体参数是准确性参数——有无准备性（对接收消息和信息的无准备性，这些消息和信息与对情景发展无法预料有关；对某行为实现的无准备性），总体上和违反情景发展准则有关。在这段对话中，*ой*表示说话人立场和听话人立场不符：听话人Толян正打算给说话人旁边的女人倒酒，这个行为对说话人工程师妻子来说毫无准备。说话人旁边的女人因生病不能喝酒，听话人不知道这件事，因此说话人认为，听话人要倒酒的行为违背了准则，不符合说话人立场。这里表示说话人禁止听话人完成某行为。

（2）Солдат: Слушай, папаш! А вот здесь темно, а вот ты можешь вот эту вот свечку зажечь, а?

Волшебник: Пожалуйста! (Берёт спички и зажигает.)

Солдат: *Ну!*

Волшебник: А зачем же мне делать чуда, если под рукой есть спички. Чудеса надо экономить.

（摘自电影「Старая, старая сказка」）

士兵想让巫师用法术点燃蜡烛，但巫师没有同意。他认为，手上有蜡烛，不应该浪费法术。

感叹词 *ну* 的语义常体参数是预期参数 —— 是否符合预期或预期准则。在这段对话中，*ну* 表示听话人立场不符合说话人立场：听话人巫师没有同意用法术点燃蜡烛的行为不符合说话人士兵的预期和期望。我想让你用法术点燃蜡烛，可你却没有同意。

（3）– Что я могу… должен…

– <u>Вы же бывший партизан!</u>

– *Э!* Когда это было!

（摘自电影「Мёртвый сезон」）

感叹词 *э* 的语义常体参数是准则参数，必要性参数 —— 遵循准则的必要性。改变违反情景发展准则的行为，评价这些行为。在这段对话中，*э* 表示说话人立场和听话人立场不符：听话人提起说话人之前的游击队员身份。听话人的提醒不符合说话人在当前时刻的生活准则，所以说话人试图阻止听话人继续提起往事。

2.说话人立场和听话人立场相符

– Смотри! (ребёнок ныряет)

– *М!* Молодец!

（摘自电影「Русская разговорная речь」）

孩子在水里"扎猛子"。说话人觉得孩子很棒。

感叹词 *м* 的语义常体参数是获取信息参数，关系参数 —— 重新获得的信息与说话人立场、他的价值体系、认识、形成的观点及行为的关系。说话人根据这些关系评价所获得的信息。在这段对话中，*м* 表示说话人立场和听话人立场相符：说话人认为，我之前相信你可以做到。而且我从现实情景中获得的信息证实了这一点。根据我的认识，我知道应该怎样跳进河里"扎猛子"。你的行为符合我的认识。

4.3.1.2 表达说话人和情景之间的关系

感叹词能够表达说话人立场和被意识或被评价的情景之间的关系变化，具体表现为：①说话人立场和情景不符；②说话人立场和情景相符；③说话人立场和情景不完全相符，即在同一情景下，感叹词既表示说话人立场与情景不符，又表示说话人立场与情景相符。情景因素包括当前情景、情景发展准则等多种变体。

1.说话人立场和情景不符

（1）Женя: Давайте я посижу на лестнице, а вы меня позовете, хорошо? Или хотите, объясните все Гале сами, а я пойду.

Надя: Нет уж, дудки, объясняйтесь сами.

Женя: *Ой!*

（摘自电影「Ирония судьбы или с легким паром」）

女主人公的男朋友Ипполит因误会非常生气，并因此离开。男主人公Женя本想把他追回来，但没有成功。女主人公Надя很伤心，Женя又回到了女主人公Надя的房子，他不好意思再进去，想坐在走廊的台阶上。他请求Надя，如果有莫斯科打来的电话，或去走廊叫他一声，或帮忙向他的未婚妻Галя解释这场误会。Надя没有同意。

感叹词*ой*的语义常体参数是准确性参数——有无准备性（对接收消息和信息的无准备性，这些消息和信息和对情景发展无法预料有关；对某行为实现的无准备性），总体上和违反情景发展准则有关。在这段对话中，*ой*表示说话人立场和情景不符：说话人Женя之前没有预料到目前为止发生的一系列消极情景（被迫来到另一个城市、买不到返程票、错过重要的约会、未婚妻不理解他的苦衷），这些实现的情景明显违背了准则。说话人Женя对这些不愉快情景的发展并没有准备。这里也表现出了Женя的无奈。

（2）– А жена у вас красивая?

– Красивая.

– А фигура?

– Сногсшибательная.

– *Ох!* Тарантайка какая-то трясучая!

– А у вас улыбка замечательная.

（摘自电影「Вокзал для двоих」）

说话人抱怨交通工具太摇晃，质量差。

感叹词*ох*的语义常体参数是愿望参数，评价参数，个人利益参数——情景是否符合说话人的愿望；愿望和现实是否相符，愿望是否实现；说话人对情景的消极或积极评价；涉及说话人的个人利益，触及他的个人范围，包括不可剥夺的属性范围，通常表示说话人无法影响情景（不取决于他的意志），或者不知道该如何改变这个情景。在这段对话中，*ox*表示说话人立场和情景不符：交通工具的质量不符合说话人的期望，摇摇晃晃的。实现的情景不符合说话人的愿望。说话人对情景持消极评价。

（3）- Нет жены! Ищу! *Эх!* Была бы ты не замужем!

（摘自电影「Любить по-русски」）

男主人公认识了女主人公和她的男伙伴。男主人公误认为男伙伴是女主人公的丈夫。在女主人公追问他家庭情况时，他表达了对女主人公的爱慕之情。但在当时的情况下，他以为女主人公已经结婚了，自己没机会了。

感叹词 *эх* 的语义常体参数是外部形势参数，愿望参数——对外部形势的反应，在说话人具有潜在积极立场的情况下，外部形势是否影响愿望的实现。在这里，*эх* 表示说话人立场和实现的情景不符：考虑到女主人公已经结婚这个外部形势，说话人男主人公的愿望无法实现了。我希望能和你结婚，可你已经有丈夫了，即使我再积极努力，娶你的愿望都无法实现了。

2.说话人立场和情景相符

（1）Подполковник: По нашим данным, вы в бомболюке везёт животное.

Командир корабля: Какое животное! Товарищ полковник! Никакого животного мы не везём.

Подполковник: Точно везут, товарищ полковник. Точно везут, я вам докладывал. Открыть бомболюк. (Из бомболюка льётся жидкость коровы.) *О?!* Ну что я говорил!

（摘自电影「Особенности национальной охоты」）

中校得到消息称轰炸机机舱里藏着动物，但机长不承认。打开舱门后，中校发现里面流着血的牛，也因此证实了自己的猜测。

感叹词 o 的语义常体参数是推测参数，认识参数——获得真实信息后，确定推测和认识是否相符。在这段对话中，o 表示说话人立场和实现的情景相符：起初，说话人中校只是猜测机舱里有动物。在打开舱门看到了母牛以后，说话人的猜测得到证实，这也说明说话人之前的猜测和后来的认识相符。

（2）– Ребята-то на стане?

– А где ж им быть.

– *Ага.*

（摘自电影「Деревенский детектив」）

关于孩子们是否在警察局，说话人通过听话人的回答得到了证实。

感叹词 *ага* 的语义常体参数是一致性参数，了解参数——说话人立场、听话人立场和情景是否相符；说话人或听话人的理解同听话人的行为、观点或现实情景是否相符。在这段对话中，*ага* 表示说话人立场和情景相符：说话人的猜测和情景实现方案相符。我猜孩子们现在在警察局了。现实情景证实我的猜测是对的。

3. 说话人立场和情景不完全相符

感叹词在表达说话人和情景之间的关系时还有另外一种情况。在相同情景下，同一个感叹词根据不同角度表达不同的关系。也就是说，在某个情景中，某个感叹词既表达说话人立场和情景不符，又表达说话人立场和情景相符。例如：

（1）Надя: Проснитесь, слышите? Немедленно проснитесь! Вставайте! Вы живые или нет? (Женя подвигается.) *Ох!* Так! Проснитесь! Немедленно проснитесь! Слышите? Вставайте! Что вы здесь делаете?

Женя: Не надо меня трясти. Я посплю немножко ещё. Не надо …

（摘自电影「Ирония судьбы или с легким паром」）

女主人公 Надя 回到家，看到床上躺着一个陌生男人 Женя，一动不动。起初 Надя 很害怕，以为他昏过去了或是死了。正当这时，Женя 翻了翻身，她才明白，他只是睡着了。于是，她想尽办法叫醒他。

感叹词 *ox* 的语义常体参数是愿望参数，评价参数，个人利益参

数 —— 情景是否符合说话人的愿望；愿望和现实是否相符，愿望是否实现；说话人对情景的消极或积极评价；涉及说话人的个人利益，触及他的个人范围，包括不可剥夺的属性范围，通常表示说话人无法影响情景（不取决于他的意志），或不知道该如何改变这个情景。在这段对话中，*ox* 表示说话人立场和情景不完全相符：首先，说话人 Надя 希望听话人 Женя 是活着的，从这一点上看，情景符合说话人的愿望。其次，说话人无法接受一个陌生男人出现在她房子里的事实，从这一点上看，情景不符合说话人的愿望。总的来说，说话人对这个情景的评价是消极的。

（2）Толян: Пожалуйста, угощайтесь.

Инженерша: Ой, спасибо! *О!*

（摘自电影「Вор」）

男主人公 Толян 拿了一盒很贵的糖果请工程师的妻子们吃。她们很惊讶，也很开心。

感叹词 *о* 的语义常体参数是推测参数，认识参数 —— 获得真实信息后，确定推测和认识是否相符。在这段对话中，*о* 表示说话人立场和实现的情景不相符：说话人工程师的妻子没有猜到有人会请她吃这么贵的糖果，这表明说话人之前的推测同自己对情景的认识不符。工程师妻子在接到糖果后很开心，这说明实现的情景符合说话人的愿望。这里说话人对推测和认识的矛盾持积极评价态度。

4.3.1.3 表达听话人和情景之间的关系

感叹词作为交际手段能够表达听话人立场和被意识或被评价的情景之间的关系变化，具体表现为：①听话人的立场和情景不符；②听话人的立场和情景相符。第二种情况较少。

1.听话人立场和情景不符

（1）– Ну и что это? Что это за народное творчество?

–*Э-э!* Это индейская народная национальная изба! Фиг-вам называется!

（摘自电影「Зима в Простоквашино」）

感叹词 э 的语义常体参数是准则参数，必要性参数 —— 遵循准则的必要性。改变违反情景发展准则的行为，评价这些行为。在这段对话中，э表示听话人立场和情景不符：听话人画的画不符合他的教育程度。听话人需要改变这种情景和状态，使之符合自己的教育程度准则。这里表现出对听话人行为的消极评价。

（2）– Поступай! Что ты теряешь?

– *Да!* А не поступлю, в армию заберут.

（摘自电影「Русская разговорная речь」）

感叹词 *да* 的语义常体参数是一致性参数 —— 说话人立场、听话人立场和情景之间是否一致。在这段对话中，*да* 表示情景和听话人立场不符：你让我去，可是我不会去，去的话就被带入部队了。

（3）– Заходи, заходи.

– Ого! (осматривает квартиру) *Мг!* Так. Ну, мужа-то никакого нет.[①]

（М.Г. Безяева, 2002）

听话人曾说自己有丈夫。可事实上，她并没有丈夫。

感叹词 *мг* 的语义常体参数是一致性参数，获得信息参数 —— 说话人立场、听话人立场和情景是否一致；情景是借助所得信息形成的，这个信息通过说话人立场（他的知识、认识和行为）而获得。在这段对话中，*мг* 表示听话人立场和情景不符：听话人曾说过自己有丈夫。当前时刻，说话人往房间里看了看后发现听话人并没有丈夫。这里说明听话人的立场和现实情景不符。你说你有丈夫，而现实情况是你没有。

2.听话人立场和情景相符

（1）– Ты едешь?

– *Ага.*

（摘自电影「Покровские ворота」）

感叹词 *ага* 的语义常体参数是一致性参数，了解参数 —— 说话人立场、听话人立场和情景是否相符；说话人或听话人的理解同听话人的行为、观点或现实情景是否相符。在这段对话中，*ага* 表示听话人立场和情

---

① 例（3）摘自 М.Г. Безяева 搜集的自然口语语料。

景相符：你的猜测和现实情景是一致的。

4.3.1.4 表达说话人、听话人和情景之间的关系

感叹词能够表达说话人立场、听话人立场和被意识或被评价的情景之间更加复杂的关系变化。

（1）Героиня: А вы чё, его сын?

Герой: Нет, моя радость, я его отчим.

Героиня: *Ага,* отчим, щас.

（摘自电影「Покровские ворота」）

女主人公把邻居误认为自己爱慕者的儿子。男主人公予以否认，说那个爱慕者是他的继父。事实上，爱慕者是他的亲生父亲。

感叹词ara的语义常体参数是一致性参数，了解参数——说话人立场、听话人立场和情景是否相符；说话人或听话人的理解同听话人的行为、观点或现实情景是否相符。在这段对话中，ara表示说话人知道，听话人立场和情景不相符：你说那个爱慕者是你的继父，这同现实情景不符。我知道你在说谎。

（2）- Опять забыл? Тьфу!

- Ой! Ёлки-зелёные! Братцы! Авоську мою никто не видел?

- Чёрненькая такая?

- Ну!

- В баню пошла.

- *У!*

（摘自电影「Белорусский вокзал」）

说话人的网兜丢了，他询问周围人网兜的去处。

感叹词*y*的语义常体参数是认识参数，性质等级参数，获取信息参数，评价参数，情景发展准则参数——具有对情景的认识。引入的信息同性质等级有关；之前缺乏对性质等级的认识。获得的信息影响说话人之后的行为。说话人对听话人立场的评价：相似或矛盾，是否违背情景发展准则。在这段对话中，*y*表示说话人对听话人立场和情景的评价：说话人在询问网兜去处时，听话人说黑色网兜落在澡堂了，说话人之前没有推测到这个答案。在得到答案后，说话人对当前情景发展，甚至听话人的立场都持消极评价。

（3）Саша: А вы что, собираетесь на ней жениться?

Георгий Иванович: Да.

Саша: А вы давно знакомы?

Георгий Иванович: С мамой? М…Сорок четыре часа даже уже двадцать две минуты.

Саша: *А!* Ха-ха! Боюсь, что тогда огорчу вас. Мама придерживается того принципа, что любовь любовью, а человек нужно узнать. А для этого нужно время.

（摘自电影「Белорусский вокзал」）

男主人公Георгий Иванович想和女主人公Катя结婚。Катя的女儿Саша得知他们相识的时间短暂，所以不赞同结婚。

感叹词*a*的语义常体参数是转入新情景参数——是否转入新情景。在这段对话中，*a*表示在对待新情景的态度上，说话人立场和听话人立场的矛盾性：说话人Саша对被带入的新情景不感兴趣，而听话人Георгий Иванович却觉得这个情景很重要。你觉得两个人认识40多个小时就可以结婚，但我认为只相识40多个小时就结婚不符合一般准则。

综上所述，俄语交际层面语义体系中，词汇交际手段感叹词具有表达交际意义功能，能够表达说话人立场、听话人立场和情景之间的各种关系。这种关系在交际对话中有不同表现。感叹词可以表达说话人和听话人的关系：①说话人立场和听话人立场不符；②说话人立场和听话人立场相符。可以表达说话人和情景的关系：①说话人立场和情景不符；②说话人立场和情景相符；③说话人立场和情景不完全相符。可以表达听话人和情景的关系：①听话人立场和情景不符；②听话人立场和情景相符。此外，还可以表达说话人、听话人和情景之间的复杂关系，如说话人知道听话人立场和情景是否相符、说话人对听话人立场和情景的评价、说话人立场和听话人立场在对待新情景上的矛盾性。这里同一关系可以通过不同感叹词来表达，如ой, ну, э, м等都可以表达说话人立场和听话人立场的关系；

ой, ох, эх, о, ах, ага等都可以表达说话人立场和情景的关系；э, да, мг, ага等都可以表达听话人立场和情景的关系。

与语气词相同，同一感叹词在不同情景中可以有不同实现。首先，同一感叹词可以表示不同关系。例如，ой既可以表示说话人立场和听话人立场的关系，又可以表示听话人立场和情景的关系；э可以表示说话人立场和听话人立场的关系、表示听话人立场和情景的关系；ага可以表示话人立场和情景的关系、表示听话人立场和情景的关系、表达说话人、听话人和情景之间的复杂关系等等。其次，同一感叹词可以表示同一关系中的不同方案。例如，ох既可以表示说话人立场和情景不符，也可表示两者相符；ага既可表示听话人立场和情景不符，也可表示其相符；等等。

4.3.2 组成交际结构的功能

传统语言学不断强调感叹词的一个重要特征，就是它不与其他词发生组合关系，这个特征不仅使它与语气词、前置词等虚词类相区别，还限制了它在组成交际结构功能上的活跃度。然而，根据交际语义理论，感叹词可以与语气词、感叹词、语调、实词词形和语法范畴等其他交际手段积极结合组成交际结构，如 ох и；о господи 等，但这样组合结构并不多。

在交际层面上，感叹词可以单独组成单元素结构，也能同其他交际手段组成多元素结构。但同语气词相比，感叹词在组成单元素交际结构方面活跃度较低。因为感叹词通常具有独立语调，在语句中通常伴随语调手段。

4.3.2.1 组成单元素交际结构

感叹词在交际活动中一般具有独立语调。因此，它在组成单元素结构方面并没有语气词活跃。在交际层面语义体系中，能够单独组成交际结构的感叹词有 ах, ой, ох, эх, эй 等。

（1）由感叹词 ах 组成的交际结构。

感叹词 ах 的语义常体参数是了解参数，新信息参数——（智力、视觉、听觉方面的）直接或自发性反应；了解说话人或听话人之前不知道的新信息；说话人需要这个新信息以顺利完成活动，并在考虑获得的信息后达到理想效果。

a. – ***Ах***, это ты?

– Привет. Шёл мимо дай, думаю, зайду.

– Ну, иди. Шёл и иди мимо.

（摘自电影「Афоня」）

ах表示说话人看到听话人出现后的反应。听话人的出现对说话人来说是新信息，我之前没有料到你在当前时刻会出现，这个信息直接影响我之后的行为。

b. – ***Ах*** простите, Ваше Величество, я обозналась!

– Обозналась! Дерзкая девчонка! Ну ладно. Иди, поговорить надо!

– Простите, но дальше я не пойду.

（摘自电影「Снежная королева」）

说话人在说话时刻意识到自己认错人了。***ах***表示说话人在了解新信息后的自然反应。

（2）由感叹词ой组成的交际结构。

感叹词***ой***的语义常体参数是准确性参数——有无准备性（对接收消息和信息的无准备性，这些消息和信息和对情景发展无法预料有关；对某行为实现的无准备性），总体上和违反情景发展准则有关。

a. – Ах, Кать! Чего? Завалила?

– Ага. Два балла не добрала.

– ***Ой,*** Кать! Слушай, Кать, ну а списки-то видела?

– Конечно, видела.

– Ну и чего? Нету?

– Нету.

…

– Не расстраивайся ты, Катерина!

（摘自电影「Москва слезам не верит」）

听话人落榜了，这件事对听话人不利。说话人对这个情景毫无准备，也没猜到会实现一个违背准则的情景，这个准则是指对听话人有利的情景发展准则。我没想过你会落榜，这个事实对你不利，也不是我所希望的。我和你的立场一样，对这个情景的评价都是消极的。这里表现出说话人对听话人的同情。

b. – Танюша, вот тебе и подружка. Это Нюрка, соседка наша.

– Очень приятно, Нюра.

– Таня.

– *Ой,* какое платьице красивенькое! Фигаро, да?

– Да.

– Вот я получу аванс, себе обязательно такое сошью.

（摘自电影「Отчий дом」）

ой 表示说话人对接收信息的无准备性，之前没猜到听话人的东西质量那样好。我没想到你的连衣裙那么好看，它的质量比我想象的要高。

（3）由感叹词 эх 组成的交际结构。

感叹词 *эх* 的语义常体参数是外部形势参数，愿望参数——对外部形势的反应，在说话人具有潜在积极立场的情况下，外部形势是否影响愿望的实现。

a. – Свет выключили. Давай костёр разведём.

– *Эх*, спички намокли![①]

（М.Г. Безяева，2002）

说话人想要点燃篝火，可火柴湿了，没法点火。эх 表示外部客观形势影响说话人实现自己的愿望。这里流露出了说话人的遗憾。

b. – *Эх*, Рома! На самом интересном месте!

（摘自电影「Три плюс два」）

听话人 Роман 将说话人 Сундуков 吵醒了，Сундуков 有些不开心。对说话人来说，听话人把他吵醒这个情况违背了他的愿望。我想多睡一会儿，可你却把我吵醒了。

---

① 例a摘自М.Г. Безяева搜集的自然口语语料。

4.3.2.2 组成多元素交际结构

根据语义常体参数的意义理解，感叹词可以同其他感叹词、语调、语气词和实词词形组合成多元素交际结构。其中，感叹词与语调的结合最积极。但感叹词具有不与其他词发生组合联系的特征，它几乎不能与语法范畴一同组成交际结构。

1.感叹词与感叹词的组合

这类组合通常只包含两个元素，但这样的组合并不多。例如ax+да组合：

ax 表示对新信息直接自然反应，这个信息说话人或听话人之前不了解。这个新信息直接影响说话人或听话人的行为。*да* 表示说话人立场、听话人立场和情景是否一致。这个交际结构的意义为：说话人对新信息的直接自然反应，说话人通过这个信息完成某行为，也表现出当前立场或情景和之前立场或情景是否一致。例如：

— Что это я вспомнил?

— Так о грибах.

— ***Ах, да!***

（摘自电影「Инспектор ГАИ」）

这个结构表示说话人对新信息（记起了关于蘑菇的事）的自然反应。说话人在说话时刻前不了解这个新信息。在当前时刻，这个信息直接影响了说话人的行为，而且说话人立场和情景与之前的立场和情景不同。

类似的例子还有：

— Суд окончен.

— ***Ах, да!*** Тебе полагается последнее слово.

（摘自电影「Старая, старая сказка」）

2.感叹词与语气词的组合

这类组合结构并不多，如ox+уж；ox+же；ах+так等。这部分已在本章4.2.2小节进行了描写，此处不再赘述。

3.感叹词与语调的组合

感叹词通常具有独立语调。因此，在组成多元素交际结构时，感叹词同语调的结合最积极，可以说每个感叹词都能与不同语调组合，形成意义不同的交际结构。例如：

（1）ага+调型2。

调型2表示实现的情景方案同其他系列方案相矛盾。ага表示说话人或听话人的理解同听话人的行为、观点或实现的情景是否相符。这个交际结构的意义为：实现的某个情景是否符合说话人或听话人的理解，他们的立场是否一致。例如：

– *Ага̃!* Вы уезжаете, а я остаюсь!

（摘自电影「Покровские ворота」）

听话人担心房子问题解决不了。但说话人相信，听话人的房子问题很快就能得到解决。说话人不理解当前实现的情景（听话人的看法），他对情景特征的估计更乐观一些。你认为房子问题解决不了，但我不同意你的看法，我认为房子问题很快能得到解决。

此外，ага还可以同调型3组合。

（2）о+调型6。

调型6表示交谈者注意到某些已知或未知信息。о表示获得真实信息后，确定推测和认识是否相符。这个交际结构的意义为：说话人或听话人注意到某些已知或未知信息，并在获得信息后，确定推测和最终的认识是否相符。例如：

– *о̃!* Как богатые люди-то живут. Тут вам и сервант! Тут тебе и красивая кушетка!

（摘自电影「Деревенский детектив」）

说话人去听话人家里，看到了听话人的生活环境和状态。获得这些信息后，说话人确定，对听话人生活方式的推测符合她（说话人）的愿望。她希望听话人能过富裕生活。

类似的例子还有：

– Значит, нам собираться. Туда, небось, далеко лететь?

– *о̃!* Далеко, дедушка.

（摘自电影「Москва слезам не верит」）

此外，о还可以同调型2、调型3和调型4组合。

（3）ну+调型7。

调型7表示在评价情景或立场时，交际双方的立场相似或矛盾。*ну*表示是否符合预期或预期准则。这个交际结构的意义为：在评价某情景或某个立场时，交际双方的立场相似或矛盾。评价的情景或立场是否符合说话人或听话人的预期或预期准则。例如：

– А всё-таки успели!

– *Ну^7!*

（摘自电影「Русская разговорная речь」）

在开车前最后一刻，说话人和听话人蹦上了公交车。在对这个情景的评价上，说话人立场和听话人立场矛盾。这个情景不符合听话人的预期，但符合说话人的预期。听话人对当前情景持消极评价，说话人对其持积极评价。你消极地认为我们差点没赶上车，而我却积极地认为我们最终还是赶上车了。

此外，ну还可以同调型2、调型3和调型6组合。例如：

a. – Ирочка! Поцелуй меня!

– Здесь, что ли?

– А что такого? *Ну^3!*

（摘自电影「Не стреляйте белых лебедей」）

b. – Почему вы остановились?

– А! Я сейчас общественный транспорт. Видите: красный свет.

– А! Ах-ха! О! Все поехали, а мы ещё стоим. *Ну^2!*

（摘自电影「Вокзал для двоих」）

（4）ох+调型2。

调型2表示实现的情景方案同其他系列方案相矛盾。*ох*表示实现的情景是否符合说话人的愿望，说话人对该情景的评价是积极的或消极的。这个情景触及了说话人的个人利益和个人范围，说话人无法改变这个情景。这个交际结构的意义为：实现的情景方案同其他系列方案相矛盾。这个情景是否符合说话人的愿望，说话人对该情景的评价是积极的或消极的。这个情景触及了说话人的个人利益和个人范围，说话人无法改变这个情景。例如：

– О! Виталий!

– Федя!

– Здорово, дружище!

– Здравствуй.

– *о́х!* Рука, брат, у тебя! Прямо как клещи!

（摘自电影「Деревенский детектив」）

听话人跟说话人握手，说话人不是很情愿。实现的情景方案不符合说话人的愿望，但他无法改变这个情景。你想跟我握手这个行为不符合我的愿望。虽然我不情愿，但也是无法改变这个情景。

类似的例子还有：

– *о́х!* Вы за это ответите!

– Конечно отвечу! Я тебе письмо напишу.

（摘自电影「Ворошиловский стрелок」）

此外，ох还可以同调型5组合。

4.感叹词与实词词形的组合

这类组合不是很多，一般与господи, боже等实词词形组合成交际结构。例如，о+господи结构：

Мама: Ты что, уже не хочешь жениться на Гале?

Женя: Я встретил другую женщину.

Мама: Где?

Женя: В Ленинграде.

Мама: Когда?

Женя: Сегодня ночью.

Мама: ***О Господи!*** И поэтому ты расстаешься с Галей?

Женя: Да.

（摘自电影「Ирония судьбы или с лёгким паром」）

o 表示获得真实信息后，确定推测和认识是否相符。*господи* 表示发生了某些事，这些事不受说话人或听话人意志控制（形势不受控）；某个情景违反了事件发展的准则并影响了说话人或听话人的个人认知领域，对这个情景变化或不变化的反应。这个交际结构的意义为：发生了某些事，在获得真实信息后，说话人确定推测和认识是否相符。无论相符与否，这件事都不受意志控制，且违反了事件发展准则并影响了说话人或听话人的个人范围，但说话人或听话人无法改变该情景。

到了莫斯科后，男主人公 Женя 告诉妈妈，他在彼得堡又认识了另外一个女人，所以不想和现在的未婚妻 Галя 结婚了。妈妈一时无法接受这个事实。

说话人推测的消极情景和她得知的信息相符。这个情景不受说话人控制，违背了情景发展准则，且影响说话人的个人认知领域，但说话人无法改变它。我之前推测你是不是又为了别的女人离开未婚妻，在当前时刻，我的推测和我了解到的信息相符。当前情景不符合我的意愿，我想扭转负面影响，但我又无能为力，因为这个情景不受我的意志控制。这里说话人流露出苦恼之情。

综上，感叹词组成交际结构功能具体包括：①组成单元素交际结构：由单个感叹词组成；②组成多元素交际结构：a.感叹词与感叹词的组合，一般形成双元素结构；b.感叹词与语气词组合；c.感叹词与语调组合，数量较多；d.感叹词与实词词形组合。

4.4 本章小结

"功能"是大于"意义"的概念，它包含"意义"，就是在具体言语中运用语言达到某种目的。本章重点阐述了俄语对话中词汇交际手段语气词和感叹词的两大功能：表达交际意义和组成交际结构，详细描写了这两大词汇交际手段如何表达说话人、听话人和情景之间的关系，如何组成交际结构。

在俄语交际层面语义体系中，表达交际意义功能是指能够表达说话人立场、听话人立场和情景之间的各种关系；组成交际结构功能是指一个手段能够单独构成一个结构（组成单元素结构）或与其他不同手段组成一个结构整体（组成多元素结构）。根据交际语义理论，每个交际结构都包含一定的语义常体。交际结构由交际手段组成。每个交际手段都包含一个或一些语义常体参数。交际结构意义正是在各交际手段语义常体参数间的相互关系和作用的过程中形成的。

俄语词汇交际手段——语气词的功能表现为：

1. 表达交际意义功能

（1）表达说话人和听话人的变化关系。

a.说话人立场和听话人立场不符；

b.说话人立场和听话人立场相符。

（2）表达说话人和情景的变化关系。

a.说话人立场和情景不符；

b.说话人立场和情景相符；

c.说话人立场和情景之间的其他关系。

（3）表达听话人和情景的变化关系。

a.听话人立场和情景不符；

b.听话人立场和情景相符。

（4）表达说话人、听话人和情景的复杂关系。

2. 组成交际结构功能

（1）组成单元素交际结构。

（2）组成多元素交际结构。

a.语气词与语气词的组合（双元素或多元素结构）；

b.语气词与感叹词的组合；

c.语气词与语调的组合；

d.语气词与实词词形的组合；

e.语气词与语法范畴的组合。

俄语词汇交际手段——感叹词的功能表现为：

1. 表达交际意义功能

（1）表达说话人和听话人的变化关系。

a.说话人立场和听话人立场不符；

b.说话人立场和听话人立场相符。

（2）表达说话人和情景的变化关系。

a.说话人立场和情景不符；

b.说话人立场和情景相符；

c.说话人立场和情景不完全相符。

（3）表达听话人和情景的变化关系。

a.听话人立场和情景不符；

b.听话人立场和情景相符。

（4）表达说话人、听话人和情景的复杂关系。

2. 组成交际结构功能

（1）组成单元素交际结构。

（2）组成多元素交际结构。

a.感叹词与感叹词的组合（双元素结构）；

b.感叹词与语气词的组合；

c.感叹词与语调的组合；

d.感叹词与实词词形的组合。

在表达交际意义功能中，同一关系可以通过不同词汇交际手段表达。同一手段在不同情景中也可以有不同实现：①同一语气词可以表示不同关系；②同一语气词可以表示同一关系中的不同方案。

第五章　俄语词汇交际手段的汉译分析

交际手段是语言交际层面的基本单位，它参与组成交际结构，表达说话人、听话人和情景之间的关系意义。俄语词汇交际手段包括语气词和感叹词，它们积极发挥表达交际意义功能和组成交际结构功能。在俄语对话中，删除交际手段，语句所要传达的客观信息基本不会有变化，但交际可能达不到理想效果，影响交际参与者表达真正意图。通过对比观察电影《命运的捉弄》的三个版本（俄语原版、汉语配音版和中文字幕版），我们发现某些俄语交际手段在汉语中常常以零形式体现，某些手段则以其他形式体现，见下表中俄语原文片段同两个汉语翻译版本的对比。

情景：按惯例，男主人公Женя每年都和朋友们一起过年，今年也已经说好带着女友Галя和他们一起过年，可Галя却反悔了，她只希望和Женя两个人单独过年		
俄语文本	汉语配音文本	中文字幕文本
Галя: Не пойдем к Катаняням. Женя: Нет, Галя, это неудобно. Нет, ну что ты, мы же договорились. Ну, это мои друзья. И потом ты уже салат приготовила из крабов. А я так люблю крабы! Галя: Ну, тем более, съедим их вместе. Женя: Ну, где же мы их съедим-то?	加莉娅：不去卡塔尼亚家。 热尼亚：不，加莉娅，这样不太好。不，你怎么了，我们都说好了。都是我的朋友。你不是做了螃蟹沙拉要带去吗？我特别特别爱吃螃蟹！ 加莉娅：那就更好，咱俩一起吃。 热尼亚：那……那……那怎么吃得了呢？	加莉娅：咱们别去卡塔尼亚家了。 热尼亚：这样不好吧，加莉娅，咱们已经约好了。他们是我的朋友。再说你已经准备了蟹丸沙拉。你知道我喜欢蟹丸。 加莉娅：那太好了，咱们一起吃。 热尼亚：你打算在哪儿吃？

第五章 俄语词汇交际手段的汉译分析

续表

俄语文本	汉语配音文本	中文字幕文本
Галя: Ой, Жень! Какой ты непонятливый! Ну, мы же будем встречать здесь, у тебя. Женя: Где? Вот тут? Вот тут? Вот. Подожди! А Катаняны-то как? Я не понимаю.	加莉娅：哎……热尼亚，你这脑瓜儿可真笨！我们不是在这儿，在你家过年吗？ 热尼亚：嗯……嗯……你说在这儿？这……这儿？呃……等等，等等！卡塔尼亚夫妇怎么办呢，我不明白。	加莉娅：你可真够迟钝的！在这儿，就在你家。 热尼亚：哪儿？这儿？那卡塔尼亚他们怎么办？
Галя: Олег предлагает встречать Новый Год, между прочим, в ресторане Останкинской башни.	加莉娅：奥列格建议在电视塔餐厅迎新年。	加莉娅：奥列格邀我去奥斯坦奇诺电视塔旅馆迎接新年。

	俄语文本	汉语配音文本	中文字幕文本
Нет, ну что ты, мы же договорились.	ну	—	—
	что ты	你怎么了	—
	же	—	—
Ну, это мои друзья.	ну	—	—
А я так люблю крабы!	так	特别特别	—
Ну, тем более, съедим их вместе.	ну	那	那
Ну где же мы их съедим-то?	ну	那	—
	же	—	—
	-то	—	—
Ой, Женька! Какой ты непонятливый!	ой	哎	—
	Женька	热尼亚	—
Ну, мы же будем встречать здесь, у тебя.	ну	—	—
	же	—	—
Где? Вот тут? Вот тут? Вот.	вот	—	—
	вот	—	—
	вот	—	—
А Катаняны-то как?	-то	—	—

交际语义理论视域下的俄语词汇交际手段研究

续表

	俄语文本	汉语配音文本	中文字幕文本
Олег предлагает встречать Новый Год, между прочим, в ресторане Останкинской башни.	между прочим	—	—

  通过观察上表可知，有ну, же, -то, вот, между прочим等十个交际手段在汉语翻译中没有体现。实际上，在这段对话中，上述手段承载了重要的交际意义，表达了重要的交际目的。若没有了这些交际手段，对话将变成一个平淡无味的信息交换过程。例如：①Ну, мы же будем встречать здесь, у тебя. 其中же表示你本应该明白我想在你家跟你过年，可是你却不明白，这里流露出说话人隐隐的责备。②Ну, где же мы съедим-то? 其中же表示听话人本应该明白却不明白。你本应该明白，我们应该和朋友一起过年吃沙拉，可你却不明白。-то表示将要实现的情景方案（听话人提议两人自己吃掉沙拉）不符合说话人对准则的认识，也不符合说话人的目的和利益，同时这个方案触及我的个人范围了。③Где вот тут? Вот тут? Вот. 在这句话中三个вот共同作用表示说话人自己也不明白，听话人提供的情景发展方案（在说话人家里过年）是否符合说话人的利益。但说话人知道这个情景发展方案符合听话人的利益。这里表现出说话人的惊讶和不理解。

  此外，在上述对话中还有что ты, так, ну, Женька, тут等七个交际手段在汉语中得到了不同体现。例如：①Ну, тем более съедим их вместе. 在汉语配音版和中文字幕版中都体现为"那（Тогда）"，тем более съедим их вместе. Ну在这里表示当前情景发展符合说话人的预期准则。"你喜欢蟹棒沙拉"符合我的预期准则，所以更应该我们俩一起吃。可是相比之下，俄语中тогда并不能表达预期意义。②Я так люблю крабы. 在汉语配音版中体现为"非常非常（очень очень）"。Так在这里表示说话人对当前情景的认识超过了准则，倾向有利结果。我跟你解释，想去朋友那儿过年的原因是那里有蟹棒沙拉。而очень无法表达这种交际意义。

  上述对话中，虽然在汉语译文中没有体现或有其他体现的交际手段看起来"不起眼",且经常在俄语习得时被忽视,但它们却在交际活动中占有重要地位,有时甚至起到决定性作用。它们所表达的交际意义是其他单位无法取代的。没有这些手段,语句就无法达到特定的交际目的。在表中的俄语片段中,如果去掉在汉语译文中没有体现的交际手段,且将在汉语中有体现的手段按译文重新通过俄语表达,那么整个片段将显得十分生硬,也必将失去语言生动的色彩,见下述对话:

Галя: Не пойдём к Катанянам.

Женя: Нет, Галя, это неудобно. Нет, (–)① что случилось с тобой, мы (–) договорились. (–), это мои друзья. И потом, ты уже салат приготовила из крабов. А я очень очень люблю крабы.

Галя: Тогда, тем более, съедим их вместе.

Женя: Тогда, где (–) мы их съедим (–)?

Галя: Ой, Женя! Какой ты непонятливый! (–), мы (–) будем встречать здесь, у тебя.

Женя: Где (–) здесь? (–) здесь? (–). Подожди, а Катаняны (–) как? Я не пони…

Галя: Олег предлагает встречать Новый год, (–), в ресторане Останкинской башни.

　　实际上,上述现象并不少见。俄语词汇交际手段在汉语中的不同体现形式恰恰说明其复杂性。同时,我们也不免产生疑问:为什么有些交际手段在汉语中没有形式体现呢?是被汉语母语者忽略了,还是它的意义或功能完全不需要用汉语相关表达进行补充?某些交际手段表达的交际意义是否在汉语中完全不需要表达,而在俄语中却必须表达呢? 为什么有些交际手段在不同汉译版本中的体现不同呢?这些处理的原则和根据是什么呢?

　　鉴于以上疑问,本章将对比电影《命运的捉弄》(「Ирония судьбы, или с легким паром」)的三个版本:俄语原版、汉语配音版和中文字幕版,

---

① (–)表示在汉语翻译中没有体现的俄语交际手段。

分析俄语词汇交际手段在汉语译文中的体现方式，深入探讨这些手段在汉语中体现方式有差异的深层原因。

5.1 俄语词汇交际手段的汉译现象

通过观察对比电影《命运的捉弄》俄语原声、汉语配音和中文字幕三个版本，我们发现以下三种现象：

（1）某些词汇交际手段在汉语版本中完全没有体现，即某个手段在汉语配音版和中文字幕版中都没有体现。

（2）某些词汇交际手段只在一个汉语版本中有体现，即某个手段或者在汉语配音版中有体现，在中文字幕版中没有体现；或者在汉语配音版中没有体现，在中文字幕版中有体现。

（3）某些词汇交际手段在两个汉语版本中有不同体现，即某个手段在汉语配音版和中文字幕版中的体现不同。

5.1.1 完全未体现

某些词汇交际手段在两个汉语版本中均为零体现。考虑每个交际单位中包含的交际手段数量，分析它们在汉语翻译中的体现方式，我们发现，交际手段在汉语中的零体现又有多种表现形式。

1.当一个交际单位只包含一个词汇手段时，这个手段在汉语译文中未体现（包括由一个词汇手段组成的交际单位）

（1）Галя: Неужели ты сделаешь…ха…мне предложение? После двухлетнего знакомства.

Женя: Нет… не… т. Давай подождём до Нового года. Должны пробить ку…куранты. Подождём давай. Подождём. Давай подождём.

Галя: Да нет. Я просто боюсь, что у тебя никогда не хватит смелости.

Женя: Ну, это… это трусость старого холостяка. <u>Ты знаешь, я **же** делал уже предложение одной женщине.</u> К моему великому изумлению, она согласилась. **Вот**. Но потом когда я представил себе, что она будет жить в моей комнате…Каждый день… мелькать у меня перед глазами… Туда-сюда, туда-сюда, туда. Я не выдержал и сбежал в Ленинград.

汉语配音文本	中文字幕文本
加莉娅：难道你会向我……向我求婚？认识两年之后…… 热尼亚：不……不……我不……不……呃……还是等新年到了再说，等克里姆林宫的钟声一响……嗯……我们再等等……再等等……等等好吗？ 加莉娅：随便。就怕你永远鼓不起勇气。 热尼亚：嗯，这方面……嗯，这是胆怯。嗯……老光棍儿的……胆怯。知道吗，我曾经向一个女人求过婚。使我十分惊讶的是，她同意了。(-) 可后来，当我意识到她将住在我的家里，一天到晚，总在我面前晃过来晃过去，走过来走过去，走过来走过去，走过来走过去。嗯……我受不了了，就逃到列宁格勒。	加莉娅：真的吗？你是说要向我求婚吗？咱们已经相处两年了。 热尼亚：不，还是等过完新年……克里姆林宫的钟声敲响以后再说吧。 加莉娅：我只是怕你永远都不能那么勇敢。 热尼亚：哦，那只是……只是一个老光棍的胆怯。你知道，我曾经向一个女人求过婚。让人奇怪的是，她竟然答应了。(-) 可等我后来明白过来，她会来我家里生活，长年累月，晃来晃去，肯定会黯然失色。晃来晃去，晃来晃去，真让人受不了，所以我就躲到了列宁格勒。

Галя 以为 Женя 要跟她求婚，但 Женя 并没有这个打算，并向 Галя 解释不想结婚的原因。在上述对话中，**же** 和 **вот** 在两个中文版本中都没有体现。其中 **же** 表示你应该知道我之前跟一个女人求过婚这件事，可你却不知道。**вот** 表示情景发展过程中实现的方案在说话时刻符合说话人的目的。**вот** 在这里感情色彩是中性的，没有明确的交际目的，只是叙述过程中经常出现的一种停顿手段，起到占据话轮的作用。

（2）Женя: Это … это мой гарнитур. Это польский гарнитур. 830 рублей.

Надя: И 20 сверху.

Женя: Нет, я дал 25.

Надя: Ну, это ваше дело!

Женя: Кошмар какой … Наваждение просто. Ха … ха. И ширму нашу, фамильную, умыкнули? А почему мама поставила чужие тарелки, м?

Надя: Наконец–**то** вы начинаете прозревать! Слава Богу!

| 交际语义理论视域下的俄语词汇交际手段研究

Женя: А чего тут прозревать-то? Значит, вы вошли, переставили мебель … Поменяли тарелки …

汉语配音文本	中文字幕文本
热尼亚：这……组合……波兰……波兰组合柜……830个卢布买的。 娜佳：外加20个卢布。 热尼亚：我加了25个卢布呢。 娜佳：哼，这是您的事儿！ 热尼亚：噢，这简直是莫名其妙了……嗯？祖传的屏风也没了？啊？为什么妈妈摆了别人的盘子，嗯？ 娜佳：啊，总算明白过来了！感谢上帝！ 热尼亚：有什么好明白的？您闯进来把家具挪了个地方，换了盘子。	热尼亚：这是我的家具，波兰货……830卢布。 娜佳：我还给了20的小费。 热尼亚：不，我给了25。 娜佳：那是你的事！ 热尼亚：真是噩梦，我肯定出幻觉了！你偷了我们家的屏风？妈妈怎么把别人的盘子拿出来了？ 娜佳：你总算开始清醒了！ 热尼亚：有什么可清醒的？你闯进我家，还搬动家具……换我的盘子……

Женя 在和房间女主人 Надя 展开一番争论后，开始对屋里的摆设产生怀疑，他渐渐意识到，或许这个房子真的不是他的。在上述对话中，-то 在两个中文版本中都没有体现。根据语气词-то 的语义常体参数可以推出，在当前语境下，-то 表示听话人 Женя 的醒悟符合说话人 Надя 的认识和目的，但不符合听话人之前对情景的认识。我在最开始的时候就想让你意识到你不是在自己的房子里，可你怎么都不相信。现在你终于渐渐醒悟了。这个交际手段的使用体现了说话人对听话人的讽刺。

可见，这样一个看似不起眼的语气词-то 在表达交际意义方面起到了多大的作用。但目前在俄汉词典中，我们并没有看到与-то 的语义常体参数相关的释义。例如，在商务印书馆出版的《大俄汉词典》中列举了-то 的四个释义，具体描述如下：① 突出所依附的词，强调它是被说明的主题。② ……倒是……（在同词语的反复的结构中，在强调主题的同时，赋予句子以让步意味）。③ 接疑问代词或疑问副词，构成不定代词或不定副词，表示不知道，不肯定的意义。④ 在代词 такой, тот 或副词 там, тогда, туда 等之后，表示某某（人、事、地、时等）（黑龙江大学俄语语言文学研究中心辞书研究所，2001：2355-2356）。不难看出，该词典中提及的要么是语气词-то在实义切分中的强调作用，要么是它与某些代词和副词连用时形成的某些意义。实际上，语气词-то不仅可以接上面提到的代词和副词，还可以接名词、动词、人称代词等，如 Ну, где же мы их съедим-то? А Катаняны-то как? Вам-то хорошо! 此外，在该词典中，关于 наконец 这个词有这样的表述：наконец (-то)!（表示期待已久的事得到实现的高兴心情）好容易，总算，终于。例如，Наконец-то я увидел тебя! 我总算见到你了!（黑龙江大学俄语语言文学研究中心辞书研究所，2001：1078）这类表述将 наконец-то 看作一个固定组合结构，并将-то 看作一个可有可无的元素（实际上它并不是可有可无的，它的存在为整个句子增添了一些特定的交际意义），而且只是指出了这个组合所表达的交际目的，并没有指出交际手段-то 表达"期待已久的事得到实现的高兴心情"的深层原因，也就是-то 本身的语义常体参数意义。另外，-то 和 наконец 连用时不仅可以表示高兴心情，还可以表示讽刺等其他交际目的。

其实，除了-то，俄语中还有许多词汇交际手段如 ну, же, вот 等的词典释义无法解释其在具体情景中产生的交际意义。因此，本书认为，为了使我国俄语学习者更好地掌握这类词汇交际手段的交际意义和使用规则，有必要考虑在俄汉词典中加入交际手段语义常体参数因子。

（3）Мама: Ты что, уже не хочешь жениться на Гале?

Женя: Я встретил другую женщину.

Мама: Где?

Женя: В Ленинграде.

Мама: Когда?

Женя: Сегодня ночью.

Мама: О Господи! И поэтому ты расстаешься с Галей?

Женя: Да. Мама, мамочка, что с тобой? Мамочка, что с тобой?

Мама: **Ой**, подожди. (У мамы вдруг болит голова)

Женя: **Что**, прошло?

Мама: Ты бабник. Бабник.

汉语配音文本	中文字幕文本
妈妈：怎么，难道你不想娶加莉娅了？ 热尼亚：我认识了另一个女人。 妈妈：在哪儿？ 热尼亚：列宁格勒。 妈妈：什么时候？ 热尼亚：昨天夜里。 妈妈：噢，天哪！所以才和加莉娅分手？ 热尼亚：是的。哎，妈妈，妈妈，您怎么了？妈妈，您怎么了？ 妈妈：（-）等一等。 热尼亚：现在好点儿了？ 妈妈：噢，你真是……变得快。	妈妈：你不想和加莉娅结婚了？ 热尼亚：我遇到了另一个女人…… 妈妈：哪儿？ 热尼亚：在列宁格勒。 妈妈：什么时候？ 热尼亚：昨天晚上。 妈妈：喔，圣母玛丽亚，所以你要和加莉娅分手？ 热尼亚：对。妈，你怎么了？怎么了，妈？ 妈妈：（-）等一下！ 热尼亚：你还好吧？ 妈妈：你是个花花公子，没指望的花花公子。

回到莫斯科后，男主人公 Женя 告诉妈妈，他在彼得堡又认识了另外一个女人，不想和未婚妻 Галя 结婚了。妈妈一时间没有办法接受这个事实，觉得头痛。这里的 **ой** 在汉语配音版和中文字幕版中都没有体现。这个感叹词表示说话人没有做好准备承受突如其来的消极情景，这个情景是由听话人带来的。你又一次在节骨眼上离开了未婚妻。**ой** 体现了说话人的苦恼。此外，语气词 **что** 在两个汉语版本中也都没有体现。**что** 在这里表示说话人了解情景发展准则，同时听话人的反应符合情景发展准则。你听到我不想结婚的想法后突然头疼，但还好很快就好起来了。虽然，**ой** 和 **что** 都是零体现，但它们表达的交际意义十分丰富。

（4）Женя: Вот вам и Москва, пожалуйста. Алло … Алло, Москва?! Мне кажется, это звонил Ипполит.

Надя: Кто?

Женя: Ипполит.

Надя: Почему вы схватили трубку? **Ну**, кто вас просил?

Женя: Откуда **же** я знал? Я думал, это Москва, я **же** заказывал… **Ну** простите, ради Бога.

第五章　俄语词汇交际手段的汉译分析

汉语配音文本	中文字幕文本
热尼亚：莫斯科的长途来了。喂喂喂，是莫斯科吗？好像是伊波利特打来的。 娜佳：谁？ 热尼亚：伊波利特。 娜佳：噢，您干吗要接电话？谁让您接的？ 热尼亚：我哪知道啊，娜佳？我还以为是莫斯科的呢……我要的吗……请您原谅我吧！	热尼亚：是莫斯科打来的电话。你好？莫斯科吗？我想肯定是伊里波特。 娜佳：谁？ 热尼亚：伊里波特。 娜佳：你干吗要拿电话？谁叫你拿的？ 热尼亚：我怎么知道是他？我以为是委托的莫斯科电话。看在上帝的分上，请原谅我！

电话响了。男主人公 Женя 以为是莫斯科打来的，于是赶紧拿起了电话，可实际上是女主人公 Надя 的男朋友 Ипполит 打来的。在这段对话中，两个 ну 和两个 же 在汉语配音版和中文字幕版中都没有体现。在 Ну, кто вас просил? 中，ну 表示听话人 Женя 的行为明显违反了说话人 Надя 的预期准则。你接了一通找我的电话，而且你不该接这通我男朋友打来的电话，他会误会的。你的行为不符合我的预期和预期准则。这里流露出说话人的责备。在 Откуда же я знал? 中，же 表示你 Надя 本该明白，我 Женя 不可能提前猜到是谁打的电话，而且我之前委托了莫斯科的电话，也一直在等这通电话，所以我错接了这通电话合情合理，你本不该责备我，但你却不明白并指责了我。这里反映了说话人的辩解。在 Я думал, это Москва, я же заказывал… 中，же 表示你 Надя 应该理解，我 Женя 当时焦急地等莫斯科来电话，所以立刻拿起了话筒。我的行为没有违背准则，你不应该指责我。但你不理解并指责了我。在 Ну простите, ради Бога. 中，ну 表示说话人 Женя 的行为违反了听话人 Надя 的预期和预期准则。我知道，我的行为（接起找你的电话，使第三者再次误会）不符合你的预期，而且违反了你的预期准则，但当时的情景发展不受我的意志控制，我也不是故意的。

（5）Женя: И… пошел я.

Надя: А…

Женя: Да?

Надя: Как вы будете добираться до аэродрома?

| 交际语义理论视域下的俄语词汇交际手段研究

Женя: До аэродрома?

Надя: Автобусы еще не ходят.

Женя: <u>**Да** это не важно. Доберусь как-нибудь.</u>

汉语配音文本	中文字幕文本
热尼亚：那……嗯……我走了。 娜佳：啊…… 热尼亚：什么？ 娜佳：呢……到机场您乘什么车走？ 热尼亚：乘什么车？ 娜佳：现在还没有公共汽车呢。 热尼亚：<u>嗯……没关系，会有办法的。</u>	热尼亚：我……我要走了。 娜佳：（-） 热尼亚：（-） 娜佳：可是，你怎么去机场？ 热尼亚：怎么了？ 娜佳：现在还没公车。 热尼亚：<u>没关系，我总能到那儿。</u>

Женя 该走了，可他想留下来。Надя 也想让他留下来。但当前时刻他们都没有找到适当的借口。**да** 在两个汉语版本中都没有体现，在这里表示说话人 Женя 和听话人 Надя 对当前情景的评价不一致。你对当前情景的评价更多是负面的，认为这个时候到机场很困难。我并不觉得当前情景形势很糟糕，只要想去机场总会有办法的。

2. 当一个交际单位中有多个词汇手段时，其中一个或几个手段（但并非所有手段）在汉语译文中完全未体现

（1）Надя: Вставайте! Вставайте!

Женя: Не хочу, больно.

Надя: Вставайте сейчас же!

Женя: Мешаешь спать мне. Кошмар какой-то!

Надя: <u>**Ну** ладно, берегитесь!</u>

汉语配音文本	中文字幕文本
娜佳：起来！起来！快起来！ 热尼亚：别打，别打！怪疼的。 娜佳：你马上给我起来！ 热尼亚：别妨碍我睡觉。太不像话了！ 娜佳：<u>好啊，您小心点儿！</u>	娜佳：起来！ 热尼亚：马上起来！ 娜佳：你干吗？痛死了！ 热尼亚：别烦我了！这是怎么回事儿呀！ 娜佳：好吧，你自找的！

Надя回到家，发现卧室里昏睡着一个陌生男人Женя，怎么都叫不醒。Надя最后决定用不礼貌的方式叫醒他。在 **ну**+ладно 这个交际结构中，**ну**在汉语配音版和中文字幕版中都没有体现，表示说话人要完成的行为将违反听话人的预期准则。我要用水（往你脸上浇水）把你叫醒，这个行为将不符合你的预期。

　　（2）Надя: Я вас в последний раз предупреждаю! (Льёт воду на его лицо)

　　Женя: *Ой*, **вот** так хорошо! Ещё! Ой, поплыли.

汉语配音文本	中文字幕文本
娜佳：我最后一次警告您！（往热尼亚脸上浇水） 热尼亚：噢，真舒服！再来点儿！要漂起来啦！	娜佳：我最后一次警告你！（往热尼亚脸上浇水） 热尼亚：噢，舒服，再来点儿……我正在游泳……

　　发现躺在自己家的陌生醉酒男人Женя后，女主人公Надя多次试图叫醒他无果后，她决定往他脸上浇水。起初，Женя在半梦半醒中以为自己喝到了水，以为自己在游泳。在 *ой*+**вот** 这个交际结构中，**вот**在汉语配音版和中文字幕版中都没有体现。情景实现方案符合说话人Женя的利益。当在我正渴的时候，有水送到嘴边，这符合我的利益。

　　（3）Мама: До чего же ты распустился! Ужас! Ужас! Нет, тебе необходимо жениться, надо чтобы ты хоть кого-нибудь слушался. Тебе, конечно, с Галей объясняться тяжело. *Ну*, ничего, ничего, я сейчас **же** поеду к ней и привезу ее сюда.

　　Женя: Я тебя умоляю, не надо.

　　Мама: Ты что, уже не хочешь жениться на Гале?

　　Женя: Я встретил другую женщину.

汉语配音文本	中文字幕文本
妈妈：唉呀，你怎么落到这个地步！可怕！可怕！不，你非得快点儿结婚不可。一定找个人狠狠地管着你。唉呀，现在很难在加莉娅面前说清楚。噢，没关系，没关系，我<u>马上去找她，把她接到这儿来。</u> 热尼亚：嗯，我求您别这样。 妈妈：怎么，难道你不想娶加莉娅了？ 热尼亚：我认识了另一个女人。	妈妈：不要紧！你太任性了，这太丢人、太丢人了！你要尽快结婚，得有个人管你才行。当然，你很难向加莉娅解释。<u>我这就去她家，把她劝回来。</u> 热尼亚：我求您别这样！ 妈妈：你不想和加莉娅结婚了？ 热尼亚：我遇到了另一个女人……

男主人公 Женя 消失一天后回到莫斯科，妈妈开始询问他这一天的去向，想办法帮他挽回未婚妻。在 **ну**+*ничего*+**же** 这个交际结构中，**же** 在汉语配音版和中文字幕版中都没有体现。在上述对话中，**же** 表示我本应该早点儿去找你的未婚妻求得原谅，但到当前时刻为止我并没有完成这个行为。这是说话人的一种自我责备。

3. 当一个交际单位有多个词汇手段时，这些手段都未体现

这里包括两种情况：一个交际单位有多个相同的词汇手段，这些手段都未体现；一个交际单位有多个不同的词汇手段，这些手段都未体现。

（1）Женя: Ой! Между прочим, до Нового Года осталось 2 минуты.

Надя: Откройте шампанское. Оно стоит в холодильнике.

Женя: Да! (Когда он открывает шампанское, оно разбрызгано.) И тут не везет! **Да** что **ж** такое сегодня-**то**! Простите. Пожалуйста. С Новым Годом. Вас как зовут?

Надя: Надя.

Женя: Меня Женя. С Новым Годом, Надя.

Надя: С Новым Годом … Хорошо начинается Новый Год. Ничего не скажешь.

Женя: Да уж.

汉语配音文本	中文字幕文本
热尼亚：咳……咳……离新年只剩下两分钟了。 娜佳：开一瓶香槟吧。就在冰箱里。 热尼亚：（香槟洒出来了。）哎哟哟，这事儿也不走运！今天是怎么回事儿啊！对不起，对不起。请喝吧！新年快乐！您怎么称呼？ 娜佳：娜佳。 热尼亚：我叫热尼亚。新年快乐，娜佳！ 娜佳：新年快乐！这个新年开始得不错。真可笑！ 热尼亚：甭提了……	热尼亚：离新年只有不到两分钟了。 娜佳：开香槟吧，冰箱里有。 热尼亚：（香槟洒出来了。）又不走运，今天这是怎么了？不好意思。请。新年快乐！你叫什么名字？ 娜佳：娜佳。 热尼亚：我叫热尼亚。新年快乐！娜佳 娜佳：新年快乐！这个新年的开头可真不赖呀！没法再好了。 热尼亚：别提多好了。

女主人公的男朋友 Ипполит 因误会生气离开了。男主人公 Женя 也因被女友误会而感到苦闷。距新的一年还有两分钟，Женя 本想开瓶香槟庆祝一下，谁想香槟突然喷了出来。想起一天内发生的事情，Женя 觉得很无奈。在上述对话中，**да, ж, -то** 在两个汉语版本中都没有体现。**Да** 表示说话人 Женя 的意愿和实现的情景不一致。**ж（же）**表示本不应该发生这些事，但却发生了。**-то** 今天发生的所有不愉快的事都不符合说话人的认识、利益和目的。这里表达了说话人的抱怨。

(2) Ипполит: А...значит, должен был прийти Павлик, пришел вот этот тип?

<u>Женя: **Ну** какой вы… **ну** никто не должен был прийти, **ну**?</u>

Надя: Никто не должен был прийти.

Женя: Никто не должен...

<u>Надя: **Вот это** он попал в самолет по ошибке.</u>

Женя: Ну конечно.

汉语配音文本	中文字幕文本
伊波利特：应该是帕夫利克来，却来了这个家伙。 热尼亚：您……您，您……您怎么这样？谁也不该来，谁也不该呀！ 娜佳：谁也不该来。 热尼亚：谁也不…… 娜佳：是他的朋友们把他错塞进了飞机，伊波利特。 热尼亚：对呀！	伊波利特：就是说，你在等巴伏里克却来了个冒牌货？ 热尼亚：她没在等谁，我都说好几遍了！ 娜佳：我没在等谁。 热尼亚：她在等你。 娜佳：这个家伙错误地上了飞机。 热尼亚：上错了。

女主人公Надя的男朋友Ипполит来到她家里本打算一起过新年，却发现Надя家里有一个陌生男人。Ипполит非常生气，任何解释都听不进去。三个ну在汉语配音版和中文字幕版中都没有体现，都表示听话人误以为说话人和Надя有什么关系，他很生气，什么解释都不听。听话人的这个反应不符合说话人的预期。现在发生的一切都不是我所能预期的，也不符合我的预期准则。

在汉语配音版中，"Ну какой вы … ну никто не должен был прийти, ну?"翻译成"您……您，您……您怎么这样？谁也不该来，谁也不该呀！"。本书认为，语气词"呀"可以体现三个"ну"在这里所传达的交际意义及所表达的交际功能。

вот, это在两个汉语版本中也都没有体现。вот表示情景实现方案不符合说话人的目的。一个陌生男人来到我家，这不符合我的目的。это表示说话人认为，Женя不应该来，但他却来了。

（3）Галя: Ну, тем более, съедим их вместе.

Женя: Ну, где же мы их съедим-то?

Галя: Ой, Женька! Какой ты непонятливый! Ну, мы же будем встречать здесь, у тебя.

Женя: Где **вот** тут? **Вот** тут? **Вот**. Подожди, а Катаняны-то как? Я не пони…

Галя: Олег предлагает встречать Новый год, между прочим, в

第五章　俄语词汇交际手段的汉译分析

ресторане Останкинской башни.

汉语配音文本	中文字幕文本
加莉娅：那就更好，咱俩一起吃。 热尼亚：那……那……那怎么吃得了呢？ 加莉娅：唉……热尼亚，你这脑瓜儿可真笨！我们不是在这儿，在你家过年么？ 热尼亚：嗯……嗯……你说在这儿？这……这儿？呃……等等，等等！卡塔尼亚夫妇怎么办呢，我不明白。 加莉娅：奥列格建议在电视塔餐厅迎新年。	加莉娅：那太好了，咱们一起吃。 热尼亚：你打算在哪儿吃？ 加莉娅：你可真够迟钝的！在这儿，就在你家。 热尼亚：哪儿？这儿？那卡塔尼亚他们怎么办？ 加莉娅：奥列格邀我去欧斯坦奇诺电视塔旅馆迎接新年。

　　按惯例男主人公 Женя 每年都和朋友们一起过，今年也已经说好带着女友 Галя 和他们一起过年，可 Галя 却反悔了，她只希望和 Женя 两个人单独过年。三个 вот 在汉语配音版和中文字幕版中都没有体现。它们共同作用表示说话人 Женя 自己也不明白，听话人 Галя 提供的情景发展方案（在说话人家里过年）是否符合说话人的利益。但说话人知道这个情景发展方案符合听话人的利益。

（4）Павлик: Последним, Женя, последним из всех нас. Жень, сейчас серьезно. Как … как друзья. Будь счастлив!

　　Миша: Будь счастлив, будь счастлив, Женя.

　　Женя: Спасибо. За это надо выпить.

　　Саша: До дна. Как мужчина.

　　Павлик: Серьёзно. **Это да…да…да…ну.**

汉语配音文本	中文字幕文本
帕夫利克：热尼亚，我们中间你是最后一个，热尼亚，作为好朋友，祝贺你！祝你幸福！ 米沙：祝你幸福，热尼亚！ 热尼亚：谢谢，谢谢！ 萨沙：哈，祝你要干杯，干杯，要像男子汉一样。 帕夫利克：(—)	帕夫利克：我们当中最后一个光棍儿。现在说正经的，热尼亚，祝你幸福！ 米沙：祝你幸福，热尼亚！ 热尼亚：得为这个喝！ 萨沙：对，干杯！说得好！ 帕夫利克：(—)

· 143 ·

在澡堂，Женя的朋友们提议为他的幸福干杯。在这段对话中，это, да, ну在汉语的两个版本中都没有体现。это表示当前情景（为Женя的幸福干杯）符合自然特性准则。да表示当前情景（为Женя的幸福干杯）和说话人的立场一致。ну表示当前情景（为Женя的幸福干杯）符合说话人的预期。我一直期待这杯酒，等啊等啊，终于等到了。

（5）Надя: Послушайте, я вам все объясню.

Женя: Это что за новости? Вас кто звал? Зачем пришли? **Ну-ка давайте отсюда живенько.** Давайте по домам, обе. Давайте … давайте … давайте …

Надя: Вы что, вы с ума, что ли, сошли?

Валя: Она нас сама попросила. Надя, пойдем ночевать ко мне. Мы не потерпим этого оскорбления!

汉语配音文本	中文字幕文本
娜佳：听我说，我会向你们解释清楚。 热尼亚：怎么回事儿？谁请你们来的？来干吗？给我出去。快点儿……快点儿……你们俩都走。快点儿……快点儿…… 娜佳：您干吗？是不是疯了？ 瓦丽娅：是娜佳叫我们来的。娜佳，穿衣服跟我们走。别在这儿待着！	娜佳：听着，我要解释清楚。 热尼亚：你们吵吵什么！谁让你们来的？收拾我？朝这儿打。你们俩给我回家去，走走走！ 娜佳：你疯了吗？ 瓦丽娅：是她要我们来的。娜佳，今晚你睡我那儿。咱们可不能忍受这样的侮辱。

女主人公Надя的两个朋友以为她和男朋友之间发生了什么不愉快的事情，于是跑来询问她具体的细节。谁知男主人公Женя却以主人的身份撵她们走。Надя对此非常不理解。ну和-ка在汉语配音版和中文字幕版中都没有体现。在这里ну表示说话人Женя等着听话人Подруга完成某个行为，我请你们离开这里。-ка表示在当前时刻说话人Женя刺激听话人（Надя的朋友们）完成一个不在他们意图范围内的行为，因为听话人掌控情景的级别更低。这里说话人带有命令口吻。

5.1.2 部分体现

某些词汇交际手段只在一个汉语版本中有体现，即某个手段或者在汉语配音版中有体现，在中文字幕版中没有体现；或者在汉语配音版中没有体现，在中文字幕版中有体现。这类现象的具体表现还包括同一语气词在不同汉语译文中的体现不同，同一语气词在不同汉语译文中的体现相同。

5.1.2.1 只在汉语配音版中有体现的词汇交际手段

1.在不同情景中，同一语气词在汉语配音版中的体现不同（如же, так, да等）

же可以体现为"都、不是、不是还、又"等。так可以体现为"好、嗯、是啊"等。да可以体现为"是的、好吧、什么"等。

（1）же在汉语配音版中可以体现为"都、不是、不是还、又"等。

a. Галя: Не пойдём к Катанянам.

Женя: Нет, Галя, это неудобно. Нет, ну что ты, мы **же** договорились. Ну, это мои друзья. И потом, ты уже салат приготовила из крабов. А я так люблю крабы.

汉语配音文本	中文字幕文本
加莉娅：不去卡塔尼亚家。 热尼亚：不，加莉娅，这样不太好。不，你怎么了，我们都说好了。都是我的朋友。你不是做了螃蟹沙拉要带去吗？我特别特别爱吃螃蟹！	加莉娅：咱们别去卡塔尼亚家了。 热尼亚：这样不好吧，加莉娅，咱们已经约好了。他们是我的朋友。再说你已经准备了蟹丸沙拉。你知道我喜欢蟹丸。

男主人公Женя和未婚妻Галя探讨在哪儿过新年。按惯例男主人公Женя每年都和朋友们一起过，今年也已经说好带着女友Галя和他们一起过年，可Галя却反悔了，她只希望和Женя两个人单独过年。在这段对话中，**же**在汉语配音版中体现为"都"。**же**表示听话人Галя本应该明白某些事或道理，却不明白。你应该明白，我们应该去朋友那儿过年，因为已经说好了，可你为什么不明白呢？这里流露出说话人的责备。

· 145 ·

b.Надя: Ну идите.

Женя: Спасибо.

Надя: Идите.

Женя: Ну всё …

Надя: Ну что вы делаете!

Женя: Я ухожу.

Надя: Вы **же** ищете предлог, чтобы остаться.

Женя: Да, ищу, но не нахожу.

汉语配音文本	中文字幕文本
娜佳：哦，那您走吧。 热尼亚：谢谢。 娜佳：走吧。 热尼亚：就这样吧…… 娜佳：噢，您这是干什么？ 热尼亚：嗯？我要走。 娜佳：嗯……您不是找借口留下来吗？ 热尼亚：是这样，但找不到。	娜佳：那么，走吧。 热尼亚：谢谢！ 娜佳：走吧。 热尼亚：那么，就这样了。 娜佳：你在干什么？ 热尼亚：我正在走啊。 娜佳：你正在找留下的借口。 热尼亚：是的，我是在找，但是我找不到。

Женя 和 Надя 在短暂的相处中产生了感情。可这个时候 Женя 该走了。他想留下来，Надя 也想让他留下来。可双方都没有找到 Женя 能够留下来的借口。**же** 在汉语配音版中体现为"不是……吗"。在这段对话中，**же** 表示你 Женя 一直在找借口留下来，虽然有些困难，但你应该一直找，直到找到。而在当前时刻你却没有继续找，而是准备离开。这里体现出说话人有些着急和生气。

c. Женя: Пойду варить кофе с удовольствием.

Надя: Почему вы?

Женя: Ну, потому что поете вы действительно прекрасно, а готовить вы не умеете. Это вот не рыба, не заливная рыба, это стрихнин какой-то.

Надя: Вы **же** меня хвалили.

Женя: Я подхалимничал.

汉语配音文本	中文字幕文本
热尼亚：倒什么霉？不不不，我可不感到自己倒霉。现在我来煮咖啡吧。 娜佳：怎么是您？ 热尼亚：因为您歌唱得的确不错，但……但饭不会做。这不是鱼，您看，最起码不是冻鱼。不知道做的是什么。 娜佳：哈，您不是还夸过我吗？ 热尼亚：那纯粹是讨好。	热尼亚：为什么"也"是？我不觉得自己是牺牲品。现在我要好好享受咖啡了。 娜佳：刚才没享受吗？ 热尼亚：你歌唱得不错，但烹调不行。这根本不是煮冻鱼，吃起来像烧碱。 娜佳：你刚才还在夸奖我的厨艺！ 热尼亚：我是在献媚。

Женя刚刚才夸了Надя的手艺，这会儿又说Надя做菜不好吃。Надя对此表示很不解。**же**在汉语配音版中体现为"不是还……吗？"。在这段对话中，**же**表示你Женя应该记得，你刚才夸了我的厨艺，所以你不该负面评价我的菜，但你却不记得，并认为我这盘菜不好。

d. Надя: Я вас в последний раз предупреждаю! (Льёт воду на его лицо)

Женя: Ой, вот так хорошо! Ещё! Ой, поплыли. Что такое, а? Что такое? Ну что вы? Мокрый же…обалдели…С ума посходили все, что ли? Это **же** я вам…не клумба.

汉语配音文本	中文字幕文本
娜佳：好啊，您小心点儿！我最后一次警告您！(往热尼亚脸上浇水) 热尼亚：噢，真舒服！再来点儿！要漂起来啦！怎么回事儿？啊……怎么回事儿？您这是干什么？都弄湿了……怎么回事儿？您是不是疯了？我又不是您的花坛……	娜佳：好吧，你自找的！我最后一次警告你！(往热尼亚脸上浇水) 热尼亚：噢，舒服，再来点儿……我正在游泳……这是什么？你干吗？我身上都湿了！你疯了吗？你真是个疯婆子！我不是……花盆。

发现躺在自己家的陌生醉酒男人Женя后，女主人公Надя多次试图叫醒并警告他，可他一点儿反应都没有。最后Надя决定用不礼貌的方式叫醒他：往他脸上浇水。起初，Женя在半梦半醒中以为自己喝到了水，以为自己在游泳。后来发现有个陌生女人无缘无故往他身上浇水，他感到非

常不理解。**же**在汉语配音版中体现为"又"。**же**表示你本应该遵守行为准则：我不是花盆，不可以往我身上浇水，可你却没有遵守。最后还是做了违反行为准则的事：往我身上浇了水。这里表示Женя对Надя的不理解和责备。

（2）так在汉语配音版中可以体现为"好、啊哈、是活的、是啊"等。

a. Женя: Мы будем встречать Новый год вдвоём.

Галя: **Так**.

Женя: Ты и я. Я выпью.

Галя: **Так**.

Женя: Разбуянюсь.

Галя: (смеётся) Ну?

Женя: Расхрабрюсь.

Галя: **Так**.

Женя: И наконец, тебе скажу всё, что я должен сказать.

汉语配音文本	中文字幕文本
热尼亚：嗯，就我们俩一起过年。	热尼亚：咱们一起迎接新年。
加莉娅：好。	加莉娅：（-）
热尼亚：你和我。我再喝点儿。	热尼亚：只有你和我。我要喝上点儿。
加莉娅：好。	加莉娅：（-）
热尼亚：嗯，就要酒疯儿。	热尼亚：（-）
加莉娅：哦？	加莉娅：（-）
热尼亚：鼓起勇气。	热尼亚：好壮壮胆儿……
加莉娅：啊哈。	加莉娅：（-）
热尼亚：把该跟你说的都告诉你。	热尼亚：然后告诉你我的心里话。

虽然起初听话人Женя坚持要去朋友家过新年，但说话人Галя劝说后，他妥协了。最终，Женя同意和Галя两个人单独过年。

第一个和第二个так在汉语配音版中体现为"好"，表示目前情景的发展符合说话人对准则的认识，倾向有利结果。以及听话人的行为（同意两个人单独过新年）明显违反了自己的预测准则。所以说话人认为，情景发展有可能倾向于对自己有利的结果。

第三个 так 在汉语配音版中体现为"啊哈"。так 在这里表示听话人的立场发展明显违背了自己的预测准则，但听话人的立场发展倾向于对说话人来说有利的结果。你做了之前从来没有做过的事。

b. Надя: Эй! Проснитесь, слышите? Немедленно проснитесь! Вставайте! Вы живые или нет? (Женя подвигается.) Ох! **Так**! Проснитесь! Немедленно проснитесь! Слышите? Вставайте! Что вы здесь делаете?

Женя: Не надо меня трясти. Я поспю немножко ещё. Не надо ⋯

汉语配音文本	中文字幕文本
娜佳：哎！醒醒，听见吗？快点儿醒醒！快起来！你还活着吧？（热尼亚动了动）哦，是活的！醒醒！快点儿醒醒！听见了吗？快起来！您在这儿干什么？ 热尼亚：别这样晃我！别 ⋯⋯ 我再睡会儿 ⋯⋯ 再睡会儿 ⋯⋯	娜佳：嘿！醒醒，听见没？马上起来！起来！你还活着吗？（热尼亚动了动）(-) 你干吗？⋯⋯ 快点起来！你听见没？起来！你在这儿干吗？ 热尼亚：别摇我！我还想睡会儿。

女主人公 Надя 回到家，看到自己的床上躺着一个陌生男人 Женя，一动不动。Надя 很惊讶，以为这个男人昏迷了或是死了。当她知道 Женя 只是睡着了之后，便开始试图叫醒他，并想把事情弄清楚。так 在汉语配音版中体现为"是活的"。在上述对话中，так 表示当前情景不符合说话人之前对情景的认识，倾向于对说话人来说有利的结果。说话人最初以为，躺在床上的陌生人昏迷了或是死了。实际上，这个陌生人还活着。

c. Надя: А где Таня и Валя?

Женя: Хо ⋯ хо ⋯ хорошие у тебя подруги.

Надя: Разве мы перешли на «ты»?

Женя: Давно. Ты не заметила? **Так...** (Женя собирается целовать Надю, в то время опять звонит звонок.) Это не дом!.. Просто проходной двор какой–то! Честное слово, кто бы ни был, убью!

汉语配音文本	中文字幕文本
娜佳：呃……他们上哪儿去了？ 热尼亚：你的朋友们真好。 娜佳：已经用"你"来说话了？ 热尼亚：是啊。你没注意？是啊……（热尼亚刚要亲娜佳，门铃又响了。）这不像个家！……简直像个大杂院儿。我发誓，不管他是谁，我非揍他一顿不可！	娜佳：达尼娅和瓦丽娅呢？ 热尼亚：她们是很好的朋友。 娜佳：我们什么时候变这么熟悉了？ 热尼亚：很久了。你没感觉到吗?(-)（热尼亚刚要亲娜佳，门铃又响了。）不，这哪儿是家啊？简直是大马路！记住我的话，不管他是谁，我都杀了他！

看到Женя和Надя在亲吻，Надя的朋友悄悄离开了。亲吻过后Надя觉得有些不知所措，于是试图转移话题。**так**在汉语配音版中体现为"是啊"。它表示将要发生的亲吻行为在当前时刻符合说话人和听话人的认识准则，并倾向于有利结果。因为在这之前他们已经亲吻过了。

2.在不同情景中，同一语气词在汉语配音版中的体现相同（如 ну）

a. Ипполит: Что вы делали в самолете?

Женя: В самолёте? Я летел.

Ипполит: Летел?

Женя: Спя.

Ипполит: Ага.

Женя: Ну…

Ипполит: Спал?

Женя: Спал я…

Ипполит: **Ну** хорошо! Предположим, вы не помните, как попали в самолет.

Женя: Да нет.

Ипполит: Но, как вы вышли оттуда, вы должны были помнить?

汉语配音文本	中文字幕文本
伊波利特：您在飞机上干什么了？ 热尼亚：在飞机上？我飞呀。 伊波利特：哈……您飞？ 热尼亚：呃……睡觉。 伊波利特：啊哈…… 热尼亚：还有…… 伊波利特：睡觉？ 热尼亚：睡觉…… 伊波利特：哈……那好！就算您不知道是怎么上的飞机。 热尼亚：嗯……不记得了。 伊波利特：可是您总应该记得，您总应该记得，您是怎么下的飞机吧？	伊波利特：那你在飞机上干什么了？ 热尼亚：飞机上？我在飞啊。 伊波利特：飞？ 热尼亚：睡觉。 伊波利特：（-） 热尼亚：嗯嗯。 伊波利特：睡着了？ 热尼亚：睡着了。 伊波利特：好吧，就算你不记得怎么上的飞机…… 热尼亚：不记得了。 伊波利特：可你总该记得怎么下飞机的。

b. Галя: Ну, тем более, съедим их вместе.

Женя: **Ну**, где же мы их съедим-то?

Галя: Ой, Женька! Какой ты непонятливый! Ну, мы же будем встречать здесь, у тебя.

Женя: Где вот тут? Вот тут? Вот. Подожди, а Катаняны-то как? Я не пони…

Галя: Олег предлагает встречать Новый год, между прочим, в ресторане Останкинской башни.

汉语配音文本	中文字幕文本
加莉娅：那就更好，咱俩一起吃。 热尼亚：那……那……那怎么吃得了呢？ 加莉娅：唉……热尼亚，你这脑瓜儿可真笨！我们不是在这儿，在你家过年吗？ 热尼亚：嗯……嗯……你说在这儿？这……这儿？呃……等等，等等！卡塔尼亚夫妇怎么办呢，我不明白。 加莉娅：奥列格建议在电视塔餐厅迎新年。	加莉娅：那太好了，咱们一起吃。 热尼亚：你打算在哪儿吃？ 加莉娅：你可真够迟钝的！在这儿，就在你家。 热尼亚：哪儿？这儿？那卡塔尼亚他们怎么办？ 加莉娅：奥列格邀我去欧斯坦奇诺电视塔旅馆迎接新年。

在上述两段对话中，ну在汉语配音中体现为"那"。在对话a中，**ну**表示听话人的回答符合说话人对情景的某个预期或预期准则，你在飞机上睡觉这在某种程度上符合我对情景发展的预期。在对话b中，**ну**表示听话人立场（想和说话人单独过新年吃沙拉）不符合说话人的预期准则。你只想和我一起过年吃沙拉，可是我一直和朋友们一起过年，这是准则，我需要这么做。

3.其他在汉语配音版中有体现的词汇交际手段

a. Надя: Я вас в последний раз предупреждаю! (Льёт воду на его лицо)

Женя: Ой, вот так хорошо! Ещё! Ой, поплыли. Что такое, **а**? Что такое? Ну что вы? Мокрый же … обалдели … С ума посходили все, что ли? Это же я вам … не клумба.

汉语配音文本	中文字幕文本
娜佳：我最后一次警告您！（往热尼亚脸上浇水）	娜佳：我最后一次警告您！（往热尼亚脸上浇水）
热尼亚：噢，真舒服！再来点儿！要漂起来啦！怎么回事儿！啊……怎么回事儿啊？您这是干什么？都弄湿了……怎么回事儿？您是不是疯了？我又不是您的花坛……	热尼亚：噢，舒服，再来点儿……我正在游泳……这是什么？你干吗？我身上都湿了！你疯了吗？你真是个疯婆子！我不是……花盆。

发现躺在自己家的陌生醉酒男人Женя后，女主人公Надя多次试图叫醒并警告他，可他一点儿反应都没有。最后Надя决定用不礼貌的方式叫醒他：往他脸上浇水。起初，Женя在半梦半醒中以为自己喝到了水，以为自己在游泳，后来才发现有个陌生女人往他脸上浇水。他觉得莫名其妙，同时很生气。**а**在汉语配音版中体现为"啊"。它表示在认识了之前的情景后，说话人强调想进入新情景的愿望。我不知道在当前时刻发生了什么事，我想从你那儿得到答案。

b. Надя: Эй!... Проснитесь, слышите? Немедленно проснитесь! Вставайте! Вы живые или нет? (Женя подвигается.) **Ох!** Так! Проснитесь!

Немедленно проснитесь! Слышите? Вставайте! Что вы здесь делаете?

Женя: Не надо меня трясти. Я посплю немножко ещё. Не надо…

汉语配音文本	中文字幕文本
娜佳：哎！醒醒，听见吗？快点儿醒醒！快起来！你还活着吧？（热尼亚动了动）哦，是活的！醒醒！快点儿醒醒！听见了吗？快起来！您在这儿干什么？ 热尼亚：别这样晃我！别……我再睡会儿……再睡会儿……	娜佳：嘿！醒醒，听见没？马上起来！起来！你还活着吗？（-）你干吗？……快点起来！你听见没！起来！你在这儿干吗？ 热尼亚：别摇我！我还想睡会儿。

女主人公 Надя 回到家，看到自己的床上躺着一个陌生男人 Женя，一动不动。Надя 很惊讶，以为这个男人昏迷了或是死了。这时，Женя 动了动，她知道这个男人只是睡着了，便开始试图叫醒他。ох 在汉语配音版中体现为"噢"。在这段对话中，ох 表示情景不完全符合说话人的愿望。首先，说话人希望听话人是活着的，从这一点上看，情景符合说话人的愿望。其次，说话人无法接受一个陌生男人（听话人）出现在她房子里的事实，从这一点上看，情景不符合说话人的愿望，说话人对这个情景的评价是消极的。

c. Женя: Это … это мой гарнитур. Это польский гарнитур. 830 рублей.

Надя: И 20 сверху.

Женя: Нет, я дал 25.

Надя: Ну, это ваше дело!

Женя: Кошмар какой … Наваждение просто. Ха … ха. И ширму нашу, фамильную, умыкнули? А почему мама поставила чужие тарелки, м?

Надя: Наконец-то вы начинаете прозревать! Слава Богу!

汉语配音文本	中文字幕文本
热尼亚：这……组合……波兰……波兰组合柜……830个卢布买的。 娜佳：外加20个卢布。 热尼亚：我加了25个卢布呢。 娜佳：哼，这是您的事儿！ 热尼亚：噢，这简直是莫名其妙了……嗯？祖传的屏风也没了？啊！为什么妈妈摆了别人的盘子，嗯？ 娜佳：啊，总算明白过来了！感谢上帝！	热尼亚：这是我的家具，波兰货……830卢布。 娜佳：我还给了20的小费。 热尼亚：不，我给了25。 娜佳：那是你的事！ 热尼亚：真是噩梦，我肯定出幻觉了！你偷了我们家的屏风。妈妈怎么把别人的盘子拿出来了？ 娜佳：你总算开始清醒了！

男主人公Женя渐渐意识到自己进错了房子，但为了面子还不肯承认。м在汉语配音版中体现为"嗯"。在上述对话中，м表示在当前情景中获得的信息（放在那儿的盘子不是原来那些，而是另一些）不符合我对自己房子的认识和了解。这里说话人流露出怀疑之意。

d. Мама: Пойду-ка я к Любе продолжать встречать Новый Год.

Женя: Спасибо вам большое, вы замечательная мама.

Мама: Смотри, Надежда, чтоб к моему возвращению не завелся здесь кто-нибудь третий.

Женя: Не беспокойтесь, этого **уж** я не допущу.

汉语配音文本	中文字幕文本
娜佳妈妈：我还是到柳芭家接着过我的年吧。 热尼亚：谢谢您了，您是一位好妈妈！ 娜佳妈妈：当心，娜秋莎，在我回来以前可不能再来一个。 热尼亚：我绝对不允许发生类似的事情。	娜佳妈妈：我看我还是去一下柳芭家吧。 热尼亚：谢谢您，您真是个好妈妈！ 娜佳妈妈：娜佳，我回来的时候最好不要又来一个陌生人。 热尼亚：放心，不会的，有我呢。

Надя的妈妈回家后，碰到了Женя。在她看来，来到家里的本应该是Надя的男朋友Ипполит，但她却看到了一个陌生男人，这很不符合常理。在确认女儿认识这个男人后，她决定暂时离开，并警告女儿好好处理感情问题。而Женя以男朋友的口吻向她妈妈承诺，不会允许这个家里再出现个陌生男人。уж在汉语配音版中体现为"绝对"。在这段对话中具体体现

为：说话人考虑听话人的立场。我知道你提到的那些客观形势，但我认为我对这个情景的掌控等级比较高。表示说话人对听话人的承诺。

e. Женя: **Ой**, осторожно!

Прохожий: Чёрт! Навязался на мою голову.

Женя: Холодно!

Прохожий: Чёрт! Пить надо меньше.

汉语配音文本	中文字幕文本
热尼亚：哎呀，小心点儿！ 乘客：见鬼！怎么遇上你这么个人！ 热尼亚：（-） 乘客：给！（把包扔给热尼亚）少喝点儿！	热尼亚：小心！ 乘客：你怎么撞我身上了？ 热尼亚：我好冷！ 乘客：（把包扔给热尼亚）往后少喝点儿！

刚下飞机，醉醺醺的Женя跌跌撞撞地走，撞到了旁边的一位乘客。**ой**在汉语配音版中体现为"哎呀"。这里的ой表示说话人的不满。具体体现为："行人撞了说话人一下"这个行为违反了情景发展准则，说话人对这个行为的实现没有准备。

5.1.2.2 只在中文字幕版中有体现的词汇手段

在某些情景下，词汇交际手段只在中文字幕版中有体现，在汉语配音版本中没有体现。例如：

（1）Женя: Пойду варить кофе с удовольствием.

Надя: Почему вы?

Женя: Ну, потому что поете вы действительно прекрасно, а готовить вы не умеете. Это вот не рыба, не заливная рыба, это стрихнин какой-то.

Надя: Вы же меня хвалили.

Женя: Я подхалимничал.

Надя: Вы не слишком-**то** вежливы.

Женя: Да, это правда.

汉语配音文本	中文字幕文本
热尼亚：现在我来煮咖啡吧。 娜佳：怎么是您？ 热尼亚：因为您歌唱得的确不错，但……但饭不会做。这不是鱼，您看，最起码不是冻鱼。不知道做的是什么。 娜佳：哈，您不是还夸过我吗？ 热尼亚：那纯粹是讨好。 娜佳：<u>您这人太不礼貌了。</u> 热尼亚：您说得对。	热尼亚：现在我要好好享受咖啡了。 娜佳：刚才没享受吗？ 热尼亚：你歌唱得不错，但烹调不行。这根本不是煮冻鱼，吃起来像烧碱。 娜佳：你刚才还在夸奖我的厨艺！ 热尼亚：我是在献媚。 娜佳：<u>你好像不是很有礼貌啊？</u> 热尼亚：是的，小姐。

Женя 之前还夸了 Надя 的厨艺，但这会儿又开始吐槽她做的菜。Надя 感到很不解。**-то** 在中文字幕版中体现为"好像"。具体表现为：说话人对情景准则的认识不符合情景实现方案。认识和实现方案的矛盾和不相符。说话人对听话人的行为表示不理解。

（2）Ипполит: Надя, уйми этого типа, иначе это плохо всё кончится! Я тебя прошу. Уйти этого типа.

Женя: Она тактична, она красива, наконец!

Ипполит: Ладно хватит, я сейчас буду его бить. Прости!

Женя: <u>А вы ведёте себя…извинитесь перед ней сейчас **же**!</u>

汉语配音文本	中文字幕文本
伊波利特：娜佳，你管管这家伙，否则后果不堪设想！我求你了。让这家伙把嘴闭上。 热尼亚：她很自重，而且长得漂亮！ 伊波利特：我听够了，现在我非揍他不可。原谅我！ 热尼亚：<u>马上向她道歉！</u>	伊波利特：娜佳，我求你，不要这样子！不然我不知道我会做出什么。 热尼亚：她言行非常得体，她很漂亮！ 伊波利特：如果再这样，我真忍无可忍了！ 热尼亚：<u>你必须向她道歉！</u>

女主人公的未婚夫 Ипполит 和 Женя 都想让彼此先离开 Надя 的房子，两人在门口不停纠缠，吵了起来，谁也不让谁。**же** 在中文字幕版中体现为"必须"。**же** 在这里表示你必须明白，你的行为对第三者 Надя 来说不

礼貌，你需要马上跟她道歉。但你在说话时刻之前并没有这样做。

（3）Надя: Пойди и подними Ипполита.

Женя: И не подумаю.

Надя: Я тебе повторяю.

Женя: Не надо мне повторять! Я этого не сделаю.

Надя: <u>Знаешь что, лети-ка ты первым рейсом.</u>

Женя: И полечу!

Надя: И полетишь!

Женя: И полечу! Полечу! Первым! Вот только сейчас побреюсь.

汉语配音文本	中文字幕文本
娜佳：去把伊波利特捡回来。 热尼亚：想得美。 娜佳：我再重复一遍。 热尼亚：不用再重复了！我不会去的！ 娜佳：<u>那就……请你坐头班飞机回去。</u> 热尼亚：坐就坐！ 娜佳：就得坐！ 热尼亚：坐就坐！ 娜佳：就去坐！ 热尼亚：坐就坐！坐就坐！坐就坐！头……头班。我得先……先刮刮胡子，先刮刮胡子，然后再……再去机场……	娜佳：去把他捡回来！ 热尼亚：不可能！ 娜佳：再说一遍，去…… 热尼亚：我就是不去，就不去！ 娜佳：<u>你最好乘第一班飞机走。</u> 热尼亚：很好，我听你的！ 娜佳：好啊，听吧！ 热尼亚：（-） 娜佳：（-） 热尼亚：我听你的，我听你的！只要能赶上第一班！不过现在我要刮胡子。赶飞机！

Женя 把 Надя 男朋友的照片扔到了窗外。Надя 非常生气，要求他把照片捡回来，Женя 不听。Надя 更加生气，开始撵他走。于是，两个人都启了嘴。**-ка** 在中文字幕版中体现为"最好"。**-ка** 在这段对话中具体表现为：说话人让听话人立刻完成一个行为（离开），这个行为没有进入听话人的意图，因为听话人控制情景的权威等级比说话人低。我想让你尽快坐飞机离开，虽然你在当前时刻不想走。这里含命令口吻。

（4）Надя: Как вы будете добираться до аэродрома?

Женя: До аэродрома?

Надя: Автобусы еще не ходят.

Женя: Да это не важно. Доберусь как-нибудь.

Надя: **Ну** идите.

Женя: Спасибо.

Надя: Идите.

Женя: Ну всё…

汉语配音文本	中文字幕文本
娜佳：呃……到机场您乘什么车走？ 热尼亚：乘什么车？ 娜佳：现在还没有公共汽车呢。 热尼亚：嗯……没关系，会有办法的。 娜佳：哦，那您走吧。 热尼亚：谢谢。 娜佳：走吧。 热尼亚：就这样吧……	娜佳：可是，你怎么去机场？ 热尼亚：怎么了？ 娜佳：现在还没公车。 热尼亚：没关系，我总能到那儿。 娜佳：那么，走吧。 热尼亚：谢谢！ 娜佳：走吧。 热尼亚：那么，就这样了。

Женя准备走了。Надя试图把他留下来，可一时间又找不到合适的理由。ну在中文字幕版中体现为"那么"。ну表示说话人认为，听话人的离开符合情景发展预期准则，虽然这个行为不符合自己的期望。一方面，我在等着你走，因为这符合情景发展预期准则，如果你想走我不留你。另一方面，我期望你别走。

5.1.3 不同体现

某些词汇交际手段在两个汉语版本中有不同体现，即某个手段在汉语配音版和中文字幕版中的体现不同。

（1）Галя: Женька!

Женя: А?

Галя: Неужели ты сделаешь…ха…мне предложение? После двухлетнего знакомства.

Женя: Нет..не..т. Давай подождём до Нового года. Должны пробить ку..куранты. Подождём давай. Подождём. Давай подождём.

Галя: Да нет. Я просто боюсь, что у тебя никогда не хватит смелости.

Женя: **Ну**, это… это трусость старого холостяка.

汉语配音文本	中文字幕文本
加莉娅：热尼亚！ 热尼亚：啊？ 加莉娅：难道你会向我……向我求婚？认识两年之后…… 热尼亚：不……不……我不……不……呃……还是等新年到了再说，等克里姆林宫的钟声一响……嗯……我们再等等……再等等……等等好吗？ 加莉娅：随便。就怕你永远鼓不起勇气。 热尼亚：嗯，这方面……嗯，这是胆怯。	加莉娅：热尼亚！ 热尼亚：（-） 加莉娅：真的吗？你是说要向我求婚吗？咱们已经相处两年了。 热尼亚：不，还是等过完新年……克里姆林宫的钟声敲响以后再说吧。 加莉娅：我只是怕你永远都不能那么勇敢。 热尼亚：哦，那只是……只是一个老光棍的胆怯。

未婚妻 Галя 以为 Женя 要跟她求婚。实际上，Женя 并无此意，在 Галя 提出结婚的时候，Женя 竭力逃避。**ну** 在汉语配音版中体现为"嗯"，在中文字幕版中体现为"哦"。在这段对话中，**ну** 表示情景发展（不够勇敢）符合说话人的预期准则。我知道我跟你求婚的勇气不够，但对一个老光棍来说没有这种勇气很正常。

（2）Надя: Вставайте! Вставайте!

Женя: Не хочу, больно.

Надя: Вставайте сейчас же!

Женя: Мешаешь спать мне. Кошмар какой-то!

Надя: Ну **ладно**, берегитесь!

汉语配音文本	中文字幕文本
娜佳：起来！起来！快起来！ 热尼亚：别打，别打！怪疼的。 娜佳：你马上给我起来！ 热尼亚：别妨碍我睡觉。太不像话了！ 娜佳：好啊，您小心点儿！	娜佳：起来！ 热尼亚：马上起来！ 娜佳：你干吗？痛死了！ 热尼亚：别烦我了！这是怎么回事儿呀！ 娜佳：好吧，你自找的！

| 交际语义理论视域下的俄语词汇交际手段研究

女主人公 Надя 试图叫醒醉酒昏睡的陌生人 Женя，想弄清这个男人是谁，为什么睡在她的床上。而酣睡的 Женя 怎么都叫不醒，就算用力摇晃他都没有用。Надя 既生气又无奈，打算用不礼貌的方式叫醒他。**ладно** 在汉语配音版中体现为"好啊"，在中文字幕版中体现为"好吧"。**ладно** 在这段对话中表示说话人为了自己的利益将违背听话人的利益，完成一个对听话人不利的行为（我要往你脸上浇水把你叫醒），从说话人的角度出发，完成这个行为是必须的。

（3）Женя: И… пошел я.

Надя: **А**…

Женя: Да?

Надя: Как вы будете добираться до аэродрома?

Женя: До аэродрома?

Надя: Автобусы еще не ходят.

Женя: Да это не важно. Доберусь как-нибудь.

汉语配音文本	中文字幕文本
热尼亚：那……嗯……我走了。 娜佳：啊…… 热尼亚：什么？ 娜佳：呃……到机场您乘什么车走？ 热尼亚：乘什么车？ 娜佳：现在还没有公共汽车呢。 热尼亚：嗯……没关系，会有办法的。	热尼亚：我……我要走了。 娜佳：可是…… 热尼亚：(-) 娜佳：你怎么去机场？ 热尼亚：怎么了？ 娜佳：现在还没公车。 热尼亚：没关系，我总能到那儿。

Женя 该离开了，Надя 试图留下他。**а** 在汉语配音版中体现为"啊"，在中文字幕版中体现为"可是"。在这段对话中，**а** 表示说话人想要进入新情景，并把听话人带入该情景。我不想让你走，但我在当前时刻还没有找到让你留下来的借口。

（4）Женя: **Ну**, замерзла?

Надя: Нет, на такси ездила.

Женя: На такси…куда это ты на такси ездила?

Надя: Достала тебе билет на утренний поезд.

汉语配音文本	中文字幕文本
热尼亚：喏，冻死了吧？ 娜佳：不，坐的出租车。 热尼亚：坐车去哪儿啦？ 娜佳：去火车站给你买了一张……今天早上的火车票。	热尼亚：你好，外面冷吗？ 娜佳：不，我叫了计程车。 热尼亚：你坐计程车去哪了？ 娜佳：我帮你买了张早上的火车票。

女主人公Надя从外面回来，Женя挑衅地询问她的去向，并刻意同女主人公套近乎。ну在汉语配音版中体现为"喏"，在中文字幕版中体现为"你好"。ну表示说话人认为，听话人应该被冻僵，这符合情景发展的预期（外面寒冷的天，出去的人都会冻僵）。这里流露出说话人对听话人的讽刺。

5.2 影响俄语词汇交际手段汉译的因素

通过对比观察《命运的捉弄》俄语原声、汉语配音和中文字幕三个版本，我们总结出词汇交际手段在汉语翻译中的三种不同体现：完全未体现、部分体现和完全不同体现。影响俄语词汇交际手段在汉语翻译中不同体现的因素主要有五种：①交际一致性现象；②同一手段的两种实现；③中俄人民的不同情感表达方式；④俄汉翻译技巧；⑤影视翻译文本类型。

5.2.1 交际一致性现象

俄语词汇交际手段在汉语中有不同的体现形式，这体现了交际层面现象的复杂性。体现方式有差异的一个重要原因是交际一致性现象（коммуникативное согласование 或 коммуникативное дублирование）。交际一致性现象首先是由 М.Г. Безяева 在博士论文《有声语言交际层面语义机制分析原则》（2001）中提出的。在她看来，交际一致性是指交际结构范围内交际单位的语义一致性，广义上还包括交际结构内部组成元素的语义一致性。交际一致性现象的实质是在言语活动中根据同一交际任务将不同交际手段和交际结构串联起来。有的学者如A.A. Коростелева认为，应该把交际一致性现象看作综合语体系形成的结果。这种语言组织方式虽然在表达交际任务方面是冗余的，但在综合语中普遍存在。相比之下，交际一致性或复制性现象在分析语中却不那么奏效，且完全多余（Коростелева，2003：139）。俄语属于综合语，而汉语是典型的分析语（陆丙甫、金立鑫，2015：19）。因此，通常情况下，在俄语中可能根据交际一致性原则使用多个交际手段完成一个交际任务，而在汉语中通常是一个手段完成一个交际任务。这是俄语词汇交际手段在汉语译文中体现形式复杂的主要原因之一。

需要特别强调的是，交际一致性是俄语交际意义的一种构成方式。这个现象可以概括为以下内容：在构成某个交际意义时，不同手段常体参数的实现具有一致性和复制性，包括常体参数实现的连贯性和一致性。换句话说，在同一情景中，不同交际手段含有相同或相似的参数，或是一些具有连贯性的参数。交际一致性现象在具体情景中有不同的表现形式，形成该现象的交际手段在两种汉语译文中的体现形式十分丰富。

（1）两个交际手段共同作用形成交际一致性现象，其中一个手段只在一个汉语配音版本中有体现，另一个手段在两个汉语版本中都有体现。例如：

Женя: Знаешь, мама, мне кажется, я женюсь.

Мама: Мне тоже так кажется.

Женя: Ну и как, тебе Галя нравится?

Мама: Ты же на ней женишься, а не я.

Женя: Но **ведь** ты **же** моя мама.

Мама: Важно, чтобы ты это помнил … после женитьбы.

汉语配音文本	中文字幕文本
热尼亚：知道吗，妈妈，我大概要结婚了。 妈妈：我也这么认为。 热尼亚：你喜欢加莉娅这个人吗？ 妈妈：嗯！是你和她结婚，不是我。 热尼亚：嗯……不管怎么说，您是我的妈妈呀！ 妈妈：结了婚记得这一点……最重要。	热尼亚：妈妈，我要结婚了。 妈妈：我觉得也是。 热尼亚：你喜欢加莉娅吗？ 妈妈：是你要和她结婚，又不是我。 热尼亚：可你是我妈妈呀！ 妈妈：我希望你结婚后还记得这一点。

就语义常体参数来看，ведь 包含统一参数，可以表示观点和认识是否统一，же 包含一致参数，表示认识和行为不统一。在当前情景中，说话人借助 ведь 所要映射的认知思维是：他和听话人之间应有统一的认知，实际上他们没有。我认为在结婚这件事上妈妈应该给儿子建议，而且推测你和我想的一样，实际上你和我想的不一样，所以没给我任何建议。而说话人用 же 表示你本应该明白，在结婚这件事儿上妈妈有责任给儿子建议，但你却不明白，所以没给我建议。

ведь + же 组合属于交际一致性现象，因为两个交际手段的参数具有相似性。该组合表征的说话人意图可以解释如下：我认为在结婚这件事上妈妈应该给儿子建议，而且推测你和我想的一样，实际上你和我想的不一样。而且你应该明白你有责任给我建议，但你却不明白，所以没给我任何建议。这里表达的是责备之意。

在上述例子中，ведь 在配音版中译为"不管怎么说"，же 在两个汉语版本中均译为"呀"。本书认为，这里的翻译策略比较合理，基本能够表达说话人的交际目的，但仍有优化空间，译成"您可是我的妈妈呀！"更为贴切。

（2）三个交际手段共同作用形成交际一致性现象，其中一个手段在两个汉语版本中都有体现，一个手段在两个版本中都没有体现，另一个手段只在汉语配音版本中有体现。例如：

Надя: Я вас в последний раз предупреждаю! (Льёт воду на его лицо)
Женя: **Ой, вот так** хорошо! Ещё! Ой, поплыли.

汉语配音文本	中文字幕文本
娜佳：好啊，您小心点儿！我最后一次警告您！（往热尼亚脸上浇水） 热尼亚：噢，真舒服！再来点儿！要漂起来啦！	娜佳：好吧，你自找的！我最后一次警告你！（往热尼亚脸上浇水） 热尼亚：噢，舒服，再来点儿……我正在游泳……

  ой 具有准备性参数，一般表示某消息、行为等违反情景发展准则，而交际参与者并无准备。вот 包括情景实现方案参数，表示该方案是否符合说话人、听话人的目的。так 包含认识参数，表示情景实现方案是否不符合说话人的认识。这三个手段中蕴含的共性语义参数是"不符合"，符合交际一致性原则。在当前情景中，男主人公 Женя 因醉酒正在酣睡中，梦中正感到口渴之时，有水"从天而降"，这对睡梦中的他来说是意外的惊喜。结合所处情境，ой 表示当前情景（有水喝）违背了情景发展准则，说话人 Женя 对这个情景的实现没有准备。вот 表示有水喝这个情景非常符合我的利益。так 则表示情景实现方案明显不符合说话人对准则的认识，倾向于有利结果，在我正口渴的时候竟然有水喝。

  从交际一致性现象角度来看，本书认为，ой+вот+так 的共同作用可以解释为：还有些醉意的我感觉到有水滴到我的脸上，恰巧这个时候我很渴。我对接受这个情景显然事先没有准备，而且这个情景的发生也不符合我对准则的认识，但在当前时刻它对我是有好处的，符合我的利益，表现了说话人对情景的积极评价。

  在该例子中，ой+вот+так 组合在汉语配音版中体现为"噢，真……"，在中文字幕版中只体现为"噢"。本书认为，虽然"噢，真……"这一方案更加贴近说话人所要表达的交际意图，但两种汉译方案均未能实现俄汉语气上的功能对等，汉译策略需优化，译成"噢，太舒服了！"

  （3）三个交际手段共同作用形成交际一致性现象，它们在两个汉语翻译版本中都没有体现。例如：

  Женя: Знаешь, мама, мне кажется, я женюсь.

Мама: Мне тоже так кажется.

Женя: **Ну и как**, тебе Галя нравится?

Мама: Ты же на ней женишься, а не я.

Женя: Но ведь ты же моя мама.

Мама: Важно, чтобы ты это помнил…после женитьбы.

汉语配音文本	中文字幕文本
热尼亚：知道吗，妈妈，我大概要结婚了。 妈妈：我也这么认为。 热尼亚：你喜欢加莉娅这个人吗? 妈妈：嗯！是你和她结婚，不是我。 热尼亚：嗯……不管怎么说，您是我的妈妈呀！ 妈妈：结了婚记得这一点……最重要。	热尼亚：妈妈，我要结婚了。 妈妈：我觉得也是。 热尼亚：你喜欢加莉娅吗? 妈妈：是你要和她结婚，又不是我。 热尼亚：可你是我妈妈呀！ 妈妈：我希望你结婚后还记得这一点。

根据交际手段语义常体参数思想，ну 蕴含预期参数，表示情景发展符合说话人的预期。и 包含类似参数和推测参数，表示情景发展符合说话人的推测。как 包括了解参数，表示说话人希望在许多可能的情景方案中了解或知道一个。ну+и+как 这三个手段中包含相同的语义参数"符合"，属于交际一致性现象范围。

当前情景中，男主人公 Женя 向妈妈表达了结婚的想法，并想了解妈妈喜欢或不喜欢自己的未婚妻 Галя。ну+и+как 组合表达的交际意义如下：关于你对我要结婚这件事儿的看法，我的脑海里有几种推测方案，我想得到你的答案，以确认一个方案，并期待得到一个符合我预期的答案（喜欢未婚妻）。这里说话人借助 ну и как 表达的意图是想要听话人回答自己所关心的问题。在这个组合中，与 ну 和 и 相比，как 语义常体参数的显化程度最高。

在上述对话片段中，ну и как 组合在两个汉语版本中均是零译，该策略使原文的交际意义流失，是不合理的。本书认为，ну и как 应在两个汉语版本，特别是汉语配音版中得到体现，其交际意义可以通过问句实现，或将其译为"怎么样"来加强疑问。

（4）几个交际手段共同作用形成交际一致性现象。这些交际手段都在汉语翻译版本中融合为一个元素，这恰恰从汉语译文角度证明了俄语中广泛存在的交际一致性现象。

①交际一致性现象由两个交际手段共同作用，这些手段只在中文字幕版中有体现，并融合为一个整体。例如：

Мама: Ты бабник. Бабник.

Женя: Ой, мама … мама, я несчастный человек. Почему мне так не везет в жизни? **Да и** не надо мне жениться.

Мама: Так.

汉语配音文本	中文字幕文本
妈妈：噢，你真是……变得快。 热尼亚：咳，妈妈呀妈妈，我是个不幸的人。为什么我这么不走运呢？(－) 我不结婚了。 妈妈：是这样。	妈妈：你是个花花公子，没指望的花花公子。 热尼亚：哦，妈妈……我是个可怜虫。我为什么这么倒霉？想来想去，我不结婚了。 妈妈：(－)

да 蕴含一致性参数，表示说话人之前的立场和实现的情景方案一致或不一致。и 表示当前情景符合或不符合听话人的推测。两个交际手段包含相似的语义参数"是否符合"与"是否一致"，属于交际一致性现象。在当前情景中，да+и 组合表达的抽象交际意义为：我知道你希望我按你的期望去做，但情景没有按你的愿望发展，将来也不会按你推测的方向发展。具体地说，说话人 Женя 借助 да и 来表征的心理活动是：我知道你想让我结婚，但当前情景不适合结婚，将来我也不想结婚。

在上述对话文本中，да и 只在中文字幕版中体现为"想来想去"，配音版中采用零译处理。本书认为，两个版本的翻译策略未能实现两种语言的语用功能对等，需进一步优化，可译为"我还是别结婚了"。

②交际一致性现象由两个交际手段共同作用，在两个汉语翻译版本中融合为一个元素，但内容体现不同。

Надя: Откройте шампанское. Оно стоит в холодильнике.

Женя: Да! (Когда он открывает шампанское, оно разбрызгано.) И тут не везет! Да что ж такое сегодня-то! Простите. Пожалуйста. С Новым Годом. Вас как зовут?

Надя: Надя.

Женя: Меня Женя. С Новым Годом, Надя.

Надя: С Новым Годом⋯ Хорошо начинается Новый Год. Ничего не скажешь.

Женя: Да уж.

汉语配音文本	中文字幕文本
娜佳：开一瓶香槟吧。就在冰箱里。 热尼亚：（香槟洒出来了。）哎哟哟，这事儿也不走运！今天是怎么回事儿啊！对不起，对不起。请喝吧！新年快乐！您怎么称呼？ 娜佳：娜佳。 热尼亚：我叫热尼亚。新年快乐，娜佳！ 娜佳：新年快乐！这个新年开始得不错。真可笑！ 热尼亚：甭提了⋯⋯有这么一种说法：新年是怎么开始的，就怎么度过这一年。	娜佳：开香槟吧，冰箱里有。 热尼亚：（香槟洒出来了。）又不走运，今天这是怎么了？不好意思。请。新年快乐！你叫什么名字？ 娜佳：娜佳。 热尼亚：我叫热尼亚。新年快乐！娜佳。 娜佳：新年快乐！这个新年的开头可真不赖呀！没法再好了。 热尼亚：别提多好了。有一句话：你最好是上什么山唱什么歌。

就语义常体参数而言，да 具有一致性参数，表示说话人的立场和听话人的立场是否一致。уж 蕴含考虑立场参数。да+уж 组合的常体参数具有连贯性"考虑立场是否一致"，符合交际一致性要求，其所表达的抽象交际意义为我考虑了你的立场，而且我们的立场一致，但我也无法改变当前的不利形势，虽然我已经考虑到你的立场和情景的矛盾性。

在当前语境中，在经历了一系列偶然的不愉快后，Женя 和 Надя 仍然决定按传统习俗迎接新年，开香槟，互道"新年快乐"，但两人并不开心，情绪消极。在 Надя 表达了对当前情景的消极态度后，说话人 Женя 用 да уж 映射自己的心理感受：我知道你对当前情景（Ипполит 因误会离开了，新年气氛被破坏了）持消极态度，而我也不希望发生这样的事情，但事已至此，我也无法改变现象。这里表达说话人对情景的消极评价和自责。

在该例子中，да уж 在汉语配音版中共同体现为"甭提了"，在中文字幕版中共同体现为"别提多好了"。本书认为，汉语的"甭提了"更能反映说话人的消极态度和自责，因此属于成功的汉译策略，而"别提多好了"则略显逊色，很难映射出自责之意。

③交际一致性现象由三个以上交际手段共同作用，其中包含某些非词汇交际手段，它们在汉语译文中融合为一个整体，在两个汉语版本中都有体现，但体现内容不同。例如：

Надя: Сапоги застегни.

Женя: С удовольствием! Спасибо за доверие.

Надя: Ай⋯

Женя: Ай, **что ж** ты **так** орешь-**то**? Потерпите, больная.

Надя: Второй.

Женя: Я мечтал об этом всю свою сознательную жизнь.

汉语配音文本	中文字幕文本
娜佳：把靴子拉锁给我拉上。 热尼亚：啊，好吧！谢谢，谢谢你的信任！	娜佳：拉上我靴子的拉链。 热尼亚：愿意为你效劳，谢谢你给我这个荣幸！
娜佳：啊！！！ 热尼亚：啊噢，干吗大喊大叫的？忍耐一下，我的病人，忍耐一下。 娜佳：这只。 热尼亚：噢……这个时刻我幻想了一辈子。	娜佳：（-） 热尼亚：你为什么要喊呢？请耐心点，耐心点！ 娜佳：另一只…… 热尼亚：从我记事起，就梦想着干这个。

Что ж ты так орешь-то? 中，что 隐含了解情景语义参数，表示说话人了解情景发展准则，认为听话人的行为明显违反了情景发展准则；ж 包含应该参数，表示在当前情景下你本没必要叫那么大声，可你还是大声喊叫了；так 具有认识参数和推测参数（是否符合推测），表示听话人的行为明显违反了说话人的推测准则，倾向不利结果；-то 蕴含认识参数和情景实现方案参数，表示情景实现方案（听话人大喊大叫的行为）不符合说

第五章 俄语词汇交际手段的汉译分析

话人对准则的认识。что+ж+так+ -то 组合中，что，так 与 -то 三个手段包含相同或相似的语义参数"认识""了解"，так 与 -то 都包含"是否符合"参数，что 与 -то 都包含"情景"参数，ж 与其他三个手段的语义参数具有连贯性。综合来看，что+ж+так+ -то 组合符合交际一致性要求。

在当前语境中，男主人公 Женя 帮助女主人公 Надя 拉长靴的拉锁，不小心夹到了 Надя，她大叫了一声。而 Женя 借助 что+ж+так+ -то 组合所要表达的交际意义为我认为，在当前情景中你完全不应该大喊大叫。而你却大喊大叫，并且吓到我了，这明显违反了情景发展准则。这里表达的交际目的是责备和讽刺。

Что ж ты так орешь–то? 在汉语配音版中体现为"干吗大喊大叫的?"在中文字幕版中都体现为"你为什么要喊呢?"本书认为，"干吗大喊大叫的?"更能反映原文中说话人的责备和讽刺，属于成功的汉译，而译文"你为什么要喊呢?"丢失了原文的语用色彩。

④交际一致性现象由三个以上交际手段共同作用，其中包含某些非词汇交际手段，它们在汉语译文中融合为一个整体，但只在汉语配音版中有体现。例如：

Женя: Извинитесь перед ней сейчас же! (Ипполит впервые начинает драться.) Что вы делаете?

Надя: Ипполит! Ипполит! Ипполит, не делай этого!

Ипполит: Негодяй! Вот я тебе покажу ⋯

Надя: Господи, не хватало мне вашей ещё драки! **Ну что же это такое?**

汉语配音文本	中文字幕文本
热尼亚：马上向她道歉！（伊波利特开始动手打热尼亚）哎，哎，您这是干什么？干什么啊您这是？ 娜佳：噢，伊波利特，伊波利特，不许这样！ 伊波利特：卑鄙！给你点儿颜色看看…… 娜佳：噢，我的天哪！你们打起来了！<u>怎么回事儿啊？</u>	热尼亚：你必须向她道歉！（伊波利特开始动手打热尼亚）现在就去！你在干什么？ 娜佳：伊波利特！伊波利特！不要这样！ 伊波利特：混蛋，我要给你好看…… 娜佳：噢，天啊！这是我最不希望的事！你们在打架！<u>（—）</u>

169

ну表示对说话人来说不好的情景发展方向不符合她的预期，同时明显违反了她的预期准则，表达说话人的气愤。же表示你们本应该停止打架，但你们却没有。表达的交际目的是气愤。что表示听话人的行为明显违反了情景发展准则。表达的交际目的是气愤。это表示你们并不应该用打架解决问题，但你们却打起来了。这里表达的交际目的是气愤。такой表示当前情景明显违反了情景发展准则。表达的交际目的是气愤。ну+что+же+это+такое组合中，же和это都包含应该参数，ну, что与такой两个手段包含相似或相同的语义参数"不符合""明显违反"，же和это与其他三个手段的语义参数具有连贯性。这个组合符合交际一致性要求。

在当前语境中，Женя和Надя的未婚夫Ипполит打起来了，说话人Надя感到非常气愤，她运用ну+что+же+это+такое表征自己的心理活动：你们（Женя和Ипполит）的打架行为不符合说话人（我）的预期，而且违反了情景发展准则。我认为，你们（听话人）不应该用打架解决问题，却打起来了，而你们应该停止打架，却没有停止。当前情景明显违反了情景发展准则。这里通过多个手段彰显说话人气愤程度之强烈。

Ну что же это такое? 在汉语配音版中共同作用体现为"怎么回事啊"。而在字幕版本中未体现。在上述对话情景中，该交际手段组合不适合做零译处理，这样会使原文的交际意义流失，语用功能丢失，因此，汉语配音版的翻译方案更为合理且恰当。

实际上，交际一致性现象的原理同许多词汇学、语义学著作中提到的语义一致性现象基本相似。倪波、顾柏林曾指出："在表达一定意思的语句中，词与词的组合是严谨的，不是任意的。词在语句中的相互影响，其联系是受一定规律制约的"（倪波、顾柏林，1995：177）。在两位学者看来，语义一致律（закон семантического согласования）是支配语句中词与词联系的主要规则。该规则是指词汇单位的组合必须符合语义成素相互协调一致的原则。语句所形成的基本意思同多次重复出现的相同义子有关。因此，语句中词与词在语义上是相互渗透、相互协调、共存相容的关系。从广义上讲，语句中共同成分的重复是一种相当普遍的现象。通常情况下，语句中词与词的搭配联系需要以相同义子为支撑基础。（倪波、顾柏林，1995：177-179）相比之下，在构成交际意义时交际手段也并非随机结合的，它们符合交际一致性原则。为了表达完整的交际意义，多个交际手段在搭配时要么拥有共同的语义常体参数，要么就是它们的常体参数间有密切联系。总的来说，语义常体参数是交际手段能够组合的深层意义基础。

5.2.2 同一手段的两种实现

除了交际一致性外，词汇交际手段在汉语译文中的体现方式有差异的另一个原因是同一手段的两种实现，翻译时要兼顾一个手段表达的所有交际意义。这个现象的依据是交际手段常体参数扩展规则。根据该规则，在某些情况下，一个手段在同一情景或结构中同时存在两种实现。这里包括两种情况，一种是该手段的同一语义常体参数在同一情景或结构中存在两种实现，如例（1）、例（2）和例（3）。另一种是该手段的不同语义常体参数在同一情景或结构中存在两种实现。不管哪种情况，两种实现在语义上都是相互联系、相互作用的，如例（4）。

（1）Галя: Ну, тем более, съедим их вместе.

Женя: Ну, где же мы их съедим-то?

Галя: Ой, Женька! Какой ты непонятливый! **Ну**, мы же будем <u>встречать здесь, у тебя.</u>

Женя: Где вот тут? Вот тут? Вот. Подожди, а Катаняны-то как? Я не пони···

Галя: Олег предлагает встречать Новый год, между прочим, в ресторане Останкинской башни.

汉语配音文本	中文字幕文本
加莉娅：那就更好，咱俩一起吃。 热尼亚：那……那……那怎么吃得了呢？ 加莉娅：唉……热尼亚，你这脑瓜儿可真笨！（-）我们不是在这儿，在你家过年吗？ 热尼亚：嗯……嗯……你说在这儿？这……这儿？呃……等等，等等！卡塔尼亚夫妇怎么办呢，我不明白。 加莉娅：奥列格建议在电视塔餐厅迎新年。	加莉娅：那太好了，咱们一起吃。 热尼亚：你打算在哪儿吃？ 加莉娅：你可真够迟钝的！（-）在这儿，就在你家。 热尼亚：哪儿？这儿？那卡塔尼亚他们怎么办？ 加莉娅：奥列格邀我去欧斯坦奇诺电视塔旅馆迎接新年。

· 171 ·

在当前情景中，Женя 想跟朋友一起过年，而 Галя 想跟 Женя 单独过年。ну 有两种实现形式：①听话人立场（坚持去朋友家过年）符合说话人的预期准则。②听话人立场（坚持去朋友家过年）不符合说话人的预期（期望）。在这里，说话人 Галя 想要表达的想法是我一直知道你想去朋友家过年（预期准则），但是我也说过，我想在你家跟你过年（说话人的期望）。这里的 ну 表示说话人的不耐烦，它在汉语配音版和中文字幕版中都没有体现，但配音版中的反问语气基本能够映射出说话人的不耐烦情绪，而字幕版译文是欠妥的。

（2）Женя: Пойду варить кофе с удовольствием.

Надя: Почему вы?

Женя: **Ну**, потому что поете вы действительно прекрасно, а готовить вы не умеете. Это вот не рыба, не заливная рыба, это стрихнин какой-то.

Надя: Вы же меня хвалили.

Женя: Я подхалимничал.

汉语配音文本	中文字幕文本
热尼亚：现在我来煮咖啡吧。 娜佳：怎么是您？ 热尼亚：(-) 因为您歌唱得的确不错，但……但饭不会做。这不是鱼，您看，最起码不是冻鱼。不知道做的是什么。 娜佳：哈，您不是还夸过我吗？ 热尼亚：那纯粹是讨好。	热尼亚：现在我要好好享受咖啡了。 娜佳：刚才没享受吗？ 热尼亚：(-) 你歌唱得不错，但烹调不行。这根本不是煮冻鱼，吃起来像烧碱。 娜佳：你刚才还在夸奖我的厨艺！ 热尼亚：我是在献媚。

在当前情景中，ну 有两种实现形式：①为了迎合听话人的预期，说话人引入情景方案和对情景的评价；②说话人的评价又不符合听话人的预期。说话人借助 ну 所要表达的是我给出了你一直等待和想知道的原因。但这个原因不符合你的预期。此外，ну 在这里还起到衔接话轮的作用。ну 在汉语配音版和中文字幕版中都没有体现。我们认为，这样的处理是合理的，因为译文能够达到语用功能对等要求。

（3）Женя: Извинитесь перед ней сейчас же! (Ипполит впервые начинает драться.) Что вы делаете?

Надя: Ипполит! Ипполит! Ипполит, не делай этого!

Ипполит: Негодяй! **Вот я тебе покажу…**

Надя: Господи, не хватало мне вашей ещё драки! Ну что же это такое?

汉语配音文本	中文字幕文本
热尼亚：马上向她道歉！（伊波利特开始动手打热尼亚）哎，哎，您这是干什么？干什么啊您这是？ 娜佳：噢，伊波利特，伊波利特，不许这样！ 伊波利特：卑鄙！给你点儿颜色看看…… 娜佳：噢，我的天哪！你们打起来了！怎么回事儿啊？	热尼亚：你必须向她道歉！（伊波利特开始动手打热尼亚）现在就去！你在干什么？ 娜佳：伊波利特！伊波利特！不要这样！ 伊波利特：混蛋，我要给你好看…… 娜佳：噢，天啊！这是我最不希望的事！你们在打架！

在当前情景中，вот 有两种实现形式：①听话人之前实施的情景方案不符合说话人的利益。②现在说话人将实现一个不符合听话人利益的方案。表达的交际意义是你 Женя 之前让我道歉，这不符合我的利益。而我现在要做一件不符合你的利益的事了。这里表示说话人对听话人的威胁。вот 在汉语配音版和中文字幕版中都没有体现，会削弱原文中 Ипполит 对 Женя 的威胁程度，因此，采用零译方案是不恰当的。

（4）Надя: Вставайте! Вставайте!

Женя: Не хочу, больно.

Надя: Вставайте сейчас **же!**

Женя: Мешаешь спать мне. Кошмар какой-то!

Надя: Ну ладно, берегитесь!

汉语配音文本	中文字幕文本
娜佳：起来！起来！快起来！ 热尼亚：别打，别打！怪疼的。 娜佳：你马上给我起来！ 热尼亚：别妨碍我睡觉。太不像话了！ 娜佳：好啊，您小心点儿！	娜佳：起来！ 热尼亚：你干吗？痛死了！ 娜佳：马上起来！ 热尼亚：别烦我了！这是怎么回事儿呀！ 娜佳：好吧，你自找的！

在当前情景中，же有两种实现形式：①指向听话人立场。你应该明白现在的情景，可你却不明白。②刺激行为和完成行为的时刻要一致。我想要让你立刻起来。说话人Надя借助же要表达的交际意图是我认为，在当前时刻你必须意识到自己的错误，立刻起来。但你仍然踏实地睡着。这里表示说话人对听话人的警告。же在汉语配音版和中文字幕版都没有体现，配音版中的"给我……"和感叹语气能够充分反映警告意图，汉译方案比较合理。

5.2.3 中国人和俄罗斯人的情感表达方式

情感表达具有明显的民族文化差异，因为一个民族的情感表达特征与该民族的"文化习俗、价值观念、民族思维方式、民族心理、历史背景等因素有关"（马清华，2000：267-272）。这恰恰说明了中国人和俄罗斯人的情感表达方式大有不同的原因。俄罗斯人情感情绪外露，易冲动（Вежбицкая，1997：42），而中国人的情感比较内敛，常常"喜怒不形于色"。德国语言学家洪堡特曾指出，了解一个民族的特性必须从语言入手，一个民族的特性只有在其语言中才能被完整地保留下来（洪堡特，1998：39）。语言是民族特性的外在体现形式。因此，俄罗斯人和中国人的情感表达方式的差异无疑会反映在两国的语言中。

正如法国语言学家巴利所说："习惯和服饰的特点能显现出人的社会地位，成为一定阶级的具体形象。与此类似，一个最不起眼儿的言语事实如一个词、成语、专业术语、标准说法、独特的发音等如果真正在某一社会团体内广为使用，而在其他团体中几乎不适用的话，那么它就可能被理解为该团体所固有的生活方式"（Балли，1962：238）。因此，除了交际一致性现象和同一手段的两种实现外，俄语词汇交际手段在汉语译文中体现有差异的原因还包括中国人和俄罗斯人的情感表达方式不同。其具体体现为：

1.有些情感在俄语中通过一个词汇交际手段表达，而在汉语译文中却体现为其他词类或一个句子，例如，在例（1）中俄语通过语气词表达"惊讶"时，其在汉语译文中体现为副词。在例（2）中俄语通过感叹词表达"责备"时，其在汉语译文中体现为一个句子

（1）Надя: Ах! Это **же** настоящие французские духи! Они такие дорогие!

Ипполит: Да, пустяки.

汉语配音文本	中文字幕文本
娜佳：啊哈！这可是真正的巴黎香水！这香水很贵的！ 伊波利特：哈，小意思。	娜佳：噢，真正的法国香水！这应该很贵吧！ 伊波利特：嗯，没什么。

在这个情景中，же表示你本该知道真正的巴黎香水是很贵的，可你却不在乎，仍然买来送给我。же在这里表达的交际目的是"惊讶"，它在汉语配音版中体现为副词"可"。这样翻译没有什么不妥之处，因为"可"作为副词可以用于感叹句中，往往带有赞叹、惊讶的口气（张斌，2001：319）。

（2）Женя: Я у себя дома нахожусь. 3 улица Строителей, дом 25 …

Надя: Да нет, это я живу 3 улица Строителей, дом 25, квартира 12.

Женя: Нет, лапонька …

Надя: Брысь!

Женя: **Ну!** Ну что же вы хулиганите-то, в самом … Мы тут живём с мамой, полезная площадь 32 …

Надя: Да нет, это у нас с мамой отдельная квартира площадью 32 м2.

汉语配音文本	中文字幕文本
热尼亚：我现在在自己家里。第三建筑工人大街25楼……	热尼亚：我在家，第三街区25号……
娜佳：不对，我住在这儿。第三建筑工人大街25楼12号。	娜佳：不！这是我的家，第三街区25号，12公寓……
热尼亚：啊不，小傻瓜……	热尼亚：不，亲爱的……
娜佳：躲开！	娜佳：住手！
热尼亚：您干吗呀？您要什么无赖……我和妈妈住在一起，居住面积32平方米……就这样……	热尼亚：别耍无赖了，真该死！我和我妈住这儿，使用面积32……
娜佳：这是我和我妈妈的住房，居住面积32平方米。	娜佳：不，我和我妈妈拥有这，32平方米的独立套间。

在这个情景中，ну是感叹词，它表示你的行为不符合我的预期和预期准则。我友好地和你说话，你却那么粗鲁，这不符合我的预期。这里流露出说话人对听话人的"责备"。在汉语配音版和中文字幕版中都是通过一个句子来表示"责备"之意的，只是在两个汉语版本中的体现不同，分别是"您干吗呀？"和"真该死！"。

2. 有些情感在俄语中通过一个词汇交际手段表达，而在汉语译文中却没有体现。例如，俄语通过感叹词来表达"苦恼"时，该感叹词在两个汉语版本中都没有体现

  Мама: Ты что, уже не хочешь жениться на Гале?

  Женя: Я встретил другую женщину.

  Мама: Где?

  Женя: В Ленинграде.

  Мама: Когда?

  Женя: Сегодня ночью.

  Мама: О Господи! И поэтому ты расстаешься с Галей?

  Женя: Да. Мама, мамочка, что с тобой? Мамочка, что с тобой?

  Мама: **Ой**, подожди.

  Женя: Что, прошло?

  Мама: Ты бабник. Бабник.

汉语配音文本	中文字幕文本
妈妈：怎么，难道你不想娶加莉娅了？ 热尼亚：我认识了另一个女人。 妈妈：在哪儿？ 热尼亚：列宁格勒。 妈妈：什么时候？ 热尼亚：昨天夜里。 妈妈：噢，天哪！所以才和加莉娅分手？ 热尼亚：是的。哎，妈妈，妈妈，您怎么了？ 妈妈：您怎么了？ 妈妈：等一等。 热尼亚：现在好点儿了？ 妈妈：噢，你真是……变得快。	妈妈：你不想和加莉娅结婚了？ 热尼亚：我遇到了另一个女人…… 妈妈：哪儿？ 热尼亚：在列宁格勒。 妈妈：什么时候？ 热尼亚：昨天晚上。 妈妈：喔，圣母玛丽亚，所以你要和加莉娅分手？ 热尼亚：对。妈，你怎么了？怎么了，妈？ 妈妈：等一下！ 热尼亚：你还好吧？ 妈妈：你是个花花公子，没指望的花花公子。

在上述对话中，ой表示说话人没有做好准备承受突如其来的消极情景。对于说话人来说，儿子又一次在节骨眼上离开了未婚妻。ой在这里体现了说话人的苦恼。但它在两个汉语版本中都没有体现。

3.有些情感在俄语中通过多个词汇交际手段表达，而在汉语译文中合成为一个单位。如，在例（1）中表达"假装不在乎"时，"да нет"这个由两个语气词组成的二元交际结构在汉语译文中体现为一个单位。在例（2）中表达"同情"时，"да уж"这个由两个语气词组成的二元交际结构在汉语译文中体现为一个单位

（1）Галя: Женька!

Женя: А?

Галя: Неужели ты сделаешь … ха … мне предложение? После двухлетнего знакомства.

Женя: Нет..не..т. Давай подождём до Нового года. Должны пробить ку..куранты. Подождём давай. Подождём. Давай подождём.

Галя: **Да нет.** Я просто боюсь, что у тебя никогда не хватит смелости.

汉语配音文本	中文字幕文本
加莉娅：热尼亚！ 热尼亚：啊？ 加莉娅：难道你会向我……向我求婚？认识两年之后…… 热尼亚：不……不……我不……不呃……还是等新年到了再说，等克里姆林宫的钟声一响……嗯……我们再等等……再等等……等等好吗？ 加莉娅：<u>随便</u>。就怕你永远鼓不起勇气。	加莉娅：热尼亚！ 热尼亚：(—)。 加莉娅：真的吗？你是说要向我求婚吗？咱们已经相处两年了。 热尼亚：不，还是等过完新年……克里姆林宫的钟声敲响以后再说吧。 加莉娅：(—)。我只是怕你永远都不能那么勇敢。

да 具有一致性参数，表达听话人、说话人和情景是否一致。在这个情景中，да 表示听话人立场和当前情景不符。нет 具有排除参数和之前已引入的方案参数。да нет 表示听话人的立场与当前情景不相符和矛盾性。你认为我想尽快得到你的求婚。我排除了你引入的这个情景方案，我的想法不是你想的那样，我不想给你压力（我嘴上虽然那样说，但心里实际上是希望你现在跟我求婚的，这一点说话人也感受得到）。да нет 在这里表示说话人假装不在乎。同样的交际目的在汉语配音版中体现为"随便"。

（2）Женя: Между прочим, до Нового Года осталось 2 минуты.

Надя: Откройте шампанское. Оно стоит в холодильнике.

Женя: Да! (Когда он открывает шампанское, оно разбрызгано.) И тут не везет! Да что ж такое сегодня-то! Простите. Пожалуйста. С Новым Годом. Вас как зовут?

Надя: Надя.

Женя: Меня Женя. С Новым Годом, Надя.

Надя: С Новым Годом … Хорошо начинается Новый Год. Ничего не скажешь.

<u>Женя: **Да уж.**</u>

第五章 俄语词汇交际手段的汉译分析

汉语配音文本	中文字幕文本
热尼亚：离新年只剩下两分钟了。 娜佳：开一瓶香槟吧。就在冰箱里。 热尼亚：（香槟酒出来了。）哎哟哟，这事儿也不走运！今天是怎么回事儿啊！对不起，对不起。请喝吧！新年快乐！您怎么称呼？ 娜佳：娜佳。 热尼亚：我叫热尼亚。新年快乐，娜佳！ 娜佳：新年快乐！这个新年开始得不错。真可笑！ 热尼亚：甭提了……	热尼亚：离新年只有不到两分钟了。 娜佳：开香槟吧，冰箱里有。 热尼亚：又不走运，今天这是怎么了？不好意思。请。新年快乐！你叫什么名字？ 娜佳：娜佳。 热尼亚：我叫热尼亚。新年快乐！娜佳！ 娜佳：新年快乐！这个新年的开头可真不赖呀！没法再好了。 热尼亚：别提多好了。

да 说话人的立场和听话人的立场一致。我考虑了你的立场，我有让我们的立场一致的客观依据。уж 表示说话人无法改变当前的不利形势，虽然他已经考虑到听话人立场和情景的矛盾性。да уж 在这里体现了说话人对听话人的同情以及说话人因无法改变当前不利形势而产生的自责心理。同样的交际目的在汉语配音版和中文字幕版中分别体现为"甭提了……"和"别提多好了"。

4.有些情感在俄语中通过多个词汇交际手段表达，而在汉语译文中只需体现其中的一个手段。例如，表达"拒绝"之意时，"нет уж"这个交际结构在汉语译文中仅体现其中一个词 нет 即可

Женя: Давайте я посижу на лестнице, а вы меня позовете, хорошо? Или хотите, объясните все Гале сами, а я пойду.

Надя: Ах! Нет **уж**, дудки, объясняйтесь сами.

汉语配音文本	中文字幕文本
热尼亚：要不这样吧，我在楼梯上坐一会儿，到时候您叫我好吗？如果您愿意，您跟加莉娅解释一下，我这就走。 娜佳：不，您休想，您自己向她解释吧。	热尼亚：我在大厅里等吧，电话来了你叫我。或者你向加莉娅解释吧，我先走。 娜佳：不，你的麻烦还是你自己解决。

уж 在上述对话中表示虽然我考虑到了你的意愿，但我也必须考虑因

为你突然的到来给我带来的不愉快，所以我不想跟第三者（你的未婚妻）解释今天发生的一切。уж 表达的交际目的是拒绝，并隐含了拒绝的原因。在两个汉语版本中，нет 都体现为"不"，而 уж 并没有体现。

5.有些情感在俄语中通过多个词汇交际手段共同作用来表达，而在汉语译文中这些手段却无须体现，因为那些情感通过句中实词的称名意义就已经能够表达清楚了。例如，在下述例子中俄语通过三个语气词共同作用表达"责备"之意，而在汉语译文中这三个交际手段都没有体现

Женя: Я у себя дома нахожусь. 3 улица Строителей, дом 25 ···

Надя: Да нет, это я живу 3 улица Строителей, дом 25, квартира 12.

Женя: Нет, лапонька···

Надя: Брысь!

Женя: Ну! **Ну** что **же** вы хулиганите-**то**, в самом... Мы тут живём с мамой, полезная площадь 32 ···

Надя: Да нет, это у нас с мамой отдельная квартира площадью 32 м2.

汉语配音文本	中文字幕文本
热尼亚：我现在在自己家里。第三建筑工人大街25楼……	热尼亚：我在家，第三街区25号……
娜佳：不对，我住在这儿。第三建筑工人大街25楼12号。	娜佳：不！这是我的家，第三街区25号，12公寓……
热尼亚：啊不，小傻瓜……	热尼亚：不，亲爱的……
娜佳：躲开！	娜佳：住手！
热尼亚：您干吗呀？您耍什么无赖……我和妈妈住在一起，居住面积32平方米……就这样……	热尼亚：别耍无赖了，真该死！我和我妈住这儿，使用面积32……
娜佳：这是我和我妈妈的住房，居住面积32平方米。	娜佳：不，我和我妈妈拥有这，32平方米的独立套间。

在上述对话中，ну 表示听话人的行为不符合说话人的预期和预期准则。你对我的粗鲁行为不符合我的预期。же 表示你本不该对我那么粗鲁无礼，可你却那样做了。-то 表示听话人的粗鲁行为不符合说话人的认识和利益。ну, же, -то 共同作用形成交际一致性现象，表达的交际意义是你

本不该对我粗鲁无礼，可你却那样做了，这不符合我的预期，更加违背了我的利益以及我对行为准则的认识。这里表示说话人对听话人行为的责备。在汉语译文中，"Ну что же вы хулиганите-то…"这句话分别翻译为"您要什么无赖"和"别耍无赖了"。这两种表达已经足以表达出责备之意了。因此，ну, же, -то在两个汉语版本中都没有体现。但这三个词汇交际手段在俄语中绝不能省略，若句子变成"Что вы хулиганите…"，将失去原有的"责备"色彩。这说明某些情感在俄语中必须通过某些交际手段来表达，相反在汉语中可能无须通过虚词等手段表达，这也反映了俄汉语在情感表达方式上的区别。

综合以上论述不难看出，俄语词汇交际手段在汉语译文中不同体现明显反映了俄中人民情感表达方式的不同。此外还需要指出的是，俄汉对同一情感的不同语言表达还体现了俄中人民的不同思维方式，其深层的根源可以说是抽象思维和取象思维的差异。俄语遵循抽象思维方式，注重通过逻辑推理分析探寻到事物本质属性和普通原则，反映在俄语中丰富的词形变化和语法规则。相比之下，中国传统的取象思维[①]决定了汉语语言表达倾向于从整体上把握事物，这不仅体现为汉语对事物内在关系的突出，还表现在汉语"取象比类"[②]的言说方式上（刘欣、王前、王慧莉，2016：49）。

5.2.4 俄汉翻译技巧

词汇交际手段在汉语译文中的体现方式之所以有差异还有一个重要原因是俄汉翻译技巧。德国语言学家龚波特曾说过："依我看来，任何翻译都毫无疑问是试图完成不能完成的任务，因为每个译者必然要触到两个暗

[①] "取象"思维习惯于用统一的观点思考，认为任何事物的存在都不是孤立的，构成现实的各要素间是相互联系的，这种"关系突出"是汉语语言表达的典型特征（刘欣、王前、王慧莉，2016：47）。

[②] "取象类比"是一种"取象"方法，是指通过适当比喻，用贴近生活、容易被理解的事物说明比较难理解的抽象事物，而不是像西方那样用下定义的方式去说明某一抽象概念，如上善若水、春脉如弦等（刘欣、王前、王慧莉，2016：47）。

礁中的一个而遭到失败：或者过于严格地遵守原著，结果损害了本国人民的兴趣和语言；或者过于严格地遵守本国人民的特点，结果损害了原著。二者之间某种中间的东西，不但难以达到，而且简直是没有的"（王育伦，1985：16）。因此，不同译者、不同翻译方式和版本都会影响最终的译文风格。同具有称名意义的实词相比，无称名意义且交际意义变化丰富的词汇交际手段在译文中的多种体现也就不难理解了。下面将以 ну, же 为例进行阐述。

在整部电影对白中，ну 出现了166次，在两个汉语版本中总共应该体现332次。在两个汉语译文版本中，ну 有230次没有体现，约占比例69%。剩余近31%的 ну 却被翻译成32种不同的字、词（包括感叹词、语气词、动词）和句子，其中次数最多的译文是"那（那么）"，约占比6%。此外，ну 的译文还包括"哦、呃、嗯、唉、喏、呀、噢、吧、哼、哎、嘛、呐、哈、咳、不、啊、这、可、好啦（好了）、就（那就）、来吧（来）、还有、究竟、行了、听着、什么、你好、难道说、真的吗"等等。

另一个交际手段 же（或 ж）在电影对白中出现了72次，在两个汉语译文版本中总共应该体现144次。而在汉语配音版和中文字幕版的译文中，же 有88次没有体现，约占比例为61%。剩余近39%的 же 虽然在两个汉语版本中都有体现，但它被翻译成了如"都、一样、又、总、呢、不是、可就、已经、必须"等16种不同的字或词。每种翻译出现的频率也有很大不同，如下表：

же的体现方式	次数（次）	频率（约%）
零体现	88	61
一样（同样、同一）	16	11
呢、呀、啦、哪	9	6
不是	7	5
可就（可、就）	5	4
又	4	3

续表

же的体现方式 \ 频次	次数（次）	频率（约%）
其他（已经、一准儿、总、马上、必须、真会、该）	15	10

总的来说，俄汉翻译技巧影响词汇交际手段在汉语中体现的差异具体表现为三个方面：①不同词汇交际手段的翻译相同。②同一词汇交际手段的翻译不同。这里包括两种情况，一种是同一交际手段在相同情景中翻译不同（在不同版本中）；另一种情况是同一交际手段在不同情景中翻译不同。③同一交际手段在不同情景中翻译相同。其中，第二点中包含的两种现象在本章的三版本对比例子中随处可见，第三点在上述ну和же的翻译统计中体现得也很明显，所以此处将不再冗述。在这里主要展开论述第一点。

不同词汇交际手段的翻译相同，也就是说不同交际手段在不同情景中翻译相同。例如，ну和ой在不同情景下都被译为"哎呀"。实际上，这两个俄语交际手段的语义常体参数不同，所以在俄语中它们所表达的交际意义是有差别的。在例子a中的ну表示听话人计较小事儿的行为不符合说话人的预期。b中的ой表示说话人对听话人所实现行为的无准备性。

a. 词汇交际手段 ну

俄文原版	汉语译文版
Надя: Ты что, с ума сошел?! Перестань немедленно! Ипполит: Я даже и не подумаю! Надя: Ой, ужас! Ты соображаешь, что ты делаешь? Ипполит: Ну не мешайте … закройте … Надя: Ипполит, пальто испортишь. Ипполит: **Ну**, не мелочись, Наденька! Надя: Ипполит, я тебя умоляю, вылезай.	娜佳：啊，噢，你是不是疯了？马上给我出来！ 伊波利特：啊，我就是不出来！ 娜佳：噢，太可怕了！你明白你在做什么吗？ 伊波利特：你别捣乱，快拉上…… 娜佳：伊波利特，把大衣搞坏了。 伊波利特：哎呀，别计较小事儿了，娜秋莎！ 娜佳：伊波利特，我求求你，出来。

b. 词汇交际手段 ой

俄文原版	汉语译文版
Ипполит: А это что? Женя: Где? А это мои штаны. **Ой**, осторожней, помнёте!	伊波利特：那是什么？ 热尼亚：哪儿？那是我的裤子。哎呀，你小心点儿，别弄坏了！

5.2.5 不同影视翻译类型

从一般符号学角度看，文本是一个信息丰富、连贯和完整的字符序列，它依据作者的思想组合而成，是"各交际信号形式构成的内容序列，在交际互动过程中发挥作用"（Чернявская，2009：84）。从这个角度来看，任何有序序列符号，包括语言符号和非语言符号，只要其意义充分，就可称为文本，包括口头文本（语言文本）、音乐作品、舞蹈、美术和建筑等。Reiss（1971）认为，传统的文本类型有信息文本、表情文本和操作文本。信息文本侧重语言的内容及表征功能；表情文本侧重语言的形式和美学功能；操作文本侧重对听话人的关注和语言的交际功能。Райс（1978）提出了第四种文本类型——视听媒体文本（аудиомедиальный тексты）。这类文本的第一个特征是在语言表达中融入了声效、音乐、节奏、音色、音量、旋律等非语言元素，在整体感知文本方面发挥重要作用。它的第二个特征是需要非语言技术环境，以帮助听话人理解文本内容。影视媒体文本包括电视、广播及戏剧舞台上传播的有声文本（Райс，1978：223–224）。从上述特征来看，我们认为，影视作品符合视听媒体文本特征，可归于视听媒体文本范畴。持类似观点的学者还有谢楠、李欣等。谢楠认为，"视听文本作为一种特殊的文本类型，指的是集音、像于一体的影视作品，它们非常接近现实生活中的交际，对这类文本的研究有助于我们更好地了解交际活动的本质与内涵"（谢楠，2009：56）。李欣强调，"影视文本（故事片、纪录片或卡通片等）以图像和声音作为文字的物质载体，是具有复杂语式(mode)的文本类型"（李欣，2012：76）。

影视视听文本的翻译主要包括字幕翻译和配音翻译。两者都属于声画同步类翻译。其中，字幕翻译是将源语译文以文字形式呈现在画面上，它能够最大限度保留电影原声，但须占用画面空间。"字幕翻译更省时省力，能让观众得到原汁原味的体验"（李欣，2016：76），但这类视听翻译的缺点有影响画面美观，分散观众注意力，"中央六台字幕本的一个翻译要求就是每行不得超过18个汉字，尽量减少观众阅读字幕的时间，并尽量跟上画面"（栾晓婷，2016：4-5），字幕翻译可被称为"浓缩翻译""评价字幕翻译的标准是能否在有限的空间里配合画面和声音最有效地提供相关性最强的信息"（李欣，2016：77）。

字幕翻译涉及媒介变化（从言语手势变为书面语）、频道变化（从视听手段变为视觉手段）、信号变化（从声音物质变为图像物质）和语码变化（从有声口语变为书面口语）（Gottlied，1994：162-163）。字幕翻译应具有可读性特点，使观众付出最少的时间成本去处理，与此同时，译者务必保证递进性信息的衔接和连贯，以便观众付出最少的时间成本获取最多的信息、明晰话语表达的言语行为、识别话语发挥的交际功能（柴梅萍，2003：93）。字幕翻译文本中话语标记语（涵盖词汇交际手段）的删减情况大致包括：关联语省略不译、填塞语省略不译、应答语省略不译、插入语省略不译、感叹语省略不译（李欣，2016：77）。例如，在下述电影对白示例中，填补语流空白的вот, а, это在字幕翻译中采用了零译处理。

（1）(После пения Жени)

Женя: **Вот**…всё.

Надя: Проблемная песня.

Женя: А ведь я не случайно взял гитару. Теперь вы как радушная хозяйка спойте мне, пожалуйста, что-нибудь.

Надя: Вам же не нравится, как я пою.

Женя: Нравится. Я врал…Я вру…

Надя: Всегда?

Женя: Почти. Хорошая у вас фотография.

Надя: **А…это…**Она мне тоже нравится, хотя ей уже почти 10 лет.

字幕翻译

(热尼亚唱完歌以后)

热尼亚：(-) 完了。

娜佳：一首值得讨论的歌。

热尼亚：现在，作为热情的女主人，你是不是也该唱点什么？

娜佳：可你说过不喜欢听我唱。

热尼亚：不，我喜欢。我刚才说谎了，我是个骗子。

娜佳：你总说谎吗？

热尼亚：差不多。这张像照得不错。

娜佳：(-) 我也喜欢它，尽管这是十年前拍的。

配音翻译是将有声源语替换成有声目标语，完全改变原声，最终通过配音演员的有声话语输出来呈现。"配音翻译应对受众特点、影片内容和演员表演等因素进行权衡。译制片影片内容和寓意的传递不仅取决于翻译文案的优劣，还取决于配音演员对台词进行的艺术再创作，因此在影视翻译的过程中，不能一味地将原片按照'信、达、雅'的标准进行翻译，必须得结合画面及演员表演进行台词的诠释和转换"（岑艳琳，2020：34）。

从语言特征上看，配音翻译具有口语化特征，出于声音传播的瞬时性特征，观众不能反复聆听和斟酌，译语必须流畅通顺，浅显易懂。配音翻译具有顺应性特征，是一种贴近生活的艺术形式，译语必须符合大多数观众的语言习惯、文化认知等。出于这一点，译者应充分考虑源语和目标语的语言差异、不同目标受众的文化差异，翻译时对差异进行合理并必要的转换，使译文符合目标受众的语言习惯。配音翻译具有表演性特征，译者和配音演员应综合考虑语音出现的特定情景、人物特征、人物情绪等因素，采用恰当的多模态处理手段（岑艳琳，2020：35-36）。

总体上看，配音翻译的难点在于其具有多模态性、多符号性和表情性特征，翻译时务必要考虑声音和影像的同步统一、源语有声文本和配音文本的时长统一、配音文本与演员口型的匹配，还要注意视听文本中面部表情、动作等非语言表达手段以及源语有声文本与译语有声文本的功能对等要求。

从功能上看，词汇交际手段不具备称名功能，主要发挥语用功能，表达说话人、听话人和情景之间的关系。一般情况下，这类单位较难在两种语言中找到一一对应的表达。翻译时，首先要准确分析源语中词汇交际手段的语用功能，再将其语用效果最大限度传递给目标语受众。从这一点上看，通过配音演员的话语输出还原语气、情感、态度等尤为重要。因此，与字幕翻译相比，配音翻译中语气词和感叹词更多采用显化处理。例如：

Ипполит: Но, как вы вышли оттуда, вы должны были помнить?

Женя: Да. Да! По…Помнить должен. Но я не помню. И но я зато помню, что сюда приехал на такси. Я сказал мой домашний адрес, вот меня и привезли.

Ипполит: Хорошо, предположим ключ подошел…**Ой**, На… На… На… На… Наденька, вы… Ключ подошёл, предположим, адрес совпал.

配音	字幕
伊波利特：那好，就算您的钥匙能开门……噢……娜……娜……娜……娜……娜秋莎……(把试图出来的娜秋莎又赶到屋里去了。)您的钥匙能开门，就算地址一样。	伊波利特：好吧，假设你的钥匙能用……(—)娜佳，请等一下……(把试图出来的娜秋莎又赶到屋里去了。)假设钥匙能用，而且地址也一样？

综上，字幕翻译和配音翻译在翻译形式、翻译目的、目标受众要求、同步性要求、语气显性表达等方面均有不同之处，因此，翻译时要充分考虑不同视听翻译类型各自特征，选择更为恰当的翻译策略，以期在不影响目标受众整体观感的前提下，使有声译语或译文发挥最大化的语用效果。

5.3 俄语词汇交际手段汉译策略

人类可以通过语言表达内心世界和思想，那么话语中必然包含着说话人的主观态度。词汇交际手段是在语言交际层面中参与构成交际结构、表达交际目的的词汇手段，主要包括语气词和感叹词（Безяева，2002，2005）。与发挥称名功能的词相比，这类手段只能发挥交际功能，即表达交际参与者对命题内容或客观世界的意愿、意向、情感、评价、心理状态等主观态度。词汇交际手段的翻译问题不容忽视。多数情况下，它所表达的主观情态意义存在于母语者的潜意识中，需要借助语境才能够确定，如何正确传达它们所表达的主观态度则成了翻译中的难点。正如我国学者所说："俄语语气词是可译的，又是难译的。可译在于俄汉语气词共有语气内核，难译在于它们异多同少"（关秀娟，2011：87）。

目前，关于俄语词汇交际手段的结构、语义、功能、分类等方面的本体研究已有了丰富的成果，但翻译方面的研究成果略显单薄。一些学者关注词汇交际手段的翻译个案研究，归纳某个词如 же、и 等的具体译法，如杨宗建（1987）、郁文静（1997）。一些学者集中进行某一类词汇交际手段的翻译研究，如对动词性语气词及感叹词的汉译分析（杨鹏，2011；蒋冬丽，2015）。另外一些学者在话语标记语的框架下分析词汇交际手段的汉译问题，主要以国内英语界研究者居多，如金隄（1997）、郑群（2013）等，他们大多研究某一个或一类话语标记语，涉及词汇交际手段的以感叹词居多，如对"well""oh"的翻译，语气词较少，有些学者甚至不把它划入话语标记语范围，认为话语标记语"包括部分连词、副词、感叹词以及某些短语或小句"（冉永平，2000：8），由此可见，这类研究只能覆盖到部分词汇交际手段。

相比上述零散分析，一些研究者致力于更系统地探讨这类问题。他们从语气词的整体特点出发分析和归纳其翻译技巧。戴树英（1959）分析了语气词在句中的词汇结构意义特征，对比俄汉语气词的特点，提出语气词的四个汉译策略：译成语气词、词类的转译、运用句法手段、省略不译，同时还强调了上下文的重要性。关秀娟（2011）从语用角度对俄语语气词汉译进行了较系统阐述。她从俄汉语气词的共性和差异出发，提出俄语语气词的三种汉译方法——零译、对译、转译，并对不同译法进行了语用分析和解释。她提出："三种方法各有所长，应根据语境使语气词所产生的语用信息灵活使用"（关秀娟，2011：87）。上述研究给出的汉译方案仍需得到进一步补充，一些现象没有提及，比如当一个语句中包含多个语气词时如何处理。在语句 Ну где же мы им съедим-то? 中，ну, же, -то 要逐个翻译还是采用某种方法进行整体转译。本节将在上述分析的基础上，利用交际手段语义常体参数及交际一致性思想对这些问题作出解释，并结合影视对话文本俄汉平行语料，尝试提出俄语词汇交际手段的汉译优化策略。

语气词和感叹词作为词汇交际手段在表达交际意义方面发挥积极功能。在口语交际中若没有这些手段，虽然不会影响语句传达客观信息，但却会失去语言的生动色彩，达不到理想的交际效果，有时甚至无法表明说话人真正的意图。词汇交际手段译得是否恰当直接影响到译文质量和效果。通过观察电影《命运的捉弄》的三个版本（俄文原声、汉语配音版和中文字幕版）发现词汇交际手段的汉译现象比较复杂，主要包括零译、对译、转译三种基本方法。

5.3.1 零译分析

零译是指词汇交际手段在汉译中不体现，但符合汉语特点的译文仍能够表达这些手段在原文中的交际功能。我国学者关秀娟曾指出：在语气词的翻译实践中"零译使用较少，对译较多，转译则最多。……零译是俄语语气词汉译中使用较少的方法，也是应该慎用的方法，……随意略去不译往往会使部分语用意义流失"（关秀娟，2011：85）。在电影文本的译文分析中发现，词汇交际手段的零译并不少，而且比例受词汇手段特点、不同译者、不同翻译方式和译文形式等因素的影响，表现出的现象比较复杂，那么，这些零译是否合理，则需要进一步分析考证。

从译文形式出发，通过对电影译文的对比发现这些手段的零译现象主要体现在两个方面：①在两个汉译版本中都体现为零译；②在其中一个版本（或是配音，或是字幕）中体现为零译，但综合来看，零译现象普遍存在。以 ну 和 же 为例，在整部电影对白中，ну 在两个汉译版中的零译率约占69%。剩余近31%的 ну 被翻译为32种不同的字、词（包括感叹词、语气词、动词）和句子。而же（或ж）相应的零译率约为61%。剩余近39%的же被译为16种不同的字或词，详见本章5.2.4。每种翻译出现的频率也有很大不同，详见本章5.2.4。另外，配音版中词汇交际手段零译的次数要少于字幕版，因为两种版本所要求的语气表达方式不同，前者可以通过配音演员还原语气，而后者则通过文字表达隐含的情绪和内容，同时按字幕翻译的简洁要求，在可能时也要简化表达，减轻观众的阅读负担。

需要指出的是，在这部电影的两个汉译版中，并不是所有的零译都是成功的。零译成功与否，要通过原文中的交际功能或交际意义在译文中是否流失来判断。它应不损害原文的意思，再现词汇交际手段的交际功能，且符合译语的语言特点（关秀娟，2011：85）。下述分析中例（1）—例（4）的零译处理是合理的，例（5）—例（7）的零译处理是不合理的。

（1）- Ты знаешь, я же делал уже предложение одной женщине. К моему великому изумлению, она согласилась. **Вот.** Но потом когда я представил себе, что она будет жить в моей комнате.... Я не выдержал и сбежал в Ленинград.

配音	字幕
"知道吗，我曾经向一个女人求过婚。使我十分惊讶的是，她同意了。(-)可后来，当我意识到她将住在我的家里……嗯……我受不了了，就逃到列宁格勒。"	"你知道，我曾经向一个女人求过婚。让人奇怪的是，她竟然答应了。(-)可等我后来明白过来，她会来我家里生活……真让人受不了，所以我就躲到了列宁格勒。"

例（1）中语气词вот在两个版本中都体现为零译。вот在这里感情色彩是中性的，没有明确的交际目的，只是口语中经常出现的一种停顿手段，功能是填补语流空白。汉译中可以通过不同停顿手段填补。配音版中，此处采用了语音停顿，是成功的零译。字幕翻译中的语气表达或台词中隐含的情绪也可以通过文字体现出来。也就是说，若要在译文中传达вот的交际功能，可以采用一些如"嗯""就这样"等填补语流空白的词语。从字幕文本的特点来看，填补这些词语并非必需的，在这个情景中，

观众可以通过电影画面中的主人公Женя的反应识别出вот填补语流空白的功能,所以,此处是成功的零译。若在中文字幕中显示出"嗯""啊"等只用于赢得思考时间的词,反而显得累赘,也违反了字幕翻译需要"浓缩"的要求。

(2)Галя: Ой, Жень! Какой ты непонятливый! Мы же будем встречать здесь, у тебя.

Женя: Где? **Вот** тут? **Вот** тут? **Вот**. Подожди! А Катаняны-то как? Я не понимаю.

Галя: Олег предлагает встречать Новый Год, между прочим, в ресторане Останкинской башни. Дай мне, пожалуйста, макушечку. Он вращается.

配音	字幕
加莉娅:唉……热尼亚,你这脑瓜儿可真笨!我们不是在这儿,在你家过年吗? 热尼亚:嗯……嗯……你说在这儿?这……这儿?呃……等等,等等!卡塔尼亚夫妇怎么办呢,我不明白。 加莉娅:奥列格建议在电视塔餐厅迎新年。呃……呃……(指地上的东西)把那个……那个那个尖儿递给我。它还会转呢。	加莉娅:你可真够迟钝的!在这儿,就在你家。 热尼亚:(-)哪儿?这儿?那卡塔尼亚他们怎么办? 加莉娅:奥列格邀我去欧斯坦奇诺电视塔旅馆迎接新年。(指地上的东西)给我顶上的。它是旋转的。

例(2)中,说话人Женя借助вот三连用所要表达的交际意义为在当前情景中,我并不明白,你不想去朋友家过年,想在我家过年是否符合我的预期和期望。这里的交际目的是不解和迟疑。配音版中,此处选择了一些填补语流空白的词语"嗯……嗯……这……呃……",能够较充分地反映出Женя的迟疑态度,而字幕翻译的零译处理也不影响观众通过电影画面中主人公的语音、语调和表情识别出其交际目的,因此,此处的零译比较合理。类似的情况还有例(3)、例(4)。

(3)Женя: А мама? Как мама? С нами будет встречать?

Галя: Мама?

Женя: Да.

Галя: **А…** Мама уйдет. Все приготовит, накроет на стол, я ей, естественно, помогу. У тебя мировая мама!

配音	字幕
热尼亚：那妈妈呢？妈妈总得跟我们一起过吧？ 加莉娅：妈妈？ 热尼亚：是啊。 加莉娅：哦……让妈妈出去。把饭菜准备好，摆好桌子，当然我会帮她忙的。你有个好妈妈！	热尼亚：那我妈怎么办？ 加莉娅：妈妈？ 热尼亚：是啊。 加莉娅：(－)我会帮她摆好桌子的。你有个好妈妈！

例（3）中，Женя原计划跟妈妈一起过年，而Галя想单独过年。在两人交谈过程中，说话人Галя运用А…要表达的交际意义是我打算将你引入新情景，同时借助该交际手段占据说话主动权，赢得时间去思考妈妈在哪儿过年的问题。配音版译成"哦……"，字幕版采用零译方案，此处的汉译策略是合理的。

（4）Надя: Вот и прекрасно, теперь можете уходить со спокойной душой.

Женя: Нет…нет…нет…Куда же я пойду, в таком виде? Что вы…?

Надя: **Ха!** Моё новогоднее платье!

Женя: Не обнажайте меня…

配音	字幕
娜佳：这就对了，现在您可以放心地走了。 热尼亚：呃不不不，别这样，我这个打扮您让我上哪儿去？真是的？ 娜佳：噢，这是我的新衣服！ 热尼亚：哎，您别往下拽！哎呀！别拽！	娜佳：我这样子可以到哪儿去？你在开玩笑吗？ 热尼亚：呃不不不，别这样，我这个打扮您让我上哪儿去？真是的？ 娜佳：(－)我的新年礼服！ 热尼亚：不，别把它剥下来……

例（4）中 Женя 和 Надя 因误会发生争吵，争吵过程中，因 Женя 穿得比较少，所以随手用 Надя 的新年衣服遮住了身体，Надя 见状既惊讶又气愤，抢过了衣服。当前情景中，Ха！表示说话人 Надя 对听话人 Женя 拿自己新衣服遮身体这个行为并没有准备，她认为这违反了情景发展准则。这里表达的是惊讶和气愤。此处中文字幕采用零译处理，但这并不影响观众理解其所表达的交际意义，因此是合理的。

（5）- Эй! Проснитесь, слышите? Немедленно проснитесь! Вставайте! Вы живые или нет? (Женя подвигается.) Ох! **Так!** Проснитесь! Немедленно проснитесь! Слышите? Вставайте! Что вы здесь делаете?

配音	字幕
"哎！醒醒，听见吗？快点儿醒醒！快起来！你还活着吗？（热尼亚动了动）哦，是活的！醒醒！快点儿醒醒！听见了吗？快起来！您在这儿干什么？"	"嘿！醒醒，听见没？马上起来！起来！你还活着吗？（热尼亚动了动）(-) 你干吗？……快点起来！你听见没！起来！你在这儿干吗？"

例（5）中，так 在字幕版中采用了零译处理，在配音版中转译为"是活的"。根据 Безяева 的总结，так 具有认识参数、推测准则参数和带有利弊结果的参数，即是否符合认识，是否符合推测准则，倾向于有利/不利结果。在上述对话中，так 表示当前情景不符合说话人之前对情景的认识，倾向于对说话人来说有利的结果。说话人最初以为，躺在床上的陌生人昏迷了或是死了。实际上，这个陌生人还活着。在汉译中 так 所表达的交际意义在配音版中得到了体现，且转译是十分必要的，零译会导致原文的交际意义流失。因此，字幕版中的零译是不合理的，也应该采用转译策略。

（6）Женя: Нет, Галя, это неудобно. Нет, ну что ты, мы же договорились. Ну, это мои друзья. И потом ты же салат приготовила из крабов. А я так люблю крабы!

Галя: Ну, тем более, съедим их вместе.

Женя: **Ну** где **же** мы их съедим-**то**?

配音	字幕
热尼亚：不，加莉娅，这样不太好。不，你怎么了，我们都说好了。都是我的朋友。你不是做了螃蟹沙拉要带去吗？我特别特别爱吃螃蟹！ 加莉娅：那就更好，咱俩一起吃。 热尼亚：那……那……那怎么吃得了呢？	热尼亚：这样不好吧，加莉娅，咱们已经约好了。他们是我的朋友。再说你已经准备了蟹丸沙拉。你知道我喜欢蟹丸。 加莉娅：那太好了，咱们一起吃。 热尼亚：(-)你打算在哪儿吃？

例（6）中，ну+же+-то组合共同发挥功能，在翻译中要考虑三个手段共同表达的交际意义。在这个组合中ну表示情景发展不符合说话人的预期，же表示你本应该明白当前情景却不明白，-то表示当前情景实现方案不符合说话人对准则的认识。这三个交际手段中，ну和-то都包含情景参数和不符合参数，же同它们具有一致性和连贯性，因此，ну+же+-то符合交际一致性要求。理解词汇手段的复杂零译现象离不开对俄语中"交际一致性"（коммуникативное согласование）现象的分析。根据5.2.1的阐释，交际一致性是俄语交际意义的一种构成方式。这个现象要依靠语义常体参数思想来理解，总的来说可以概括为以下内容：在构成某个交际意义时，不同词汇手段常体参数的实现具有一致性和复制性，包括常体参数实现的连贯性和一致性。

在上述对话中，说话人Женя本打算带着未婚妻Галя去找朋友们一同迎接新年，但Галя临时反悔，想跟Женя单独过。在这样的情景下，Женя运用ну+же+-то组合所要表达的交际意义是你本应明白，我已经跟朋友们约好一起过新年，但你却不明白，非要单独过新年，这不符合我的预期和期望，也不符合对准则的认识。这里的交际目的是责备。

ну+же+-то组合在汉语配音版中译成了"那……那……那怎么"，在中文字幕版中采用零译策略。不难看出，字幕版中的零译处理导致原文的交际语用意义流失，十分欠妥，而配音版的汉译方案能够充分体现出Женя的责备之意，更为合理。

（7）Мама: И потом если ты сейчас не женишься, ты не женишься никогда!

Женя: Нет... Мне 36 лет всего, между прочим...

Мама: Это бестактно с твоей стороны напоминать мне о твоём возрасте. Хоть я и не обижаюсь. Пусти! Перестань, **ну я же** не обижаюсь. Я мировая мама! Я сейчас всё приготовлю и уйду к приятельнице.

配音	字幕
妈妈：另外，如果你现在还不结婚的话，你就永远成不了家。 热尼亚：噢，顺便提醒您，我刚满36。 妈妈：用你来提醒我，你现在多大岁数，这<u>不太合适吧</u>？我不生气，起来！起来，起来！别闹了！(-)<u>我并不生气</u>，我是个好妈妈！我把一切都准备好就到女朋友家里去。	妈妈：要是你现在还不结婚的话，以后就再也结不了啦。 热尼亚：可我才36岁啊。 妈妈：你几岁了我当妈的还不知道啊！但我<u>不会生气的</u>，起来！好啦！(-)<u>我没生气</u>，我是个好妈妈，你忘了？我会把一切都准备好，然后出去会朋友。

例（7）中，ну+же组合共同发挥功能，根据例（6）的分析可知，ну+же组合也符合交际一致性要求。在当前情景中，说话人Мама在得知听话人Женя不打算同自己一起过新年后有些生气，但为了能让Женя快点结婚，Мама掩饰了自己的不满。上述对话中，说话人Мама运用ну+же组合所要表达的交际意义是你本应明白，我没有因你不跟我过年而生气，但你却不明白，这不符合我的预期，也不符合对准则的认识。从电影片段可以看出，在这段对话之前，妈妈已经表现出不满，但却用ну+же组合强调自己没有生气的事实，这更能映射出妈妈想掩饰自己真实感受的强烈愿望，人物的戏剧性更强。

此处，ну+же组合在配音版和字幕版中均未体现，这是不妥当的。仅仅将ну я же не обижаюсь.译成"我并不生气""我没生气"并不能反映出说话人的交际目的，配音版中，配音演员的语调也没能充分弥补这方面不足。因此，本书认为，这句话应做转译处理，译成"我可没生气"，从而传达说话人竭力掩盖自己生气事实的意图。

5.3.2 对译分析

对译是指将俄语词汇交际手段译成汉语相应词汇手段,主要体现为两大类。第一类对译是将俄语语气词译成汉语语气词。"俄汉语气词共有的语气表达功能是它们相互转换的桥梁和依据,而语气正是语句语用信息的重要体现。具体语境中俄汉语气词及其语气相互对应即可对译。对译常常伴随语气词位置的调整,这是俄汉语气词使用位置不同所致,也是译者追求语气词语用意义不变的结果。位置的调整不但不影响交际功能的实现,而且促进交际功能充分发挥"(关秀娟,2011:85)。第二类对译是将俄语感叹词译为汉语感叹词。这种翻译方案之所以能够实现,原因在于"俄汉两种语言分属不同语系,然而俄汉感叹词却具有极高的相似性,证明了人类思维的共性"(李宸辰,2020:73)。

从译文形式出发,通过《命运的捉弄》电影平行语料对比发现这些手段的对译现象主要体现在两个方面:①在两个汉译版本中都采用对译策略;②在其中一个版本(或是配音,或是字幕)中采用对译策略。需要指出的是,从词汇交际手段整体来看,由感叹词组成的单元素交际结构大多采用对译策略。总的来说,交际手段在配音版中的对译大多较合理,而在字幕版中对译存在不妥当的情况,这主要由字幕翻译特征和要求决定。下述分析中例(8)—例(11)的对译处理是合理的,例(12)—例(14)的对译处理是不合理的。

(8) Надя: Я тебе кое-что приготовила.

Ипполит: Что? Еще один подарок?

Надя: Пожалуйста.

Ипполит: Что это?

Надя: Это бритва самой последней марки.

Ипполит: **Ой**, зачем, Надя!

配音	字幕
娜佳：我也为你准备了礼物。 伊波利特：什么？还有礼物？ 娜佳：请收下。 伊波利特：这是什么？ 娜佳：刮胡刀，最新产品。 伊波利特：<u>哎呀</u>，你这是干吗，娜佳！	娜佳：我也有礼物送你。 伊波利特：怎么，还有一份？ 娜佳：给！ 伊波利特：这是什么？ 娜佳：电动剃须刀，最新款的。 伊波利特：<u>(−)</u>你不用买这个的，娜佳！

根据交际手段语义常体参数思想，在例（8）的情景中，ой实现的语义变体是对某行为实现的无准备性。上述对话中，听话人Надя为说话人Ипполит准备了礼物，Ипполит很开心，但为了表示客气，说话人用ой来向听话人传达以下的交际意义：你送我剃须刀这个行为是我没有预料到的，该行为违反了情景发展准则，我对此是无准备的。此处，感叹词ой在配音版中对译为"哎呀"，在字幕版中未体现。本书认为，这样的处理是合理的，从汉语表达习惯来看，"哎呀"这个感叹词，搭配配音演员的语气完全能够传达原文的客气之意。而字幕翻译中的"零形式"也能在兼顾简洁要求的同时，保留说话人的交际意图。类似的情况还有例（9）和例（10）。

（9）Женя: Не обнажайте меня ⋯

Надя: Отдай пальто!

Женя: **А!** Вы меня ногу отдавили. Что вы хулиганите?! Это мой дом, я тут прописан.

配音	字幕
热尼亚：哎，您别往下拽！哎呀！别拽！ 娜佳：您把我的大衣给我！ 热尼亚：哎哟哟！您把我的脚都踩扁了。您要什么混呐？！这是我的家，我的户口就在这儿，就在这儿。	热尼亚：不，别把它剥下来⋯⋯ 娜佳：把衣服还给我！ 热尼亚：(−)你踩我脚了！你为什么要这样做？真不讲道理！这是我的家，我登记过！

（10）Надя: А теперь хватит, уходите!

Женя: Не надо ⋯ нет, нет, куда же я пойду?

| 交际语义理论视域下的俄语词汇交际手段研究

Надя: **Ну вот!**

Женя: Не надо руками махать! Вы мне объясните, я что сейчас в Ленинграде, что ли? Вот это сейчас...город на Неве? Подождите... Я … я всё прекрасно помню. Мы поехали на аэродром провожать Павлика. Перед этим мы мылись. Это что же, я улетел вместо Павлика, что ли?

Надя: Не надо пить.

配音	字幕
娜佳：折腾够了，现在您可以走了！ 热尼亚：别这样，别这样，您叫我上哪儿去？您这是…… 娜佳：噢，天哪！ 热尼亚：您别这样张牙舞爪的！您给我解释一下，我真的在列宁格勒？就是涅瓦河上的那座城市？等一等，我一切都记得很清楚。我们一起坐车到机场……到机场去送帕夫利克。在这以前还洗了澡。难道说……是我坐飞机走了？ 娜佳：少喝点儿酒。	娜佳：那就对了，请你离开！ 热尼亚：请不要这样，我该去哪里？ 娜佳：（－） 热尼亚：别冲我张牙舞爪的！给我解释一下，我现在真的在列宁格勒？我在的这儿，是涅瓦河上的城市？等等，我……我记得很清楚，我们到机场给巴伏里克送行，我们先洗了个澡……就是说，我替巴伏里克飞啦？ 娜佳：谁让你喝那么多。

ну+вот组合涉及的语义常体是预期参数、情景实现方案参数和目的参数。在例（10）中，ну+вот组合涉及的语义变体是未实现的情景方案不符合说话人的预期和目的。当前情景中，说话人Надя与听话人Женя因阴差阳错的误会发生激烈争吵，Надя强烈要求Женя离开自己的家，但Женя仍然赖着不走，于是，Надя用Ну вот!来向听话人表达自己的愤怒和无奈，具体的交际意义是我强烈希望你立刻离开我家，但你仍待着不走，这不符合我的预期，也与我的目的相悖。

此处，Ну вот!在配音版中对译为"噢，天哪！"，在字幕版中未体现。本书认为，从汉语表达习惯来看，"噢，天哪！"能够充分传达女主人公Надя的愤懑与无奈。而字幕翻译中采用零译处理也比较合理，不影响观众理解说话人的交际意图。

（11）Надя: Но ведь вы во всём виноваты, не я!

Женя: Но я же не нарочно. Вы это прекрасно знаете. Я же тоже жертва обстоятельств. Можно я съем что-нибудь?

Надя: **Ну** ешьте, вон сколько всего!

Женя: Спасибо!

Надя: Не выбрасывать же.

配音	字幕
娜佳：还不是您自找的，怪我？ 热尼亚：我又不是故意的。您很清楚，我也是一个……嗯……牺牲品。能不能吃点儿什么？ 娜佳：吃吧，多着呢！ 热尼亚：谢谢！ 娜佳：总不能全扔了。	娜佳：但是这全是你的错！ 热尼亚：可我不是有意的！我也是受害者，是个倒霉蛋。我可以吃点吗？ 娜佳：你自便吧，这么多吃的。 热尼亚：谢谢！ 娜佳：反正要浪费的。

在例（11）中，ну实现语义变体是符合预期。当前情景中，听话人Женя很饿，向说话人Надя提出想吃桌上新年晚餐的请求。Надя借助ну所要表达的交际意义为我将做出符合你期望的决定，我同意你吃桌上的食物。此处，ну在配音版和字幕版中均对译为"吧"。此处采用对译能够映射原文的交际意义且符合不同视听翻译文本特点，是合理的。相比之下，例（12）的М!在中文字幕版中采用对译策略是不合理的。

（12）Женя: С прошлого года ничего не ел. **М!** Вкусно! Это вы сами готовили?

Надя: Конечно, сама. Хотелось похвастаться.

配音	字幕
热尼亚：从去年就什么都没有吃。嗯！嗯！好吃！这是您自己做的？ 娜佳：哼，当然是自己。本来想露一手的。	热尼亚：去年开始，我就没吃过一点东西。嗯！味儿不错！你自己做的？ 娜佳：当然，除了我还有谁？希望留个好印象。

例（12）中，说话人Женя吃到了新年美食，感到非常满足，于是借助М!来表达自己对当前情景的积极评价，这里隐含的交际意义是我觉得太好吃了。

上述对话中，М!在配音版本中对译为"嗯！嗯！"是比较合理的，而在中文字幕版中对译为"嗯！"是欠妥当的，这违背了字幕翻译对简洁度的要求，电影画面中演员的语调和反应即可传达М!的交际意义，刻意译出反而显得烦冗，因此，我们认为，此处采用零译策略更优。

（13）Надя: Эй!.. Проснитесь, слышите? Немедленно проснитесь! Вставайте! Вы. живые или нет? (Женя подвигается.) Ох! Так! Проснитесь! Немедленно проснитесь! Слышите? Вставайте! Что вы здесь делаете?

Женя: Не надо меня трясти. Я посплю немножко ещё. Не надо…

Надя: Кто вы такой? Как вы здесь оказались?

Женя: Не надо тянуть меня.

Надя: Вставайте! Вставайте!

Женя: Не хочу, больно.

配音	字幕
娜佳：哎！醒醒，听见吗？快点儿醒醒！快起来！你还活着吧？(热尼亚动了动)哦，是活的！醒醒！快点儿醒醒！听见了吗？快起来！您在这儿干什么？ 热尼亚：别这样晃我！别 …… 我再睡会儿 …… 再睡会儿…… 娜佳：您在这儿干吗？您怎么跑这儿来了？ 热尼亚：你别拽我！别拽我…… 娜佳：起来！起来！快起来！ 热尼亚：别打，别打！怪疼的。	娜佳：嘿！醒醒，听见没？马上起来！起来！你还活着吗？你干吗？…… 快点起来！你听见没！起来！你在这儿干吗？ 热尼亚：别摇我！我还想睡会儿。 娜佳：你是谁？你怎么来这儿的？ 热尼亚：别拉我！ 娜佳：起来！ 热尼亚：你干吗？痛死了！

根据交际手段语义常体参数思想，эй蕴含准则参数和必要性参数，可以表达改变违反情景发展准则行为的交际意图。例（13）中，说话人Надя回到家，发现一个陌生男人Женя在自己的床上熟睡。Надя运用Эй!

试图叫醒Женя，这个手段表达的交际意义是你睡在我床上的行为违反了准则，我要改变这个现状，所以你必须起来。上述对话的两个汉语版本中，Эй!分别被对译成"哎！"和"嘿！"。本书认为，在配音版本中对译为"哎！"是恰当的，而在中文字幕版本中对译为"嘿！"比较冗余，同例（12）一样，演员的语调和语言外表达手段（说话人Надя做出推听话人Женя的动作）可以充分表达Эй!的交际意义，所以，此处的最佳翻译策略是零译。类似的情况还有例（14）和例（15），ой, аха在中文字幕中采用零译处理更佳。

（14）Таня: Ой, какая же это самодеятельность! Давай нашу любимую.

Валя: Натюша, давай.

Таня: «Вагончики».

(После пения Нади)

Женя: Да. Такого я еще не слышал.

Валя: **Ой**, Братцы, Господи, хорошо-то как!

配音	字幕
达尼娅：这哪是什么业余活动啊！来，娜佳，唱我们最喜欢的。 瓦丽娅：唱吧，娜佳。 达尼娅：唱《小车厢》。 (娜佳唱完歌以后) 热尼亚：这么好听的歌我还没有听过呢。 瓦丽娅：<u>噢</u>，天哪，朋友们，多好啊！	达尼娅：业余？你错了。 瓦丽娅：唱咱们最喜欢的。 达尼娅：《火车车厢》。 (娜佳唱完歌以后) 热尼亚：我从没听过这样的歌。 瓦丽娅：<u>噢</u>，朋友们，生活多美妙啊！

（15）Женя: Мы там мылись. Скажи ему, с Павликом.

Надя: Да замолчите вы! Они из бани поехали в аэропорт…

Женя: Провожать Павлика.

Надя: …Провожать Павлика.

Ипполит: **Аха!** Здесь еще и Павлик!

配音	字幕
热尼亚：嗯，我们在那儿洗澡。您告诉他，从帕夫利克…… 娜佳：闭上你的嘴！他们从澡堂去机场…… 伊波利特：我们去送帕夫利克。 热尼亚：去送帕夫利克。 伊波利特：啊，这还有个帕夫利克！	热尼亚：告诉他，我们在那儿和巴伏里克洗澡…… 娜佳：你住嘴好不好？洗完澡，他们就去了飞机场…… 伊波利特：去给巴伏里克送行。 热尼亚：去给巴伏里克送行。 伊波利特：哈，这儿还有个巴伏里克？

5.3.3 转译分析

转译是指将俄语词汇交际手段译成其他词类、短语或句子。第一类转译是将俄语语气词或含语气词的交际结构译成其他词类、短语或句子。"与汉语不同，俄语语气词来源多样，许多是从其他词类甚至词组转变而来。俄汉语气词数量不对称，适用语境各有特点，汉译过程中往往需要把原文的语气词进行转译，以求得语用意义等值。转译是语气词汉译常用的方法。转译使得原文语用信息的隐含状态发生改变，大多外现，少数仍然隐含"（关秀娟，2011：86）。第二类转译是将俄语感叹词或含感叹词的交际结构译成其他词类、短语或句子。

从译文形式出发，通过《命运的捉弄》电影平行语料对比发现这些手段的转译现象主要体现在两个方面：①在两个汉译版本中都采用转译策略，译文相似或不同；②在其中一个版本（或是配音，或是字幕）中采用转译策略。综合来看，词汇交际手段的转译现象较多，特别是以交际结构形式出现时。在配音版和字幕版中，词汇交际手段的转译有时合理，有时欠妥，判断标准是汉语译文是否充分映射出这些手段所表达的交际意义。具体情况见例（16）—例（23）。

（16）Мама Нади: Пойду-ка я к Любе продолжать встречать Новый Год.

Женя: Спасибо вам, вы замечательная мама.

Мама Нади: Смотри, Надежда, чтоб к моему возвращению не завелся здесь кто-нибудь третий.

Женя: Не беспокойтесь, этого **уж** я не допущу.

配音	字幕
娜佳妈妈：我还是到柳芭家接着过我的年吧。 热尼亚：谢谢您了，您是一位好妈妈！ 娜佳妈妈：当心，娜秋莎，在我回来以前可不能再来一个。 热尼亚：<u>我决不允许发生类似的事情。</u>	娜佳妈妈：我看我还是去一下柳芭家吧。 热尼亚：谢谢您，您真是个好妈妈！ 娜佳妈妈：娜佳，我回来的时候最好不要又来一个陌生人。 热尼亚：放心，(－)不会的，有我呢。

уж 具有考虑立场参数、考虑客观形势参数。当前片段中，女主人公 Надя 的妈妈回到家里，碰到了一个陌生男人 Женя，而这个男人并不是 Надя 的未婚夫 Ипполит。在和 Женя 经历了一段啼笑皆非的互动后，Надя 的妈妈决定离开，并提醒 Надя，不要让类似的事情再次发生。在这个情景中，уж 实现的语义变体是考虑了当前的客观形势和交际参与者的立场。说话人 Женя 运用其表征的心理活动是我一定考虑当前不适合让陌生人来家里的客观形势，同时我知道你和 Надя 不希望这样的事情发生，而我会考虑你们的立场。

上述对话中，уж 在汉语配音版中转译为"决"。在现代汉语中，"决"可用在否定词前，表示必定、一定，此时它被用作副词。本书认为，这里虽将语气词 уж 转译为副词，但"我决不允许发生类似的事情。"这样的表述能够传达原文的交际意义，所以是成功的转译。相比之下，уж 在中文字幕版中采用零译策略是不合理的，译文方案会失去原文说话人想要表达的交际意图，我们尝试将其转译为"放心，绝对不会，有我呢"。

（17）Павлик: Ребята, ну по одной, потому что мне лично на аэродром.

Миша: Люди, не волнуйтесь! Всем надо быть в форме. Всем надо Новый Год встречать.

Женя: Ребята, давайте завтра, а? Приходите ко мне завтра. И мы так редко встречаемся. Давайте я вас с женой познакомлю.

Павлик: Завтра я буду в Ленинграде. Ну, пей.

配音	字幕
帕夫利克：这样吧，朋友们，只喝一杯。我还要到机场呢。 萨沙：大伙儿别着急！谁也不能喝醉，都得迎接新年。 热尼亚：朋友们，明天怎么样？明天你们到我家来。我们难得见一次面，我还可以把妻子介绍给你们，怎么样？ 帕夫利克：明天，明天我就在列宁格勒了。喝吧！	帕夫利克：就一杯，我还赶飞机呢。 萨沙：不要紧，伙计们！咱们说好了，今天谁也不许喝多。 热尼亚：明天吧，明天到我家怎么样？咱们有日子没见了，明天去看我未婚妻。 帕夫利克：明天我就到列宁格勒了。来吧，喝！

　　а具有转入新情景参数，例（17）中а实现的语义变体是转入新情景。男主人公Женя和朋友们在澡堂喝酒，酒过三巡后，朋友提议再干一杯。说话人Женя不想再喝，于是说话人Женя运用а将听话人引入"明天去他家再喝"的新情景，同时提示听话人（朋友们）考虑一下这个提议，这里有询问意见的交际意图。

　　上述对话中，а在汉语配音版和中文字幕版中都转译为"怎么样"。在现代汉语中，"怎么样"可以表示询问意见。因此，这里翻译方案都是合理的。

　　（18）Надя: Что вы здесь делаете?

　　Женя: Я тут … спим. Что такое? Что вам тут нужно?

　　Надя: Ну-ка, хватит дурака валять!

　　Женя: Почему?

　　Надя: Что вы здесь разлеглись? **Ну-ка** выкатывайтесь отсюда! Живо!

　　Женя: Хамство!

　　Надя: Убирайтесь отсюда!

配音	字幕
娜佳：您在这儿干什么？ 热尼亚：我在这儿睡觉。这是怎么回事儿啊？您在这会儿干什么？ 娜佳：好啦，别装疯卖傻啦！ 热尼亚：说什么？ 娜佳：您为什么躺在这儿？<u>起来！给我滚出去！</u>快点儿！ 热尼亚：您别……别……我在这儿您别这样！您太……您太粗鲁了！ 娜佳：从这儿给我滚出去！	娜佳：你在这儿干吗？ 热尼亚：我在这儿睡觉！干吗？你想干吗？ 娜佳：别再装疯卖傻了！ 热尼亚：为什么？ 娜佳：你为什么躺在这儿？<u>马上从我的家里滚出去！马上！</u> 热尼亚：你这是什么意思？ 娜佳：从这儿给我滚出去！

-ка具有权威等级参数、意图参数，表示听话人的权威等级低。在例（18）中，说话人Надя发现一个陌生男人Женя在自己家里睡觉后，试图叫醒并赶走他。但听话人Женя也认为他在自己家。说话人Надя用Ну-ка выкатывайтесь отсюда! 意图是撵走听话人。其中Ну-ка在当前情景中实现的语义变体是当前情景不符合说话人的预期，且听话人的权威等级低，应该按说话人的意图迅速从别人的家中离开。这里表达强烈的命令。

上述对话中，Ну-ка выкатывайтесь отсюда! 在汉语配音版中转译为"起来！给我滚出去！"在现代汉语中，"给我……"可以表达强烈的命令语气。在中文字幕版中这句话转译为"马上从我的家里滚出去！"，虽然也译成了命令之意，但同源语所要表达的交际意义相比，程度还不够，"强烈"之意不够明显。因此，配音版转译更为成功。

（19）Надя: Где вы находитесь, по-вашему?

Женя: Я у себя дома нахожусь. 3 улица Строителей, дом 25…

Надя: Да нет, это я живу 3 улица Строителей, дом 25, квартира 12.

Женя: Нет, лапонька…

Надя: Брысь!

Женя: Ну! **Ну что же** вы хулиганите-**то**, в самом…

Мы тут живём с мамой, полезная площадь 32…

Надя: Да нет, это у нас с мамой отдельная квартира площадью 32 м2.

配音	字幕
娜佳：照您说，您是在什么地方？ 热尼亚：我现在在自己家里。第三建筑工人大街25楼…… 娜佳：不对，我住在这儿。第三建筑工人大街25楼12号。 热尼亚：啊不，小傻瓜…… 娜佳：躲开！ 热尼亚：您干吗呀？您要什么无赖……我和妈妈住在一起，居住面积32平方米……就这样…… 娜佳：这是我和我妈妈的住房，居住面积32平方米。	娜佳：你以为你在哪儿？ 热尼亚：我在家，第三街区25号…… 娜佳：不！这是我的家，第三街区25号，12公寓…… 热尼亚：不，亲爱的…… 娜佳：住手！ 热尼亚：别耍无赖了，真该死！我和我妈住这儿，使用面积32…… 娜佳：不，我和我妈妈拥有这，32平方米的独立套间。

ну+что+же+-то组合中，что与-то两个手段包含相同或相似语义参数"认识""了解"和"情景"参数。ну与-то都包含"是否符合"参数，же与其他三个手段在语义上具有一致性和连贯性，属于交际一致性现象，四个交际手段相互协作共同表达交际意义，充分转达该交际意义翻译策略是转译。

在当前语境中，男主人公Женя和女主人公Надя因房子的归属问题发生争吵。Женя始终认为房子是他的，于是，当Надя撵他离开时，他觉得不可思议，言语间表现出不满和责备。ну+что+же+-то组合在上述对话中表达的语义变体是当前情景不符合说话人的预期，也同其所了解的情景准则不符。听话人本应了解情景准则，但却不了解。而说话人Женя运用Ну что же вы хулиганите-то这个表述映射的认知心理是你本应该知道这个房子是我的，但你却不知道，还粗鲁地赶我走，这不符合我的预期，也不符合情景准则（在我的房子里，你没资格赶我走）。这里表达的交际目的是强烈不满。

上述对话中，Ну что же вы хулиганите-то在两个汉语版本中分别转译为"您要什么无赖"和"别耍无赖了"。前者能够反映出说话人强烈不满之意，而后者传达的情感有所弱化，因此，汉语配音版的转译更为合理，但从表达不满程度上看，还有优化空间，我们将其试译为"您要什么无赖啊",在字幕翻译和配音翻译中均适用。

（20）Женя: Вот … есть … Москва, 3 улица Строителей, дом 25, квартира 12. Вот читайте, это документ, между прочим. И всё, и пожалуйста, чешите отсюда. Давайте, давайте, хватит дурака валять. Что это такое? Отдайте паспорт!

Надя: Аха! Москва?

Женя: Да, Москва.

Надя: Аха? Да?

Женя: Что «да»?

Надя: Что?! Вы думаете, что вы в Москве?

Женя: А вы думаете, я где, а?

Надя: Да, да..

Женя: А что такое? В Москве, деточка, в столице … в моей Москве …

Надя: Подождите...

Женя: **Ну** почему вы туда залезаете–**то, а**? Что вы все время шарите по моей мебели?

配音	字幕
热尼亚：啊哈……有了有了……莫斯科第三建筑工人大街25楼12号。您看看，您自己念念，这可是证件。怎么样，我请求您离开这儿吧！走吧，走吧，别再捣乱啦！走吧！怎么啦？您还我身份证啊！ 娜佳：哈啊，好啊，莫斯科？ 热尼亚：是的，莫斯科。 娜佳：啊？是的？ 热尼亚：是的，是的，是什么？ 娜佳：什么？您以为您是在莫斯科？ 热尼亚：嗯……啊……您说我在哪儿啊？ 娜佳：是的，是的…… 热尼亚：又怎么了？在莫斯科，姑娘！我的首都…… 娜佳：您等等…… 热尼亚：哎……您干吗翻我的柜子啊？您怎么总是在我的柜子里翻来翻去的？	热尼亚：好好看看吧！莫斯科，第三街区25号12公寓。对！就是这儿。看看吧，这可是公家证明。现在，请你从这儿出去！别耍花样了！什么？把身份证还给我！ 娜佳：莫斯科？ 热尼亚：当然，莫斯科。 娜佳：是的。 热尼亚：你什么意思？ 娜佳：你以为你在莫斯科？ 热尼亚：那你以为我在哪儿？ 娜佳：我知道了…… 热尼亚：你还有什么可说的，宝贝？当然是莫斯科，我们的首都莫斯科…… 娜佳：等等…… 热尼亚：你在那儿找什么？别乱翻我的东西！

ну +-то+а组合中，ну与-то都包含"是否符合"参数。-то和а都包含情景参数，三个手段在语义上具有一致性。在当前情景中，这个组合表达的语义变体为转入的新情景不符合说话人预期，也不符合说话人的认识和利益。

在上述片段中，听话人Надя为了证明房子是自己的，翻柜子找护照作为证明文件，Женя始终认为房子是他的，所以对Надя翻柜子的行为表示不满。说话人Женя运用ну +-то+а所要表达的交际意义是这个房子是我的，柜子也是我的，你随便翻我柜子的行为违背了我的预期，也不符合我的认识和利益。这里表达的交际目的是不满和责备。

Ну почему вы туда залезаете-то, а? 在配音版中被转译为"哎……您干吗翻我的柜子啊？"能够较充分地表达出说话人的责备之意，是成功的转译。但在字幕版中，译文"你在那儿找什么？"无法映射出说话人的不满，ну +-то+а的交际意义未能体现，因此是不妥当的。结合字幕翻译简洁性要求，本书将其试译为"您干吗翻我柜子呀"或"您翻我柜子干吗呀"。

（21）Мама Нади: Вы кто?

Женя: А... А вы кто? А, я догадываюсь...да. Простите, сейчас...

Мама Нади: Не приближайся, а то закричу.

Женя: Не приближаюсь. Сейчас я только оденусь и все вам...

Мама Нади: Смотрите, не двигайтесь!

Женя: Я не двигаюсь. Я сейчас оденусь...Вы не должны меня бояться. Сейчас я...

Мама Нади: Скажите.

Женя: Да?

Мама Нади: А зачем вы к нам влезли?

Женя: Понимаете...Как вам объяснить? У нас с друзьями традиция. Мы в Москве каждый год 31 декабря ходим в баню.

Мама Нади: **Ну-ка...**

Женя: Что ну-ка?

Мама Нади: Выворачивайте карманы.

Женя: А в общем я украл-то всего 15 рублей.

配音	字幕
娜佳妈妈：您是谁？ 热尼亚：呃……您是谁？啊，我猜着了……呃，请原谅，我马上…… 娜佳妈妈：噢，别靠近我，否则我喊了。 热尼亚：不不不，我不过去。等等，我穿好衣服，马上就…… 娜佳妈妈：您听着，不许靠近！ 热尼亚：我没动，我没动。我穿好衣服……您不该怕我。等等，我穿好衣服…… 娜佳妈妈：告诉我。 热尼亚：啊？ 娜佳妈妈：您在我家干什么？ 热尼亚：您知道……怎么向您解释呢？我和朋友们有个传统。每年在莫斯科我们都是12月31日到澡堂去。 娜佳妈妈：听着…… 热尼亚：嗯？听什么？ 娜佳妈妈：把口袋儿翻过来。 热尼亚：嗯……其实我只拿了15个卢布。	娜佳妈妈：你是谁？ 热尼亚：你又是谁？哦，我想我知道你是谁。对不起，等一会儿…… 娜佳妈妈：不要靠过来，否则我会叫的。 热尼亚：我会解释清楚的。 娜佳妈妈：不要动！ 热尼亚：我没动。我把衣服穿上。别害怕！ 娜佳妈妈：告诉我 热尼亚：（-） 娜佳妈妈：你来我们家干吗？ 热尼亚：哦……从头说吧。我和朋友们有个传统。每年12月31日去莫斯科的一家澡堂。 娜佳妈妈：去…… 热尼亚：什么？ 娜佳妈妈：把你的口袋翻开！ 热尼亚：我只偷了15卢布。

在例（21）的情景中，Ну-ка实现的语义变体是当前情景不符合说话人的预期，且听话人的权威等级低，应该按说话人的意图实施行为。该片段中，说话人Надя妈妈误以为听话人Женя是小偷，并试图审问"小偷"。她运用Ну-ка所要表达的交际意义是：你一个陌生人出现在我家里的情景是不符合我的预期和情景准则的，而且当前情景中我的权威远高于你，你要按我的意图立刻交出"偷"的东西，快速离开。例（21）的Ну-ка发挥实施命令功能，同时具有敦促作用。

上述对话中，Ну-ка在汉语配音版中转译为"听着"，在中文字幕版中转译为"去"。在汉语中，这两种表达都不能充分传递当前情景中说话人所要表达的交际意图，因此两种方案都是不合理的转译。从功能对等的角度来看，这里翻译成"快点"更为合理。

（22）(Надя вернулась, и увидела Маму.)

Надя: Мама, почему ты сидишь в коридоре?

Мама Нади: Сторожу преступника, а он меня песнями развлекает.

Женя: Преступник – это я.

Мама Нади: С Новым годом, Наденька, с новым счастьем,

с новым здоровьем.

Надя: Спасибо, мама. Мама, давай отпустили его на свободу.

Женя: **Ну**, замерзла?

Надя: Нет, на такси ездила.

Женя: На такси куда это ты на такси ездила?

Надя: Достала тебе билет на утренний поезд.

Женя: Билет мне достала? Вот спасибо.

配音	字幕
（娜佳回到家，看到了妈妈。） 娜佳：妈妈，您怎么坐在过道儿？ 娜佳妈妈：抓住个罪犯，他唱歌给我解闷儿呢。 热尼亚：罪犯是我。 娜佳妈妈：新年快乐，娜秋莎！祝你幸福健康！ 娜佳：谢谢你，妈妈。我看还是把他放了吧，妈妈。 热尼亚：啧，冻死了吧？ 娜佳：不，坐的出租车。 热尼亚：坐车去哪儿啦？ 娜佳：去火车站给你买了一张……今天早上的火车票。 热尼亚：给我买了张票？太谢谢你了！	（娜佳回到家，看到了妈妈。） 娜佳：妈妈，你坐在大厅干吗？ 娜佳妈妈：我在监视一个犯人，他正给我唱歌呢。 热尼亚：那个犯人是我。 娜佳妈妈：新年快乐，娜佳！ 娜佳：谢谢你，妈妈，我们放了他吧。 热尼亚：你好，外面冷吗？ 娜佳：不，我叫了计程车。 热尼亚：你坐计程车去哪儿了？ 娜佳：我帮你买了张早上的火车票。 热尼亚：你帮我买了票？谢谢！

在例（22）的情景中，ну实现的语义变体是当前情景符合说话人的预期。该片段中，新年夜，窗外风雪交加，听话人Надя被Женя气出了门。过了一段时间，她从外面回来了。说话人Женя借助ну表征了自己的心理活动：外面天寒地冻，你出门被冻到这件事儿是我已经预料到的。

该片段中，ну在汉语配音版中对译为"喏"，在中文字幕版中转译为"你好"。本书认为，这两个翻译方案都欠妥，从汉语的角度来看，无法映射出说话人相应的心理活动，因此，我们认为，这里翻译成"怎么样"更为合理。例（23）也是类似的情况。配音中将Ну в чём же дело? 转译成"这有什么？"较合理，字幕版的译文欠妥，会导致交际意义流失。

（23）Женя: На работу мне 2-го. Днем мы с тобой можем погулять, сходить в Эрмитаж, а вечером я уеду поездом.

Надя: Ты ведешь себя бесцеремонно. По-моему, я тебя не приглашала.

Женя: **Ну** в чём **же** дело? Пригласи.

配音	字幕
热尼亚：我2号才上班呢。咱俩白天可以逛一逛。到美术博物馆。晚上我……坐火车……走。 娜佳：你太没有礼貌了。我好像没请你留下来。 热尼亚：<u>这有什么？</u>就请吧。	热尼亚：我二号才上班，咱们今天可以去散散步，逛逛艾尔米塔什博物馆。我可以晚上回莫斯科，坐火车。 娜佳：你真不客气，老是这样！我不记得邀请过你。 热尼亚：<u>那么，为什么不邀请呢？</u>

5.3.4 汉译原则与优化策略

通过《命运的捉弄》俄汉平行语料对比可知，俄语词汇交际手段的汉译策略为零译、对译和转译三种。俄语词汇交际手段表达的交际意义是汉译中的难点，它长期存在于以俄语为母语的人的潜意识中。此外，俄语中的词汇交际手段，特别是语气词的总量远远多于汉语，多数词汇交际手段都无法通过形式对等的方式转换成汉语，这也为其汉译带来了较大困难。在对话文本中，这些手段的零译和转译现象普遍存在，这些现象受俄汉不同语气表达手段、俄语交际一致性现象、俄汉翻译技巧、不同视听翻译类型等多方面因素的影响。就《命运的捉弄》俄汉平行语料对比来看，在某些具体情景中，词汇交际手段的零译、对译和转译并不恰当，原因有二：

交际语义理论视域下的俄语词汇交际手段研究

一是原文中交际参与者所要表达的交际意义或功能完全流失。二是译文不符合不同视听翻译文本的要求。

1.俄语词汇交际手段汉译务必要遵循功能对等原则，这是最基础的原则

词汇交际手段的核心作用是表达交际意义、发挥交际功能。因此，翻译时要遵循功能对等原则，以便尽可能将译语中交际意义和交际功能损失降到最低。翻译对等（адекватность）是指译文要能传达作者的全部意图，或是深思熟虑的，或是无意识的。翻译对等有三个层面：形式对等、意义对等和情境对等。形式对等是指源语和译语在表达共同意义时，采用相似的语言形式；意义对等是指源语和译语在表达相同意义时采用不同方法；情境对等是指两种话语在语言形式和意义上都不相同，但能描写同一情境（杨仕章，2006：146-149）。其实，对于词汇交际手段来说，最重要的是功能对等，即在翻译转换时要遵循译语和源语在交际目的上是等值的。"交际目的是交际行为最普遍的功能，它是任何一种言语必不可少的内容。原作交际功能在译作中完全可以表达出来，不会有任何语言上的障碍。交际目的等值是只保留源文交际目的，其特点是译文与源文'貌离神合'。也就是说，译文虽然在词汇和句法上同源文有很大出入，但却表达了'源文说的目的是什么'"（杨仕章，2006：157）。

本书认为，词汇交际手段翻译要遵循功能对等原则，换句话说，首先要考虑源语和译语在交际功能、交际意义、交际目的上是否对等。通过观察《命运的捉弄》俄汉平行语料，许多译语欠妥的情况都同未遵循功能对等原则有关。例如，例a中，уж采用零译处理不妥当，译文中失去了说话人想要表达的决心，（我不会允许家里再来一个陌生人）；例b中，Ну-ка выкатывайтесь отсюда!在中文字幕版本中的体现是"马上从我的家里滚出去！"，不足以表达说话人所表达的命令程度，"强烈"之意不够明显，译文中的交际意义有部分流失。根据功能对等原则，译成"给我滚出去！"更为恰当。例c中，ну+же+-то在字幕版中的零译处理导致原文的交际语用意义流失，十分欠妥，无法传达Женя的责备之意。类似的情况比比皆是。

a. Мама Нади: Пойду-ка я к Любе продолжать встречать Новый Год.

Женя: Спасибо вам, вы замечательная мама.

Мама Нади: Смотри, Надежда, чтоб к моему возвращению не завелся здесь кто-нибудь третий.

Женя: Не беспокойтесь, этого **уж** я не допущу.

娜佳妈妈：我看我还是去一下柳芭家吧。

热尼亚：谢谢您，您真是个好妈妈！

娜佳妈妈：娜佳，我回来的时候最好不要又来一个陌生人。

热尼亚：放心，(-)不会的，有我呢。

b. Надя: Что вы здесь делаете?

Женя: Я тут … сплю. Что такое? Что вам тут нужно?

Надя: Ну-ка, хватит дурака валять!

Женя: Почему?

Надя: Что вы здесь разлеглись? **Ну-ка** выкатывайтесь отсюда! Живо!

娜佳：你在这儿干吗？

热尼亚：我在这儿睡觉！干吗？你想干吗？

娜佳：别再装疯卖傻了！

热尼亚：为什么？

娜佳：你为什么躺在这儿？马上从我的家里滚出去！马上！

c. Женя: Нет, Галя, это неудобно. Нет, ну что ты, мы же договорились. Ну, это мои друзья. И потом ты же салат приготовила из крабов. А я так люблю крабы!

Галя: Ну, тем более, съедим их вместе.

Женя: **Ну** где **же** мы их съедим-**то**?

热尼亚：这样不好吧，加莉娅，咱们已经约好了。他们是我的朋友。再说你已经准备了蟹丸沙拉。你知道我喜欢蟹丸。

加莉娅：那太好了，咱们一起吃。

热尼亚：(-)你打算在哪儿吃？

2.在遵循功能对等原则基础上，要考虑不同影视翻译类型的特点

影视翻译包括配音翻译和字幕翻译两种。两种翻译类型既有共性，也有差异。差异主要体现在字幕翻译与配音翻译的形式、翻译目的、目标受众不同，两者对同步性的要求不同、语气表达方式不同、归化与异化策略选择不同。影视翻译实践过程中，译者应充分考虑这些因素，从而采取不同翻译策略。因此，在具体语境中，可以在不影响传递交际意义的前提下，对词汇交际手段做简洁处理，选取零译策略。俄语词汇交际手段通过观察《命运的捉弄》俄汉平行语料，某些词汇交际手段在中文字幕版中的翻译显得冗余，主要是感叹词的对译，整体上违背了字幕翻译对文本简洁性、高效性的要求。例如，例a中，М!在中文字幕版中对译为"嗯!"违背了字幕翻译对简洁度的要求，电影画面中演员的语调和反应即可传达М!的交际意义，刻意译出反而显得烦冗；例b中，Эй!在中文字幕版中对译为"嘿!"比较冗余，通过说话人Надя推搡听话人Женя的动作，观众理解Эй!的交际意义，因此，此处采用零译处理更佳。类似的情况还有例c，例d等。

a. Женя: С прошлого года ничего не ел. М! Вкусно! Это вы сами готовили?

Надя: Конечно, сама. Хотелось похвастаться.

热尼亚：<u>去年开始，我就没吃过一点东西。嗯! 味儿不错! 你自己做的?</u>

娜佳：当然，除了我还有谁? 希望留个好印象。

b. Надя: **Эй!..** Проснитесь, слышите? Немедленно проснитесь! Вставайте! Вы. живые или нет? (Женя подвигается.) Ох! Так! Проснитесь! Немедленно проснитесь! Слышите? Вставайте! Что вы здесь делаете?

Женя: Не надо меня трясти. Я посплю немножко ещё. Не надо …

娜佳：<u>嘿! 醒醒，听见没? 马上起来! 起来! 你还活着吗? 你干吗? …… 快点起来! 你听见没! 起来! 你在这儿干吗?</u>

热尼亚：别摇我! 我还想睡会儿。

c. Женя: Мама! Знаешь, мама, мне кажется, я женюсь.

Мама: Мне тоже так кажется.

Женя: Ну и как, тебе Галя нравится?

Мама: Ты же на ней женишься, а не я.

Женя: Но ведь ты же моя мама!

Мама: Важно, чтобы ты это помнил ⋯ после женитьбы.

Женя: **Так.** Значит, я так понимаю, что Галя тебе не нравится, да?

热尼亚：妈妈！妈妈，我要结婚了。

妈妈：我觉得也是。

热尼亚：你喜欢加莉娅吗？

妈妈：是你要和她结婚，又不是我。

热尼亚：可你是我妈妈呀！

妈妈：我希望你结婚后还记得这一点。

热尼亚：哦，我知道你不喜欢加莉娅。

d. Мама: О Господи! И поэтому ты расстаешься с Галей?

Женя: Да. Мама, мамочка, что с тобой? Мамочка, что с тобой?

Мама: Ой, подожди.

Женя: Что, прошло?

Мама: Ты бабник. Бабник.

Женя: **Ой**, мама ⋯ мама, я несчастный человек. Почему мне так не везет в жизни? Да и не надо мне жениться.

妈妈：喔，天哪，所以你要和加莉娅分手？

热尼亚：对。妈，你怎么了？怎么了，妈？

妈妈：等一下！

热尼亚：你还好吧？

妈妈：你是个花花公子，没指望的花花公子。

热尼亚：哦，妈妈 ⋯⋯ 我是个可怜虫。我为什么这么倒霉？想来想去，我不结婚了。

综上所述，根据词汇交际手段的特点以及影响其汉译的因素，结合功能对等翻译思想，我们尝试提出俄语词汇交际手段的汉译优化策略：

第一，零译是需要慎重选择的翻译方法，成功零译首先要遵循功能对等原则，其次要考虑不同翻译类型特点。通过上文分析可知，词汇交际手段的合理零译有三种情况：①当词汇交际手段用于填补语流空白、占据话轮、保持话题并赢得思考时间时，其在中文字幕版中应当采用零译策略。对译反而显得冗余，违背"浓缩翻译"对"经济性"的要求。②词汇交际手段——感叹词在中文字幕版中应当采取零译策略。通常，电影演员的语调和反应可传达说话人的交际意义，在功能对等的前提下，要充分考虑字幕翻译的简洁性要求。③当词汇手段发挥标示话轮转接、话题转换等语用功能时，可在汉语配音版和中文字幕版中做零译处理。

第二，翻译单元素交际结构时，可首先考虑对译策略，若行不通再考虑转译策略。通常情况下，由感叹词组成的单元素交际结构在汉语配音版中采用对译的方式体现是最佳的，由语气词组成的单元素交际结构出现在句中和句末时通常采用转译策略。翻译多元素交际结构时，转译方法最佳，这符合交际一致性原则，并能够通过交际手段语义常体参数思想得到合理阐释。

5.4 本章小结

语气词和感叹词作为俄语词汇交际手段在表达交际意义和组成交际结构方面都积极发挥功能。本章通过对比分析电影《命运的捉弄》的三个版本（俄语原版、汉语配音和中文字幕）得出结论：俄语词汇交际手段在汉语翻译中的体现方式不同。具体体现为：

1.俄语词汇交际手段在汉语译文中完全未体现

这类现象包括：

（1）当一个交际单位只包含一个词汇手段时，这个手段在汉语译文中未体现。

（2）当一个交际单位中有多个词汇手段时，其中一个或几个手段在汉语译文中完全未体现。

（3）当一个交际单位有多个词汇手段时，这些手段都未体现。这里还包括两种情况：一个交际单位有多个相同的词汇手段，这些手段都未体现；一个交际单位有多个不同的词汇手段，这些手段都未体现。

2.俄语词汇交际手段在汉语译文中部分体现（只在一个汉语版本中有体现）

这类现象包括只在汉语配音版中有体现或在中文字幕版中有体现。前者还包括同一语气词在不同汉语译文中的体现不同，同一语气词在不同汉语译文中的体现相同。

3.俄语词汇交际手段在汉语译文中有不同体现

在汉语中，影响俄语词汇交际手段体现方式差异的因素包括：①交际一致性现象；②在同一情景中一个手段有两种实现；③中俄人民的不同情感表达方式；④俄汉翻译技巧；⑤不同影视翻译类型。

俄语词汇交际手段汉译首先要遵循功能对等原则，其次要考虑字幕翻译和配音翻译特点。这些手段的汉译优化策略有：①当词汇交际手段用于填补语流空白时，其在中文字幕版中应采用零译法；②词汇交际手段——感叹词在中文字幕版中应使用零译法；③当词汇手段发挥标示话轮转接、话题转换等语用功能时，可在汉语配音版和中文字幕版中做零译处理；④由感叹词组成的单元素交际结构在汉语配音版中采用对译法；⑤由语气词组成的单元素交际结构出现在句中和句末时，通常采用转译法；⑥翻译多元素交际结构时，采用转译法最佳。

结　论

　　根据交际语义理论，俄语对话词汇交际手段包括语气词和感叹词。传统语言学将语气词和感叹词理解为"小词"，但对它们的研究并不充分。实际上，语气词和感叹词在实际交际活动中十分活跃，在口语对话中占有重要地位，是表达情感、意图、愿望、态度等主观思想的主要方式之一。

　　交际语义理论视域下研究语气词和感叹词具有重要意义。在语言交际层面语义体系中，将语气词和感叹词看作词汇交际手段整体比较合理。首先，语气词和感叹词都能够表达说话人、听话人和情景之间的关系意义，是交际结构的组成部分，并可以通过交际结构反映交际目的。其次，这样的范畴界定能够聚焦语气词和感叹词最核心的交际功能，弱化这两类词在词类属性上的区别，规避它们之间存在的一些语法上的交叉过渡现象。

　　在俄语交际层面上，词汇交际手段——语气词和感叹词具有表达交际意义和组成交际结构两大功能。这两类功能分析都建立在交际手段常体参数及其扩展规则的基础上。表达交际意义功能是指能够表达说话人立场、听话人立场和情景之间的各种关系，具体表现为在某一情景中表达说话人和听话人的变化关系，表达说话人和情景的变化关系，表达听话人和情景的变化关系，表达说话人、听话人和情景的复杂关系。组成交际结构功能是指一个手段能够单独构成一个结构或与其他不同手段结合形成不同的结构组合。具体体现为组成单元素或多元素交际结构。组成多元素交际结构还有多种表现形式，如语气词与语气词的组合、语气词与感叹词的组合、语气词与语调的组合、语气词与实词词形的组合、语气词与语法范畴的组合、感叹词与感叹词的组合、感叹词与语气词的组合、感叹词与语调的组合、感叹词与实词词形的组合。交际结构的意义是根据交际手段常体参数理论，通过各交际手段语义常体参数间的相互关系和作用形成的。语气词和感叹词在表达这两类功能时的侧重点不同。例如，在发挥组成交际结构功能时，感叹词不与语法范畴组合。

俄语词汇交际手段在汉语译文中的体现方式不同，具体表现有三：词汇手段在汉语配音和中文字幕两个版本中完全未体现、部分体现和不同体现。产生这一现象的深层动因有俄语语言特征、民族文化差异、翻译技巧及视听文本类型特征，即交际一致性现象、同一情景中一个手段的两种实现、中俄民族的不同情感表达方式、俄汉翻译技巧和不同影视翻译类型五个方面。

俄语词汇交际手段汉译策略的选择要综合考虑上述五方面影响因素。本书认为：第一，这些手段汉译首先要遵循功能对等原则。第二，要考虑字幕翻译和配音翻译特点。在翻译词汇交际手段——语气词和感叹词时，零译是需要慎重选择的翻译方法，零译务必要在能够保证源语和译语功能对等的情况下使用。第三，翻译单元素交际结构时，可首先考虑对译策略，行不通时再考虑转译策略。第四，根据交际一致性原则，翻译多元素交际结构时，转译方法最佳。第五，翻译时还要充分考虑民族思维、民族文化、受众的认知需求、心理期望及审美要求等因素。

本书力求从功能和在汉语译文中的体现这两方面全面详细地分析俄语词汇交际手段，但由于篇幅及个人水平有限，有些具体情况仍没有包括进来。虽然本书全面观察苏联经典电影《命运的捉弄》俄汉平行语料，阐释了这些交际手段的汉译优化策略。但总体上看，关于这些手段"译不译？""如何译？""译成什么？"仍有许多亟待解决的问题，需要基于更多语料进行更全面、更系统的分析。

另外，俄语交际层面的手段不仅是词汇手段，还包括语音、词法、句法等其他重要手段。这些手段在表达交际意义、组成交际结构时并不是孤立的，而是相辅相成、处于相互关系之中。分析词汇交际手段只是研究语言交际层面手段的开端，其他交际手段在交际活动中也是不可或缺的。因此，研究它们的功能以及在汉语译文中的体现对俄汉交际手段对比研究的发展以及我国俄语教学、学习和翻译都有着重要的推动作用。

参考文献

[1] Аванесов Р.И., Сидоров В.Н. Очерк грамматики русского литературного языка Ч. 1. Фонетика и морфология. [M]. М.: Учпедгиз, 1945.

[2] Аксаков К.С. Критический разбор «Опыта исторической грамматики русского языка» Ф.И. Буслаева[C] // Аксаков К.С. Полн. собр. соч. т.2. ч.1. Сочинения филологические. М.: Университетская типография, 1875.

[3] Андрамонова Н.А. Системность и несистемность в синтаксисе[C] // Лингвистика на исходе 20 века: итоги и перспективы. т.1. М.: Издательство Московского университета Москва, 1995: 23–24.

[4] АН СССР. Грамматика русского языка[M]. М.: Наука, 1953.

[5] АН СССР. Грамматика современного русского литературного языка[M]. М.: Наука, 1970.

[6] АН СССР. Русская грамматика.т.1[M]. М.: Наука, 1980.

[7] АН СССР. Русская грамматика.т.2[M]. М.: Наука, 1980.

[8] Арутюнова Н.Д. Прагматика // Лингвистический энциклопедический словарь[K]. М.: Советская энциклопедия, 1990: 389–390.

[9] Арутюнова Н.Д., Падучева Е.В. Лингвистическая прагматика[C] // Е.В. Падучева. Новое в зарубежной лингвистике. Вып.16. М.: Прогресс, 1985: 3–42.

[10] Бабайцева В.В. Русский язык: Теория. - 11-е изд[M]. М.: Дрофа, 2002.

[11] Балли Ш. Общая лингвистика и вопросы французского языка[M]. М.: Издательство иностранной литературы, 1955.

[12] Балли Ш. Французская стилистика[M]. М., 1962.

[13] Баранов А.Н., Плунгян В.А., Рахилина Е.В. Путеводитель по дискурсивным словам русского языка[M]. М.: Помовский и партнёры, 1993.

[14] Безяева М.Г. Коммуникативное поле как единица языка и текста[C] // Слово. Грамматика. Речь. Вып. 15: Сборник научно-методических статей по преподаванию РКИ. М.: Издательство Московского университета, 2014: 101–118.

[15] Безяева М.Г. О знаковой природе звучащих средств коммуникативного уровня. ИК–7[C] // Теория и практика звучащей речи: сборник научных статьей. Вильнюс: Издательство Вильнюсского педагогического университета, 2007: 11–47.

[16] Безяева М.Г. О коммуникативных инвариантах интонационных конструкций[C] // Актуальные проблемы фонетики: Материалы «круглого стола», посвященного 45–ого РУДН. М.: Издательство РУДН, 2006: 23–39.

[17] Безяева М.Г. О номинативной мотивированности коммуникативных значений[J]. Вестник Московского университета. Сер.9. Филология. М.: Издательство Московского университета, 2005(4): 9–41.

[18] Безяева М.Г. О номинативном и коммуникативном в значении слова. На примере русского «тут»[C] // Всеволодова М.В. Язык – Культура – Человек: Сборник научных статьей к юбилею заслуженного профессора МГУ имени М.В. Ломоносова. М: МАКС Пресс, 2008: 11–38.

[19] Безяева М.Г. Принципы анализа семантического устройства коммуникативного уровня звучащего языка. Автореф. дис ⋯ докт. Филол. Наук[D]. М., 2001.

[20] Безяева М.Г. Семантическое устройство коммуникативного уровня языка (теоретические основы и методические следствия)[C] // Слово. Грамматика. Речь. Вып. 7: Сборник научно-методических статей по преподаванию РКИ. М.: Издательство Московского университета, 2005, 105–129.

[21] Безяева М.Г. Семантика коммуникативного уровня звучащего языка[M]. М.: издательство Московского университета, 2002.

[22] Безяева М.Г. Коммуникативная семантика как объект филологического исследования[C] // Филология: вечная и молодая: Сборник статей к юбилею профессора М.Л. Ремнёвой / Под ред. М.Ю. Сидоровой и Л.А. Дунаевой. М.: Издательство Московского университета, 2012: 63–78.

[23] Белошапкова В.А. и др. Современный русский язык: Учеб. для филол. С56 спец. Ун-тов. –2-е изд., испр. и доп. – М.: Высшая школа, 1989.

[24] Белошапкова В.А. и др. Современный русский язык[M]. М.: Азбуковник, 1997.

[25] Бенвенист Э. Общая лингвистика[M]. М.: Прогресс, 1974.

[26] Богуславский И.М. Исследования по синтаксической семантике. [M]. М.: Наука, 1985.

[27] Бондарко А.В. Теория функциональной грамматики [M]. Л.: Наука, 1987.

[28] Бондарко А.В. Принципы функциональной грамматики и вопросы аспектологии[M]. М.: УРСС, 2003.

[29] Бондарко А.В. Функциональная грамматика[M]. М.: Наука, 1984.

[30] Брызгунова Е.А. Коммуникативный анализ русской звучащей речи[J]. Russian Language Jornal. 1982(125).

[31] Брызгунова Е.А. Эмоционально-стилистические различия русской звучащей речи[M]. М.: Издательство Московского университета,

1984.

[32] Буслаев Ф.И. Историческая грамматика русского языка [M]. М.: Учпедгиз, 1959.

[33] Булыгина Т.В., Шмелёв А.Д. Языковая концептуализация мира (на материале русской грамматики)[M]. М.: Наука, 1997.

[34] Вежбицкая А. Семантические универсалии и описание языков[M]. М.: Языки русской культуры, 1999.

[35] Вежбицкая А. Язык. Культура. Познание[M]. М.: Русские словари, 1997.

[36] Виноградов В.В. Русский язык (Грамматическое учение о слове) [M]. М.: Учпедгиз, 1947.

[37] Виноградов В.В. Грамматика русского языка. Синтаксис. т.2. ч.1[M]. М.: Издательство Академии наук СССР, 1960.

[38] Виноградов В.В. О категории модальности и модальных словах в русском языке[C] // Виноградов В.В. Избранные труды: Исследования по русской грамматике. М., 1975: 53–87.

[39] Виноградов В.В. Русский язык: Грамматическое учение о слове. – 2-е изд. [M]. М.: Высшая школа, 1986.

[40] Востоков А.Х. Русская грамматика[M]. СПб.: Типография Императорской Академии наук, 1859.

[41] Востоков А.Х. Сокращенная русская грамматика для употребления в низших учебных заведениях[M]. СПб., 1831.

[42] Всеволодова М.В. Теория функционально-коммунитивного синтаксиса: Фрагмент прикладной модели языка[M]. М.: Издательство Московского университета, 2000.

[43] Гак В.Г. Теоретическая грамматика французского языка. Морфология[M]. М.: Высшая школа, 1979.

[44] Гак В.Г. Языковые преобразования[M]. М.: Школа Языки русской культуры, 1998.

[45] Германович А.И. Междометия русского языка[M]. Киев: Радянська школа, 1966.

[46] Земская Е.А. Русская разговорная речь[M]. М., 1973.

[47] Земская Е.А. Русская разговорная речь: Лингвистический анализ и проблемы обучения[M]. М.: Русский язык, 1987.

[48] Земская Е.А., Капанадзе Л.А. Русская разговорная речь. Тексты[M]. М.: Наука, 1978.

[49] Золотова Г.А. Коммуникативные аспекты русского синтаксиса [M]. М.: Наука, 1982.

[50] Золотова Г.А. О модальности предложения в русском языке[J]. Философские науки, 1962(4).

[51] Золотова Г.А. Очерки функционального синтаксиса русского языка[M]. М.: Наука, 1973.

[52] Николаева Т.М. Контекстуально-конституативная обусловленность высказывания и его се мантическая цельность (к вопросу о функции русских час тиц). // Текст как целое и компоненты текста. М.: Наука, 1982.

[53] Киселева К., Пайра, Д. Дискурсивные слова русского языка: опыт контекстно-семантического описания[M]. М.: Метатекст, 1998.

[54] Кобозева И.М. Лингвистическая семантика[M]. М.: Эдиториал УРСС, 2000.

[55] Колокольцева Т.Н. Специфические коммуникативные единицы диалогической речи[M]. Волгоград: Издательство Волгоградского госуниверситета, 2001.

[56] Колосова Т.А., Черемисина М.И. Некоторые закономерности пополнения фонда скреп. [C]// Служебные слова. Новосибирск., 1987.

[57] Комина Н.А. Коммуникативно-прагматический аспект английской диалогической речи[D]. Киев, 1984.

[58] Коростелева А.А. К вопросу о коммуникативном дублировании в современном русском и ирландском языках[C] // Слово. Грамматика. Речь Вып. V : Сборник научно-медодических статей по преподаванию РКИ. М.: Издательство Московского университета, 2003.

[59] Крейдлин Г.Е., Поливанова А.К. О лексикографическом описании служебных слов русского языка [J]. ВЯ.,1987 (1): 106–120.

[60] Кубрякова Е.С. Коммуникативная лингвистика и проблемы семантики[J]. Коммуникативные единицы языка, 1985.

[61] Лаптева О.А. Русский разговорный синтаксис[M]. М.: Наука, 1976.

[62] Леканта П.А. Современный русский литературный язык[M]. М.: Высшая школа, 1986.

[63] Ломоносов М.В. Российская грамматика[M]. СПб.: Типография Императорской Академии наук, 1755.

[64] Мюллер. М Лекции по науке о языке[M]. М.,1865.

[65] Наргорный И.А. Выражение предикативности в предложениях с модально-персуазивными частицами: автореферат диссертации кандидатских филологических наук[D]. М.: МПУ, 1999.

[66] Новиков Л.А. Современный русский язык[M]. М.: Санкт-Петербург, Лань, 2001.

[67] Норман Б.Ю. Грамматика говорящего[M]. СПб.: Издательство СПбГУ, 1994.

[68] Одинцова И.В. Звуки. Ритмика. Интонация. –5-е изд.[M]. М.: ФЛИНТА: Наука, 2014.

[69] Падучева Е.В. Высказывание и его соотнесенность с действительностью[M]. М.: Наука, 1985.

[70] Падучева Е.В. Семантические исследования. Семантика времени и вида в русском языке. Семантике лексики[M]. М.: Школа Языки русской культуры,1996.

[71] Панова Г.И. Морфология русского языка: энциклопедический

[72] Пауль Г. Принципы истории языка[M]. М.: Издательство иностранной литературы, 1960.

[73] Пешковский А.М. Русский синтаксис в научном освещении[M]. М.: Учпедгиз, 1956.

[74] Потебня А.А. Член [C] // Из записок по русской грамматике. т.4, вып.1. М.: Просвещение, 1985.

[75] Райс К. Классификация текстов и методы перевода [C] // Вопросы теории перевода в зарубежной лингвистике. М.: Международные отношения, 1978: 202–228.

[76] Рестан П. Синтаксис вопросительного предложения: Общий вопрос[M]. М.: Осло, 1969.

[77] Романов, А.П. Лингвистические лишенцы [J]. Русский язык в советской школе,1931(2): 54–55.

[78] Розенталь Д. Э. Современный русский язык[M]. М.: Высшая школа, 1984.

[79] Светлышев Д.С. Состав и функции эмоционально-экспрессивных частиц в современном русском языке: автореферат диссертации кандидатских филологических наук[D]. М., 1955.

[80] Серль, Дж.Р. Что такое речевой акт?[C] // Новое в зарубежной лингвистике. Выпуск 17. Теория речевых актов. Москва: Процесс, 1986: 151–169.

[81] Сиротинина О.Б. Русская разговорная речь[M]. М.: Просвещение, 1983.

[82] Стародумова Е.А. Характер синтаксичности частиц[C] // Функциональный анализ единиц морфолого-синтаксического уровня. Иркутск, 1980: 441–455.

[83] Формановская Н.И. Коммуникативно-прагматические аспекты единиц общения[M]. М.: Институт русского языка им. А.С.

Пушкина, 1998.

[84] Фортунатов Ф.Ф. Избранные труды. т.1[М]. М.: Государственное учебно-педагогическое издательство, 1956.

[85] Пешковский А.М. Русский синтаксис в научном освещении[М]. М.: Учпедгиз, 1956.

[86] Храковский В.С., Володин А.П. Семантика и типология императива. Русский императив[М]. Л.: Наука, 1986.

[87] Храковский В.С. Повелительность. Превентивные предложения[С] // Бондарко А.В. Теория функциональной грамматики. Темпоральность. Модальность. Л.: Наука, 1990: 184–243.

[88] Чернышева А.Ю. Частицы в сложном предложении. [М]. Казань: Издательство Казанского университета, 1997.

[89] Чернявская В.Е. Лингвистика текста: Поликодовость, интертекстуальность, интердискурсивность [М]. М.: Книжный дом «ЛИБРОКОМ», 2009.

[90] Шаронов И.А. Коммуникативы как функциональный класс и как объект лексикографического описания[J]. Русистика сегодня. 1996 (2): 84–112.

[91] Шахматов А.А. Синтаксис русского языка. –2-е изд.[М]. Л.: Учпедгиз, 1941.

[92] Шведова Н.Ю. Очерки по синтаксису русской разговорной речи[М]. М.: Академия наук, 1960.

[93] Щерба Л.В. Избранные работы по русскому языку[М]. М.: Учпедгиз, 1957.

[94] Мельникова Э.В. Эстетическая роль коммуникативных средств в звучащем художественном произведении (на примере образа Лизы в т/с «Цветы от Лизы») [J]. Вестник КарГУ. 2012: http://articlekz.com/article/6497.

[95] Янко Т.Е. Коммуникативные стратегии русской речи[М]. М.: Языки

славянской культуры, 2001.

[96] 邦达尔科 А.В.功能语法体系中的意义理论[M].杜桂枝,译.北京：北京大学出版社,2012.

[97] 蔡晖.篇章语义结构概说[J].中国俄语教学,2005（1）：12-16.

[98] 曹磊.俄汉语气词系统之对比研究[D].吉林：吉林大学,2007.

[99] 岑艳琳.影视配音翻译的成功策略探析[J].电影评介,2020（20）：34-36.

[100] 柴梅萍.配音与字幕声画同步翻译的策略[J].山东外语教学,2003（5）：92-94.

[101] 陈洁.俄汉语言对比与翻译[M].上海：上海教育出版社,2005.

[102] 戴树英,俄语语气词翻译初探[J].福建师范大学学报（哲学社会科学版）,1959（2）：93-110.

[103] 戴伊克.社会 心理 话语[M].北京：中华书局,1993.

[104] 杜道流.现代汉语感叹句研究[M].合肥：安徽大学出版社,2005.

[105] 关秀娟.俄语语气词汉译语用分析[J].外语研究,2011（2）：84-87.

[106] 郭丽君.俄语若干语气词辖域研究[D].北京：首都师范大学,2013.

[107] 何自然,陈新仁.当代语用学[M].北京：外语教学与研究出版社,2004.

[108] 何自然,冉永平.新编语用学概论[M].北京：北京大学出版社,2001.

[109] 何兆熊.语用学概要[M].上海：上海教育出版社,1989.

[110] 黑龙江大学俄语语言文学研究中心辞书研究所.大俄汉词典[M].修订版.北京：商务印书馆,2001.

[111] 黑龙江大学俄语系列词典编辑室.大俄汉词典[M].北京：商务印书馆,1985.

[112] 洪堡特.论人类语言结构的差异及其对人类精神发展的影响[M].北京：商务印书馆,1998.

[113] 蒋冬丽.俄语动词性语气词的特征及其翻译[J].边疆经济与文化,2015（1）：117-118.

[114] 姜宏.俄汉语义范畴的多维研究：空间和时间范畴之对比[M].北京：北京大学出版社，2013.

[115] 金隄.等效翻译探索[M].北京：中国对外翻译出版公司，1997.

[116] 李宸辰.俄汉语感叹词的对比分析[J].欧亚人文研究（中俄文），2020（3）：64-74.

[117] 李昊天，王永.俄语电视言语中的语气词及其功能[J].中国俄语教学，2015（2）：32-36.

[118] 李勤，孟庆和.俄语语法学[M].上海：上海外语教育出版社，2005.

[119] 李勤，钱琴.俄语句法语义学[M].上海：上海外语教育出版社，2006.

[120] 李人龙.从语用功能对等看俄语话语标记语的汉译——以《安娜·卡列尼娜》汉译本为例[D].郑州：战略支援部队信息工程大学，2018.

[121] 栾晓婷.字幕翻译与配音翻译之翻译策略对比分析[D].北京：北京外国语大学，2016.

[122] 李欣.试论影视文本中话语标记语的翻译特点[J].电影评介.2017（5）：75-79.

[123] 李永宽.谈谈俄语口语中的语气词[J].郑州大学学报（哲学社会科学版），1989（2）：34-39.

[124] 梁燕华.语用与言语交际[M].杭州：浙江大学出版社，2013.

[125] 刘欣，王前，王慧莉.汉英语言表达中的思维方式比较[J].外语学刊.2016（2）：45-49.

[126] 陆丙甫，金立鑫.语言类型学教程[M].北京：北京大学出版社，2015.

[127] 马清华.隐喻意义的取象与文化认知[J].外语教学与研究，2000（4）：267-273.

[128] 娜佳.汉语俄语感叹词对比分析[D].天津：天津大学，2011.

[129] 倪波，顾柏林.俄语语义学[M].上海：上海外语教育出版社，1995.

[130] 牛丽红.汉俄基本情绪的认知语义阐释[M].广州：世界图书出版广

东有限公司，2013.

[131] 冉永平.话语标记语的语用学研究综述[J].外语研究，2000（4）：8-14.

[132] 史铁强，安利.语篇语言学概论[M].北京：外语教学与研究出版社，2012.

[133] 苏祖梅，岳永红.试析话语词ну在长篇小说「Бег лец-шоу」中的用法[J].外语研究，2006（5）：42-46.

[134] 索振羽.语用学教程[M].2版.北京：北京大学出版社，2014.

[135] 王凤阳.俄汉语气词句法语义对比研究[D].哈尔滨：哈尔滨师范大学，2011.

[136] 王福祥.现代俄语辞格学概论[M].北京：外语教学与研究出版社，2002.

[137] 王福祥，吴汉樱.现代俄语功能修辞学概论[M].北京：外语教学与研究出版社，2010.

[138] 王福祥，吴汉樱.现代俄语口语学概论[M].北京：外语教学与研究出版社，2000.

[139] 王潇瞳.俄语口语中感叹词的特点及交际语用功能[D].北京：首都师范大学，2011.

[140] 王永.俄语口语语气词功能研究[M].北京：外语教学与研究出版社，2004.

[141] 王永.俄语语气词隐含义研究[M].哈尔滨：黑龙江人民出版社，2008.

[142] 王育伦.俄汉翻译理论与技巧[M].北京：电子工业出版社，1985.

[143] 本词典编写组.现代俄汉双解词典[M].北京：外语教学与研究出版社，1992.

[144] 谢楠.视听文本中话语标记语的语用功能及其汉译中的信息缺失现象[J].外语与外语教学，2009（5）：56-59.

[145] 谢群.语气词的主观意义研究[J].外语学刊，2015（6）：75-79.

[146] 信德麟，张会森，华劭.俄语语法[M].2版.北京：外语教学与研究

出版社，2009.

[147] 许凤才.俄汉语感叹词对比[J].中国俄语教学，1996（1）：17-21.

[148] 许宏.俄语话语词ну在言语交际中的语用功能[J].中国俄语教学，2005（4）：35-40.

[149] 徐翁宇.俄语对话分析[M].北京：外语教学与研究出版社，2008.

[150] 徐翁宇.口语交际单位的多层分析[J].中国俄语教学.2014（3）：59-62.

[151] 徐翁宇.现代俄语口语概论[M].上海：上海外语教育出版社，2000.

[152] 徐艳宏.从受话人的角度研究言语交际效果：以俄语语料为基础[M].广州：世界图书出版广东有限公司，2015.

[153] 杨鹏.俄语动词性感叹词的主要特征及其翻译[J].俄语学习，2011（4）：49-52.

[154] 杨仕章.语言翻译学[M].上海：上海外语教育出版社，2006.

[155] 杨宗建.俄语中语气词же（ж）的用法和译法[J].解放军外国语学院学报，1987（1）：60-62.

[156] 叶斯帕森.语法哲学[M].北京：语文出版社，1988.

[157] 郁文静.谈谈语气词и的用法与翻译[J].俄语学习，1997（6）：45-46.

[158] 袁毓林.语言的认知研究和计算分析[M].北京：北京大学出版社，1998.

[159] 张斌.现代汉语虚词词典[M].北京：商务印书馆，2001.

[160] 张会森.俄语口语及常用口语句式[M].北京：北京大学出版社，2009.

[161] 张会森.最新俄语语法[M].北京：商务印书馆，2000.

[162] 张家骅.新时代俄语通论[M].北京：商务印书馆，2006.

[163] 张沛恒.俄语语气词[M].长春：吉林教育出版社，1991.

[164] 张谊生.论与汉语副词相关的虚化机制——兼论现代汉语副词的性质、分类与范围[J].中国语文，2000（1）：3-15，93.

[165] 张玉伟.试析俄语话语词разве的语用特征[J].俄语学习，2014（1）：

56-59.

[166] 曾婷. 俄语独词句的类型和功能 [J]. 中国俄语教学, 2013（3）：47-52.

[167] 郑群, 高常秋月. 话语标记语Oh的语用功能及翻译——以Lady Precious Stream英汉对照剧本为例[J]. 语文学刊, 2013（4）：36-39.

[168] Austin J.L. How to do things with words[M]. New York: Oxford UP, 1973.

[169] Grice H.P. Studies in the way at words[M]. Cambridge: MA. Harvard University Press, 1989.

[170] Gotlieb H. Subtitling: DiagonalTranslation[J]. Perspectives, 1994 (1).

[171] Leech G.N. Principles of pragmatics[M]. London: Longman, 1983.

[172] Levinson S.C. Pragmatics[M]. Cambridge: Cambridge University Press, 1983.

[173] Reiss K., Vermeer H. Grundlegung einer Allgemeinen Translationstheorie[M]. Tubingen: Walter de Gruyter, 1984.

[174] Saussure F.de. Course in General Linguistics[M]. Beijing: Foreign Language Teaching and Research Press, 2001.

[175] Searle J.R. Intentionality: An Essay in the Philosophy of Mind[M]. Cambridge: Cambridge University Press, 1983.

[176] Searle J.R. Syntax and Semantics[M]. London: Academic Press, 1975.

[177] Sperber D. & Wilson D. Relevance: Communication and Cognition[M]. Beijing: Foreign Language Teaching and Research Press, 2001.

附 录

附录一　交际手段语义常体参数清单[①]

а — 转入新情景参数 —— 是否转入新情景（带有扩展规则变体）。

ага — 一致性参数，了解参数 —— 说话人立场、听话人立场和情景是否相符；说话人或听话人的理解同听话人的行为、观点或现实情景是否相符。

ах — 了解参数，新信息参数 ——（智力、视觉、听觉方面的）直接或自发性反应；了解说话人或听话人之前不知道的新信息；说话人需要这个新信息以顺利完成活动，并在考虑获得的信息后达到理想效果。

боже（бог）— 距离参数 —— 说话人使自己同情景发展的利弊方案、听话人的立场或说话人之前的立场保持距离（带有扩展规则变体）。

ведь — 考虑一般信息基础参数，统一参数 —— 说话人、听话人或社会团体的知识、观点和认识是否统一（带有扩展规则变体）。

вообще — 在考虑或不考虑说话人、听话人和第三者利益的情况下，是否违反了说话人、听话人或情景的一般性质准则。

вот —（情景）实现方案参数，目的参数 —— 实现或未实现的方案是否符合说话人、听话人的目的（带有扩展规则变体）。

[①] 本书用到的交际手段语义常体参数是 М.Г. Безяева 在交际语义研究中总结出来的，不仅反映在近些年的科研成果中，还反映在她的"交际语义理论与实践"课堂上（М.Г. Безяева, 2002–2015）。

всё — 有利/不利方案是否耗尽。

господи — 控制参数，情景准则参数 —— 发生了某些事，这些事不受说话人意志控制（形势不受控）；某个情景违反了事件发展的准则并影响了说话人的个人范围，对这个情景变化或不变化的反应（带有扩展规则变体）。

да — 一致性参数 —— 听话人、说话人立场和情景是否一致（带有扩展规则变体）。

давай — 了解参数，有利参数 —— 了解情景向有利方向发展的逻辑；考虑听话人立场参数（带有扩展规则变体）。

еще — 补充或追加参数 —— 对情景中已实现或未实现的准则进行补充或追加；说话人立场和听话人立场的关系（相似 — 相反），还包括对这个关系的积极或消极评价。

же — 一致参数，应该参数 —— 本该做什么却没做什么（带有扩展规则变体）。

значит — 准则参数 —— 某些结果符合准则或违反准则。

и — 类似参数，推测参数 —— 是否符合类似现象，是否符合（根据类似情景做出的）推测（带有扩展规则变体）。

-ка — 权威等级参数，意图参数 —— 听话人（或说话人在某一时刻）的权威等级低；刺激的行为不在/曾经不在说话人/听话人的意图范围内；和准则的相互关系：是否能进入意图的认识（带有扩展规则变体）。

как — 情景发展方案参数，了解参数 —— 是否具有情景发展方案，是否了解或知道（带有扩展规则变体）。

какой — 特性参数，了解参数 —— 是否了解；等级参数。

ладно — 利益参数 —— 触及或违背其中一名交谈者的利益，同时从另一个交谈者、其他事情或其他形势的角度违背这名交谈者的利益是必需的（带有扩展准则变体）（牺牲某人的利益来满足某人的利益）。

ли — 一个情景方案的信息与其同现实吻合性的关系以及对这个吻合性的态度，"你可以不同意，因为根据我对行为准则的认识，我有理由认为你可能会反对"（带有扩展准则变体）。

м — 获取信息参数，关系参数 —— 重新获得的信息与说话人立场、价值体系、认识、形成的观点及行为的关系。说话人根据这些关系来评价所获得的信息（带有扩展规则变体）。

мг — 一致性参数，获得信息参数 —— 说话人立场、听话人立场和情景是否一致；情景是借助所得信息形成的，这个信息是通过说话人立场（他的知识、认识和行为）而获得的（带有扩展规则变体）。

между прочим — 某个序列中变体的等级，是否将这个变体同该序列中其他变体或从大量变体中区分开。准则参数、准则和事实矛盾性参数（变体和准则的矛盾，交谈者中的一员是否关注这个矛盾性；事实和准则是否矛盾，交谈者中的一员是否考虑这个矛盾。）引入一些事实，使谈话人对说话人、听话人或情景的看法更有利或更不利（更好或更坏）。

нет — 排除参数，已引入的情景方案参数 —— 说话人排除听话人之前引入的方案，返回到之前引入的方案；接受或不接受听话人之前引入的方案；对之前已引入的方案的态度。

но-но — 利弊参数，个人范围参数，利益参数，等级参数 —— 警告听话人完成或转变某个对说话人或听话人本身不利的行为。这个行为触及了说话人的个人范围或利益。说话人和听话人掌握情景等级的关系。

ну — 预期参数 —— 是否符合预期或预期准则（带有扩展规则变体）。

о — 推测参数，认识参数 —— 推测和认识是否相符（带有扩展规则变体）。

ой — 准备性参数 —— 有无准备性。总体上和违反情景发展准则有关。无准备性在交际层面有两个变体：①对接收消息和信息的无准备性，这些消息和信息与情景发展无法预料有关；②对某行为实现的无准备性（带有扩展规则变体）。

ох — 愿望参数，评价参数，个人利益参数 —— 情景是否符合说话人的愿望；愿望和现实是否相符，愿望是否实现；说话人对情景的消极或积极评价；涉及说话人的个人利益，触及他的个人范围，包括不可剥夺的属性范围，通常表示说话人无法影响情景（不取决于他的意志），或者不知道该如何改变这个情景。愿望参数——是否符合愿望；个人利益参数。①说话人强调，情景不符合愿望等等，说话人通常的评价是消极的，很少是积极的，也可以更具体地说，意识到愿望和现实不相符或愿望未实现。反义扩展类型：从一定程度上来说情景符合说话人的愿望，不只是实现了还超过了他的愿望（和说话人的愿望不完全吻合），所以最终还是反映了情景和愿望不相符。②说话人从情感上作用于未实现愿望、推测或计划的情景，对这个现象的评价经常是消极的，很少是积极的。③说话人的个人利益参数，他的个人范围，包括不可剥夺的属性范围。因此说话人通常无法影响情景（不取决于他的意志），或者不知道该如何改变这个情景（带有扩展规则变体）。

пожалуйста — 对情景发展的正面或负面态度。

просто — 在其他可能方案的背景下进行评价（对比）；经常出现的情况——特征等级的最小化/最大化；评价或质量特征的相互关系。

так — 认识参数，推测准则参数，带有利弊参数的结果参数——是否符合认识，是否符合推测准则，倾向于有利/不利结果（带有扩展准则变体）。

такой — 准则参数——违反准则，带有利弊参数的结果参数。

то（-то）— 情景实现方案参数，认识参数，利益目的参数，个人范围参数——情景实现的方案是否符合说话人的认识，是否具有利益、是否符合说话人或听话人利益，是否触及说话人、听话人的个人范围。

только — 两个情景的联系参数——一个情景在其他情景未实现的背景下实现（考虑对说话人、听话人或第三者利益的利弊）。

тут — 认识说话人所处的形势（理解形势，包括时间、地点）；和话人个人范围的关系，包括其不可剥夺的属性，触及说话人的利益。

у — 认识参数，性质等级参数，获取信息参数，评价参数，情景发展准则参数——具有对情景的认识。引入的信息同性质等级有关；之前缺乏对性质等级的认识。获得的信息影响说话人之后的行为。说话人对听话人立场的评价：相似或矛盾，是否违背情景发展准则。

уж — 考虑立场参数、考虑客观形势参数——是否考虑听话人、第三者或说话人的立场,是否考虑客观形势(带有扩展规则变体)。

чёрт — 情景特性是否违背说话人的利益(或符合说话人的利益),甚至包括是否脱离日常准则或社会准则。

честное слово — 说话人不接受听话人立场或情景,认为其立场不符合准则或说话人本身的行为准则,而说话人在确定了自己的立场之后试图影响听话人。

что — 代替对象或情景。了解情景参数 —— 是否了解情景或情景准则(带有扩展规则变体)。

э — 准则参数,必要性参数 —— 遵循准则的必要性。改变违反情景发展准则的行为,评价这些行为(带有扩展规则变体)。

это — 性质特征参数;应该参数 —— 不是必须做什么,却做了什么(带有扩展规则变体)。

эх — 外部形势参数,愿望参数 —— 对外部形势的反应,在说话人具有潜在积极立场的情况下,外部形势是否影响愿望的实现(带有扩展规则变体)。

动词命令式 — 愿望参数、原因参数和结果参数。

调型1 — 引入方案参数 —— 中性引入关于事件发展方案的信息。

调型2 — 方案参数、矛盾参数 —— 一个方案同其他系列方案相矛盾。

调型3 — 目标方向参数。

调型4 — 关系参数 —— 说话人立场、听话人立场和情景之间的相互关系。

调型5 — 程度参数。

调型6 — 注意参数 —— 注意已知或未知信息,交谈者是否注意到的信息。

调型7 — 相似参数,矛盾参数 —— 在评价情景、交际双方或第三者立场时,交际双方的立场相似或矛盾。

附录二 俄语电影目录

1. Аниськин и Фантомас
2. Афоня
3. Без права на ошибку
4. Белорусский вокзал
5. Блондинка за углом
6. Вокзал для двоих
7. Вор
8. Ворошиловский стрелок
9. Вы чье, старичье
10. Деревенский детектив
11. Добро пожаловать…
12. Елена
13. Зима в Простоквашино
14. Инспектор ГАИ
15. Ирония судьбы или с легким паром
16. Калина красная
17. Любить по-русски
18. Мёртвый сезон
19. Москва слезам не верит
20. Не стреляйте белых лебедей
21. Особенности национальной охоты
22. Отчий дом
23. Покровские ворота
24. Простая история
25. Снежная королева
26. Старая, старая сказка
27. Три плюс два